21 世纪战争演变与构想

智能化战争

庞宏亮 著

上海社会科学院出版社
SHANGHAI ACADEMY OF SOCIAL SCIENCES PRESS

序

技术变革与战争演变一直是战略研究者关注和思考的焦点问题。

在几千年人类文明史上,军事领域经历多次由技术变革引发的革命。它们推动战争形态演进,改变战争力量对比和战局,甚至决定国家存亡。在这些进程中,把握军事革命者,成为世界和历史的主宰;固步自封者,沦为失败者和历史的笑柄。所以说,技术变革从来都不是一个单纯的技术问题。在新技术革命浪潮中,能否理解技术变革的本质和趋势,并率先探索其对战争的影响和形成新的作战方式,不但决定战争胜败,更事关国家命运。

当前,我们正处于这样一个历史关头。一方面,国家快速崛起,但仍处于由大向强、将起未起的脆弱期,民族复兴有被守成大国预防性战争打断的风险;另一方面,以人工智能、大数据为代表的新技术不断涌现,军事领域再度爆发革命的端倪日渐显露。在这样一个国际秩序大调整与军事变革同步推进的大时代,军事发展与国家命运空前紧密地联系在一起。穿透纷繁复杂的技术发展"迷雾",把握未来战争发展趋势,成为军人特别是军事理论工作者的神圣使命。

当前的新技术浪潮,绝不是一般的技术改进或升级,而是一场波及社会各领域的全局性、根本性技术革命,并将引发新一轮世界军事革命。

20世纪七八十年代,人类社会曾经历过一次人工智能热潮。当时,以专家系统为代表的人工智能系统蓬勃发展,关于人工智能、机器人的科幻作品不断涌现,人们对未来智能社会充满憧憬,但在实际生活中,基本接触不到智能产品。而现在,不论是出行、购物、金融投资,还是生产制造和战争,在许多方面都能真切感受到人工智能的存在和快速发展,我们的工作、生活正被人工智能改变。这些事实表明,当前人工智能的崛起与此前智能热潮有根本不同,必须以全新视角重新思考人工智能等高新技术对军事乃至战争的影响。制空权理论提出者杜黑曾写道:"胜利总是向那些预见战争特性变化的人微笑,而不会向那些等待变化发生后才去适应的人微笑。"在当前国际形势和技术发展大势下,我们必须深入研究技术发展趋向,预见战争特性,在战争和作战理论创新上求突破。

习近平总书记在党的十九大报告中指出,"加快军事智能化发展"。我的理解是,要在短期内在理论探索、军事智能技术创新和武器装备研发方面形成一批有价值的成果。其中,理论研究是基础,必须从打赢未来战争的高度加紧落实。

近几年,相应的探讨已经展开。庞宏亮同志的研究是其中较有特色的一个。他在十几年前就出版专著提出"智能化战争"概念,认为信息化战争是智能时代战争形态的初级阶段,正日渐向其高级阶段,也就是智能化战争阶段过渡。这些看法在今天看来也不过时,很有预见性。最近他完成的《21世纪战争演变与构想:智能化战争》一书,从理论上对未来战争进行了更深层次的探讨和勾画。内容新颖,许多分析和观点很有启发性,资料也很翔实,看得出是一本下了功夫的好著作,值得一读。

宏亮同志在教研方面一向踏实认真,有追求有钻劲有悟性。他能够写出这样具有前瞻性的著作,我由衷地感到高兴,也希望他能够出更多更好的成果。同时,作为长期关注技术变革与战争的研究者,我也呼吁有更多的人加入到研究行列中来,做中国军事巨轮前行的瞭望哨和探路者。为国家渡过崛起险滩,为中华民族顺利复兴,提供强大的军事支撑。

国防大学副校长　肖天亮

前　言

我们正处于一个战争演进的分岔口。

向前走,艰难崎岖,却通向胜利;向后走,闲庭信步,却酝酿败亡。

问题是,什么是前,什么是后?

第一次世界大战爆发前,刺刀挺进、骑兵冲锋和军人意志,被英国军事高层继续奉为战争原则,作为军事建设的前行指引。工业化的代表性武器——机枪,则被无视甚至敌视。机枪在英国非洲殖民扩张中的决定性作用,仅被看作文明白人对野蛮土著的屠杀,因此被认为不适合欧洲正规战争。机枪对军人在战场上核心地位的威胁,导致其被归为有辱军人尊严的"奇巧淫技"。结果,仅有少量机枪、缺乏相应战术探索的英军在"一战"初期接连失利。试问,英军力主的刺刀为前,还是遭排斥的机枪为前?

第二次世界大战爆发前,阵地战、要塞防御、步兵至上等"一战"经验,被法国军事当局奉为战争信条,修建马其诺防线成为应对未来战争的前瞻战略举措。在"一战"中崭露头角的坦克则被视作机动式野炮,分散配属到各步兵师作为辅助力量,空中力量建设更是被长期忽视。结果,坦克数量、技术性能均优于德国的法国,在德军闪击战中,仅支撑42天就宣布投降。试问,法军鲜血换来的阵地战经验为前,还是坦克飞机为前?

今人常嘲讽英法诸军愚顽,殊不知,今日的理所应当,当时都晦暗不明;今日无争议的主战武器,当时不过是新事物之一;今日界定的革命,当时只是漫长的渐进发展。血与火的经验、新武器、军事传统交织形成的七彩图景,使何为前,何为后,什么是未来战斗力之源,什么又代表战争演进方向,都模糊不清,以至于选择错误成为大概率事件。

今天,面对汹涌的新技术浪潮,军队再次面临生死抉择。

技术热潮,还是技术革命?信息化革命深入推进,还是新军事革命?谁是核心技术,云计算、物联网、大数据、人工智能、激光,还是生物技术、纳米技术?人的战争,还是机器人战争?

军人必须从理论上作出严肃回答。

十三年前通过对阿富汗-伊拉克战争主要行动的分析研究,笔者在《智能化战争》(2004年出版)一书中提出,信息化之后是智能化,以新型无人机为代表的人工智能武器将成为未来战争的主宰,智能化巨轮已扬帆启航。这是信息化战争研究盛行之时的一次理论深化探索,也是智能化桅杆初露之时的一次学术冒险。

十三年后的今天,智能化巨轮的船头日渐显露,厘清其轮廓,判断其作用,分析其内容,把握其趋势,已成为当前变革时代弄清"何为前、何为后"的首要课题。这也是本书勉力而为的基本目标。

变革的年代是令人困惑的年代,在不确定中追求确定更是艰辛异常、风险难料。但中国崛起亟需一批砥砺前行的理论战士,亟需一批分析批判的理论靶标。如果本研究能为思想交锋提供些许原由或弹药,那将是对作者十数年研究的最高褒奖。

作　者

2017年10月于北京西山

目 录

序 ······ 001
前言 ······ 001

第一章 战争形态演变的几个基本问题 ······ 001
    何为战争形态? ······ 001
    主导军事技术(群) ······ 005
    战争形态更替的时机、条件与周期 ······ 006
    战争形态演变的一般过程 ······ 011
    历史上战争形态的演变 ······ 015

第二章 智能化浪潮兴起 ······ 029
    人工智能崛起 ······ 029
    信息技术革命的终结 ······ 048
    迈向智能时代 ······ 053

第三章 军事智能化革命 ······ 064
    战场:信息能力困境 ······ 064
    战场:人工智能异军突起 ······ 069
    军事智能化革命爆发 ······ 072
    智能时代的战争形态 ······ 078

第四章 新战争 新理念 ········· 085
  谁是我们的敌人？ ········· 085
  以平台为中心 ········· 089
  智能算法定义一切 ········· 093
  武器装备核心指标——自主性 ········· 095
  数据就是力量 ········· 099
  "零伤亡"时代 ········· 104

第五章 力量的转移 ········· 108
  武器＝基本战斗单元 ········· 108
  智能化武器装备 ········· 111
  智能弹药 ········· 117
  以智能为核心的军事技术体系 ········· 120
  全能武士 ········· 124
  谁是专家？ ········· 127
  人人都有超级助手 ········· 130
  无网而无胜 ········· 133

第六章 改变游戏规则 ········· 136
  以智能力发挥为核心组织作战 ········· 136
  实质——全面创新对抗 ········· 140
  核心作战理念——直屈敌志 ········· 143
  多维一体智能化作战 ········· 146
  主要行动样式 ········· 154

第七章 重构军队 ········· 162
  "金字塔"的坍塌 ········· 162

军兵种的消亡 …………………………………………… 171
组织革命 ………………………………………………… 176
智能型司令部 …………………………………………… 186

第八章　智慧后勤 …………………………………………… 200
智能冲击波 ……………………………………………… 200
目标：恰到好处 ………………………………………… 204
保障实施重心向两端迁移 ……………………………… 209
峰值保障能力 …………………………………………… 214
后勤力量转型 …………………………………………… 216

结束语 ……………………………………………………………… 222
后记 ………………………………………………………………… 223

▶ 第一章

战争形态演变的几个基本问题

看清了历史,就把握了未来。

新技术浪潮令人兴奋,也令人迷茫。云计算、物联网、大数据、纳米技术、人工智能、机器人、激光武器、电磁炮等高新技术的发展运用,为军事领域注入了活力,但它们会对战争造成什么影响?是局部性影响还是全局性影响?只是深化完善信息化战争,还是在形成新战争形态?如果是后者,那会形成什么样的战争形态?光战争、生物战争、纳米战争、"三无"战争①、机器人战争,还是智能化战争?理论界的答案莫衷一是。当中原因既与各自角度、认知程度不同有关,更与战争形态概念不清、阶段划分不甚清晰有关。重新思考研究战争形态概念与演变基本问题,已成为深化理论发展和准确把握战争趋势的首要事项。

何为战争形态?

"战争形态"一词见诸军事文献是近二三十年的事,成为我军《军语》认定的军事学概念则是在 2011 年。和其他战争词汇一样,战争形态一词的出现有深刻的时代背景。它产生于 20 世纪八九十年代人类战争向信息化战争演变

---

① 即无人、无形、无声的战争,是"智能化+类人化"战争的简称。参见鲍斌、张世平:《"三无战争"向我们走来》《中国军事科学》2010 年第 2 期,第 151—156 页。

之际,是满足战争发展演变研究时需的产物。

自问世至今,战争形态一词已为学术界广泛接受,其运用范围和程度也不断扩展。但同时,该词内涵外延不清、阶段划分粗疏等问题也不断暴露出来,特别是在科技进步加速、战争演变周期缩短的新形势下,这些问题已日益成为战争发展演变研究的桎梏。严重缺陷有两个:

一是概念过于宏观,影响战争规律揭示。概念是思维的基本形式之一,反映客观事物一般的、本质的特征。[①] 但客观事物的本质特征有多个层次,根据研究需要选取合适层次,并抽象形成概念,因此是理论研究的关键环节。如果选择的层次太低,会导致研究需要界定概念太多等问题,易陷于琐细繁乱,难以迅速抓住要害;而选择层次过高,又会导致概念所反映的对象过于抽象宏观,难以探查其中各重要方面,难以通过研究为现实提供有效的借鉴。长期以来,在诸多文献中,战争形态被界定或默认为主战兵器技术属性所表现出的形式和状态,并根据其在不同时期表现出的不同特征,划分为冷兵器战争、热兵器战争、机械化战争、信息化战争四种战争形态。其中,技术属性是关键词,但其含义不清,各主要辞(词)典也无收录。若根据上述四种具体形态,似可将技术属性理解为战斗力生成的技术原理。而从这一层次来界定战争形态概念,明显存在层次偏高的问题。以冷兵器战争为例。冷兵器战争始于公元前3千纪中期青铜兵器的使用,终于15世纪后期火药武器开始主导战场,绵延约4000年。其间,历经四次军事革命,并形成以青铜兵器、战车、铁兵器以及骑兵为核心的四种战争体系,战争规模从数百数千人扩展到数十万人,作战方式从列阵步战,发展到车战、骑战、多兵种协同作战,各阶段特征明显,演化转换跌宕起伏,对战争发展、世界格局演变均造成深远影响。对于如此纷繁复杂的战争演变历程,仅用冷兵器战争来概括显然过于宽泛。冷兵器战争概念重点反映的是战斗力生成是以金属兵器的物理性能,如锐利、坚固的发挥为核心,人与作战动物(如战马、战驼、战象)的体能是战斗力形成的基本凭借。而除此

[①] 中国社会科学院语言研究所词典编辑室:《现代汉语词典》(第6版),北京:商务印书馆2012年版,第418页。

之外，对于一个战争体系的主要方面，包括主战兵器（力量）、作战方式、体制编制等诸方面的特点及发展演变，都未能呈现。可以说，冷兵器战争概念所掩盖的远超它所揭示的。如果是一般性地了解，它可以用作人类战争大的历史阶段的概略性分期，但对于以探寻经验教训与启示规律的学术研究而言，这一概念并不适宜。热兵器战争概念存在同样的问题。这反映出战争形态概念的提出主要是着眼当时战争发展演变研究的需要，重点是区划界定出新的战争形态，而对现代以前战争形态演变未予详细考察，它给未来的战争研究埋下了隐患。

二是形态划分自相矛盾，后续研究难以适从。目前，大多数研究沿袭冷兵器战争、热兵器战争、机械化战争、信息化战争四阶段划分法。这一划法简单易用，但缺陷也非常明显。冷兵器战争、热兵器战争是以武器杀伤力形成原理为标准划分。其中，冷兵器战争是以金属兵器的物理性能的发挥为核心，热兵器战争是以火药的化学性能，如爆炸、燃烧所产生的能量发挥为核心，信息化战争的划分，则是着眼信息能的运用——主要通过对弹药杀伤力和指挥控制系统的优化。而机械化战争形态的划分则是以武器系统的机动力形成原理为标准划分。这一划分方式造成诸多矛盾。因为实际上，坦克等机械化武器是滑膛武器、线膛武器等火药武器与内燃机驱动的机动平台结合的产物，它和冷兵器时代弓矛与战车的结合、弓矛与战马的结合并无本质区别。也就是说，若以杀伤力形成原理为标准划分，机械化战争应属热兵器战争，或是其一个阶段。若机动力形成原理也可作为划分标准，冷兵器时代的战车战争、骑兵战争也可如机械化战争一样单列为不同的战争形态，冷兵器战争也不能再作为一种战争形态。当前，战争形态划分标准不一所带来的最大问题是，随着以无人机、地面机器人等智能无人系统在军事领域的应用，一场明显区别于信息化的新军事革命已拉开帷幕，以智能化武器为核心的新战争体系正在形成。那么，是以"智能化战争"一词概括这一新事物，还是如冷兵器战争、热兵器战争一样，将在战斗力生成机理上与信息化战争一脉相承的智能化战争（阶段）归于信息化战争，已成为一个令人难以适从的困局。

在战争形态发展演变的新形势下,重新选定适当的战争本质特征研究层次,概括形成战争形态概念,并依此准确界定适当的战争形态外延,已经是战争研究的当务之急。

那么,什么是战争形态?作为由战争与形态两词构成的合成词,战争形态可以理解为战争在发展演变过程中呈现出历史阶段性特征的形式和状态。政治、经济、社会等因素发展演变的阶段性特征在战争(军事)领域的投射反映,均会形成类别不同的战争形态。它们从不同侧面反映战争发展演变,从不同角度揭示战争本质,并满足不同领域、不同时代的理论与实践需要,均为战争研究的重要方面。而从军事角度看,军事技术革命是战争形态演变的第一推动力,战争形态研究首先应以军事技术发展对军事领域的影响为主线展开。这在人工智能革命浪潮兴起的今天,显得尤为重要,尤为迫切。事实上,长期以来,大多数战争形态研究也都是有意无意地在这一前提下展开。本书也遵从这一基本前提。

至于战争形态内涵的界定,根据现代系统演化理论,主要是耗散结构论、突变论和协同论等,可将各战争形态看作一个个处于演进中的体系(系统)。这些形态与其前后各形态相关联,但又相互独立、自成一体。其演进主要表现为体系各要素,包括主战武器、作战方式以及体制编制的全面演进。演进过程则如生命体般历经孕育、形成及衰亡等阶段。在此视角下,战争形态演变以一系列战争体系演化的形式清晰呈现出来。这些战争体系无论在横向组成上,还是纵向时间轴演进上,要素完备且不会交叉混淆,是战争形态研究的逻辑起点。基于此,战争形态概念可定义为,以主战武器为核心形成的战争体系所呈现出的具有历史阶段性特征的形式和状态。这一定义中,"以主战武器为核心形成的战争体系"在战争形态本质特征层次上较"主战兵器技术属性"为低,但所指更为具体明晰,也更为独立完整,能清楚反映每一战争体系演变的阶段性和周期,有利于分析提炼规律性结论并对未来演变作出合理推断。

主导军事技术（群）

军事技术革命是战争形态演变的第一推动力。从根本上讲，战争形态演变的过程，就是军事领域及其他社会领域吸收新军事技术革命效应，形成新战争体系的过程。研究战争形态演变，须以军事技术革命为逻辑起点。其中，关键是把握主导军事技术（群）的更替。

主导军事技术（群）是一个相对概念。作为复杂巨系统，任何一个战争体系都由多种军事技术（含社会通用技术的军事应用）构建并支撑。而在一定历史时期，在这些日趋增加且日益繁复的军事技术中，总有一种，或由紧密相关的几种技术结合而成的技术群发挥主导性作用。它们规定和影响着其他军事技术的发展，决定当时军事技术体系的性质和发展方向，引领军事进步的潮流，我们把这些技术称为主导军事技术（群）。很明显，虽然共处一个体系，但主导军事技术（群）是核心，其他技术的发展与运用围绕主导军事技术（群）进行，并接受是否有利于主导军事技术（群）作用发挥这一标准的评判，相互间是支配与服从的关系。这一主从关系规定了军事技术体系的内部结构，以及各要素功能形成与有序发挥的机制。自人类进入文明时代（约公元前 3500 年）以来，发展形成为主导军事技术（群）的共有十种技术，依次为：青铜技术、战车技术、铁技术、骑射技术、火药技术、机械与蒸汽技术、内燃机技术、核技术、信息技术，以及当前正加速发展的人工智能技术。

主导军事技术（群）支配地位的形成并非偶然。它既不是军事决策者的臆断，也不是军事理论演绎的结论，而是诸军事技术竞争与选择的结果。拥有其他技术所无法比拟或不具备的卓越技术战术性能，是造就其地位的根本原因。而一旦一项军事技术从众多并行的技术中脱颖而出成为主导技术，它将不可避免地使既有的主导军事技术（群）沦为次要角色。为充分挖掘和发挥潜能，在技术发展层面，武器装备发展的总体规划、资源配置等都将向新主导军事技术（群）聚焦，其他技术，包括先前主导军事技术（群）的发展都将在新主导军事技术(群)发展的框架下展开,新的军事技术体系架构由此建立,其外在表现即是一般所讲的军事技术革命。与此同时,在战争准备的宏观层面,与新主导军事技术(群)作用发挥相适应的作战方式和理论开始加紧开发,组织编制和各类体制、机制、制度也开始加紧探索建立,新旧主导军事技术(群)的更替效应逐渐冲击、扩散到战争准备的各个领域,军事领域呈现出全面革命的态势,一种以新技术原理武器为主战武器的新型战争形态酝酿形成。这一连锁反应过程表明,主导军事技术(群)的演变更替不是一个纯技术问题,它所引发的革命效应将导致战争形态的演变。从这一意义讲,军事技术革命的实质是主导军事技术(群)的更替,而军事革命以及战争形态演变的实质则是以新旧主导军事技术(群)为核心的战争体系的更替。

战争形态更替的时机、条件与周期

形态更替是战争发展演变过程中反复出现的惯常现象。它反映出战争形态的演变呈螺旋上升趋势,并遵循一定的规律。这里重点对更替的时机、条件及周期进行探讨。

更替一般发生在战争体系效能递减阶段。效能递减是战争体系发展演进的基本规律。作为时代产物,战争体系在一定的技术、政治、经济以及社会条件下形成特定结构,实现特定战争功能,但同时也受到这些条件和结构的约束。主要表现在:在战争体系形成的前期,随着新主导军事技术(群)核心地位的确立,其发展呈加速推进、以指数增长的强劲态势,对军事技术体系及战争体系的拉动效应明显,是名副其实的战斗力增长"引擎"。与之相适应的技术体系、作战理论体系、组织与制度体系在军事和国家层面日渐建立,新型作战武器(系统)技术战术性能大幅提升并得到广泛应用,战争体系所蕴含的结构性力量也不断形成和释放,战争总体能力加速增长。而在后期,随着战争体系各主要方面日趋成熟,主导军事技术的技术潜能和战争体系的结构性潜力逐渐被挖掘殆尽,战争体系发展将以小的、局部的改进和完善为主，不再出现大的创新，发展势头疲弱，呈现出日渐饱和、逐渐趋缓甚至停滞的态势。与前期相比，总体呈现出投入相同，但其所产生的战争效能却不断递减的状况。主要标志是：技术、作战方式与理论、体制编制等因素的作用下降，指挥艺术、训练以及兵力的数量规模逐渐成为决定战争胜负的主要因素，进攻与防御的战场优劣渐趋平衡。从战争实践看，这一阶段的到来，往往使战争变成沉闷乏味的长期攻防或战略对峙，大范围的速战速决则成为例外。马拉战车到来以前的苏美尔城邦间混战，铁技术革命之前的中国春秋时代诸侯车战，火炮出现之前的欧洲重骑兵战争和城堡攻防，机械化技术革命之前的火枪火炮战争，"闪击战"形成之前的欧洲堑壕战，信息技术革命成果显现前的美苏核对峙等，都彰显了这一发展阶段的典型特征。而战场攻防平衡局面的形成，不可避免地带来一个新问题，即：战争成本日益高昂，其作为国家政策工具的功能不断弱化，越来越难以满足国家政治和战略的需求。寻求新的重大技术突破，构建新的战争体系，以打破战争僵局，有效降低拓展或维护国家利益的成本，就成为国家政治，以及战争自身深化的基本要求。战争体系因此处于一个鼓励技术研发与创新，并准备随时接受新事物的开放状态。这一时期是军事技术发明、创新的"黄金时代"，也是有潜质的军事技术，主要是杀伤、机动、信息等方面技术，形成为主导军事技术（群）的机遇期。技术进步将更容易、更迅速地被吸收至战争体系，主导军事技术（群）在这一进程中竞争形成，战争体系在活力十足的新战斗力增长"引擎"拉动下快速发展，战争效能再次处于加速增长阶段。

技术条件比较成熟是更替的前提条件。一个军事技术体系一般包含多种性质、功能各异的军事技术，其中一些有成为新型主导军事技术的潜质。但是，受技术原理、技术工艺的掌握程度，支撑性技术的发展状况，技术形成武器装备的成本，技术运用所需资源的丰缺等诸多因素制约，各技术的发展非常不平衡。只有那些条件比较成熟的技术，如已完成原始性创新，作战价值已得到展示，蕴含的作战潜力巨大，具备较好的经济和资源基础等技术，才可能被大规模应用于军事领域，成为主导军事技术（群）。而其他技术，尽管看起来前景很好，但由于发展缓慢、军事应用有限等原因，在这一时期只能扮演配角，甚至长期处于无足轻重的境地。铜和铁的发展历程就很能说明问题。一般而言，铁制兵器要比铜制兵器坚牢锐利，而且铁矿在世界各地的分布远比铜矿丰富，但在人类文明史上，先发生的是青铜革命（约公元前 3500 年）——青铜兵器的出现取代了石制兵器。原因就在于铜的熔炼、铸造相对容易，人类更早地掌握了青铜技术。而对于铁技术而言，由于技术难度大而发展缓慢，虽然在公元前 3000 年的中期之前也发展出了精炼铁技术，但是这种铁"作为制造工具和武器的材料并不比锡青铜好，甚至还不如锡青铜"，因此，"直到发明了淬火和回火技术，人类才进入了发达的铁器时代"，[1]铁制兵器才开始取代青铜兵器。这已经是公元前 1200 年左右，较青铜革命晚了上千年。在世界军事史的各个时代，如铜、铁技术共存竞争并相继成为主导军事技术的情况并不是个例。可见，条件是否具备、时机是否成熟等因素绝不是一个可以忽略的问题，它们对于一种技术能否形成为主导军事技术至关重要。而反过来看，一旦各种条件成熟，新型主导军事技术的形成也将不可避免。

更替时间周期趋短至半个世纪左右。战争形态的演变包含两大阶段：既有战争体系的衰落和新战争体系的构建。其时间周期即是这两个阶段时长的加和。

第一阶段起始于既有战争体系充分构建之时。此时，既有主导军事技术（群）已达到技术原理极限，以其为基础发展的武器装备大规模配备部队，相应的作战方式逐渐完善，军事编制以及军队和国家层面的体制机制基本调整到位，一切战争活动都步入正轨，战争体系基本成熟。这一时刻的到来，标志着一种战争形态的全面形成。但与此同时，它也开启了一个发展缓慢、趋于停滞的衰落期：尽管局部、小规模的技术改良依然在进行，但主导军事技术（群）的发展不再会出现重大创新；作战理论的发展也转向了针对具体情况，如何灵活运用基本作战方式问题上；编制、各种体制机制调整仍在继续，但基本上只局

---

[1] ［英］查尔斯·辛格等主编：《技术史》（第一卷），王前等译，上海：上海科技教育出版社 2004 年版，第416 页。

限于局部的或低层面的修修补补。整个战争体系的发展,或者说战争能力的提升,处于一种低速、低增长甚至无增长的状态。其附带影响是,战争体系日趋保守。因为战争体系能力此时已接近其所能发挥能力的顶点,在任何重要改变都可能影响体系功能发挥或破坏与之相关的利益格局的情况下,抵制改变就成为一种自然选择。直到体系的固有缺陷逐渐暴露,以及新的主导军事技术(群)军事价值凸显之后,这一局面才会改观。而在此之前,受体系非开放态度影响,一般不会产生新的重大军事技术创新需求。即使出现有潜质的军事技术,至多也只会被吸收为主导军事技术(群)的附属技术。

在工业革命之前的漫长岁月中,由于人类技术发展总体上处于技术种类少、水平低、底子薄的初级阶段,技术革新,包括军事技术革新的步伐比较缓慢,一种新主导军事技术(群)的出现往往要历经上千年数百年之久。这导致既有战争体系在衰落过程中长期难以更替,其衰落期相应地也长达上千年、数百年。工业革命以来,技术累积效应的爆发、技术协同效应的出现,以及科学的介入,使人类技术进入了一个迅猛发展的新时期:一种技术的进步往往会激发另一种技术的发明或重大改进,技术发展呈现出接连革命的新态势。主导技术(群),无论是在社会经济领域,还是在军事领域,都从原来的"供应"匮乏转入"供应"充足的新阶段。一种战争体系衰落期长短从受制于新旧主导军事技术(群)的更替时长,转变为主要取决于战争体系的最短生命周期。只要战争体系出现允许更替的最低可能,新主导军事技术(群)就会形成主导地位,并推动形成新的战争体系。从历史经验看,在一种战争体系形成的初期,其巨大战争能力刚刚得以展现,军队处于全面接受该体系的状态,消化、吸收、巩固新体系是军事建设的主题,此时没有接纳新主导军事技术(群)的氛围。事实上,既有主导军事技术(群)也是竞争的结果,在其形成支配地位初期,也不会有其他技术对其地位能构成实质性挑战。只有在经过一段时间运行之后,随着武器装备、作战能力固有局限性的显现,以及体系建立者和第一代中坚力量离开军队,才具备体系变革的最低可能。此时,距战争体系基本成熟一般为20~30年,这一时长即为战争体系的最短生命周期。从工业革命以来的情况看,新军事革命的爆发距既有战争形态形成之间的时间越来越与这一数值相吻合。在未来,这一数值仍有可能缩短,但在体系固有惯性运行规律支配下,出现大的改变的可能性较小。

新战争体系的构建是战争形态演变的第二个大阶段。这一阶段起始于新主导军事技术(群)主导地位确立之时。此时,以新主导军事技术(群)为核心发展出的新型武器装备已展示出优异的作战性能,特别是,其作战能力和潜在战略战术价值已为军事决策层所认知,军队开始发展新型武器装备、开发相应的作战方式和组织结构。在世界军事史的大部分时间里,由于受技术创新速度缓慢的限制,这一进程往往持续时间较长。工业革命之后,技术创新与改进速度大幅提升,影响新战争体系构建时长的"瓶颈",从原来以技术创新缓慢为主的"硬问题",逐渐转移到以作战方式、体制编制改革为主的"软问题"上。事实上,这些"软问题"一直存在,但是由于此前技术创新时间很长,与之相比,"软问题"在战争体系形成总时间中所占时间比例就显得很小。而一旦当技术"瓶颈"突破后,技术创新成为与作战方式开发、体制编制改革步伐一致,甚至较后者周期更短的活动,解决"软问题"所费时间长短就越来越成为新战争体系形成总时间的决定性因素。推进这些"软问题",看似时间弹性比较大,但实际上,由于"软问题"均与战争中最能动,也最难理顺的因素——人有关,其所需时间大都是难以缩短的刚性时间。实践表明,花费大量时间,反复进行摸索、试验、试行,甚至通过军事行动实践检验、改进,是开发新型作战方式与理论,构建新型体制编制不可或缺的或者说是基本的途径,难以随意减省。在信息时代,专家系统、作战模拟系统、兵棋等系统工具的应用可以在一定程度上缩短"软问题"的解决时间,但其所使用的数据,与新型作战力量运用高度适应的数学模型的建立却并非凭空而来,新战争体系建立的总时间因此不会有太大变化。就具体时长而言,世界军事发展史为我们提供了有益参考。第一次世界大战结束后,德军全面总结失败教训,认定坦克、装甲车等机动力量在飞机支援下将成为强有力的突击力量,并开始试验开发相关理论。至20世纪30年代末期,初步建成机械化战争体系,历时约20年。在海上,日本1922年建成第一艘航空母舰,至1941年4月成立第一支特混舰队,并于当年12月成功偷袭珍珠港,历时也是约20年。在这些过程中,严重的安全威胁与战争需求扮演了"加速器"的角色。在局势缓和或和平时期,新战争体系的构建时间一般会更长一些,有可能达到25—30年。

通过加和既有战争体系的衰落时间和新战争体系的构建时间,可以得出结论:在现代条件下,战争形态的演变周期已趋短至半个世纪左右。这一数值当然不是绝对值,它也不可能有一个绝对值。受各种因素,特别是一些极端因素影响,可能会出现实际数值在该数值区间之外的情况。但不论如何,该数据的形成,对于准确判断当前战争形态演变趋向和时间提供了一个重要的量化参考。

战争形态演变的一般过程

美国作家马克·吐温曾写道,"历史不会重演,但历史会押韵"。这句话也适用于战争形态。自进入文明时代以来,在军事革命推动下,战争形态经历了一次又一次演变更迭。其中,每一次演变的主导军事技术(群)不同,相关内容各异,但演变过程呈现出高度的相似性。在演变中,每一种战争形态都如自然生命体一般,有其孕育、萌芽、发展、成熟和衰亡阶段,而各阶段也都展示出高度类似的发展特征。为准确把握这一过程,根据时间进程,可将战争形态演变划分为五个阶段:萌芽期、塑造期、形成期、成熟期、衰亡期。

萌芽期

战争是新军事技术的"催产婆"。一旦既有战争体系结构所产生的战争功能无法满足战争需要,或无法有效应对安全威胁,新的技术需求就会产生。由此产生的强大牵引力,将促使政治、经济、社会、科学、技术等各领域都参与到军事技术发展中来,形成军事技术创新浪潮。在这一竞相发展的过程中,一般会有一种或相互紧密关联支撑的几种原始性创新技术脱颖而出。它们可能是新发明新创造，也可能是出现时间不长的新技术。这些技术以新技术原理为基础，发展出的武器装备（系统）具有独特的新功能或在性能、效率上均较前有明显提升，具有良好发展前景。尽管在开发试验及早期的小范围应用阶段，它们在整个军事技术体系当中微不足道，但随着二次创新和技术改进的持续进行，其性能特点和战术价值开始显现。此时，这些优势和价值在重要军事实践中的展示，包括作战行动、军事演习或重要的军事试验等，在世界军事史上都具有划时代的重大意义。因为它不仅使军队中至少部分人乐于接受新技术，为它们打开了成为主导军事技术之门，而且引发了一些敏锐的军事观察家的思考，开启了战争思想创新的大门，一种新的战争形态自此萌芽。在这一时期，军队一般将新技术视作既有军事技术体系的补充，主要关注点是其技术性能，以及如何使它们在既有战术框架下发挥作用。总体看，军队对这些新技术持欢迎态度。

塑造期

新技术是桀骜不驯的"野马"。在它们年幼时，由于弱小而不得不听任摆布。但一旦成长起来，它们将按照自己的内在逻辑行事。这导致新技术与既有战争体系之间的冲突不可避免。新战争形态演变自此进入一个新时期——塑造期。新战争体系构建者与既有战争体系维护者在主要领域，无论是主战武器装备、作战方式与理论，还是体制编制的第一次正面交锋，通常是进入的时间标志。以此为开端，双方的对抗与斗争将逐渐蔓延至战争体系的各个方面，激烈且长期的斗争成为贯穿整个塑造期的主基调。

具体看，在这一时期，新原理军事技术发展生机勃勃，一些超越新技术战术应用、强调以新技术为核心组织战争的理论不断涌现，相应的作战实验、组织编制探索相继展开，军事领域呈现出锐意进取的积极态势。但是，这些新变化影响甚至破坏了既有战争体系的正常运行。这是后者所不能容忍的。作为最不允许失败的人类社会领域，虽然军队也渴望引入新技术改善武器装备，但它并不希望战争体系结构因此受到冲击，避免风险、维持稳定是军队确保战斗力的基本方法。而此时,新原理军事技术的快速发展已引发军事革命,但军事领域所涌现出的新武器、新思想和新体制编制仍存在不少严重缺陷,如:武器的可靠性不足,一些性能指标过低,战争理论中想象的成分比科学的成分还多,兵力兵器编配比例难以确定,它们能否造就更好的战争体系难以预料。也就是说,新技术在危及既有战争体系稳定同时,并不能提供一个确定无疑的前景,战争体系转型风险很大。审慎对待新事物,抵制甚至反击新变化,以确保既有战争体系稳定,就成为大多数军事决策者的基本选择,他们形成军事革命中的保守派。与之相对应,新战争武器、理论的支持者则形成革新派。军事发展问题由此演变为革新力量与保守力量之间的权势斗争。在新战争形态出现之前,这一斗争将长期持续。并且,新旧力量之间的斗争往往还牵涉利益得失,这加剧了双方斗争的激烈复杂程度。

在斗争过程中,尽管前进道路非常曲折,但革命潮流的浩荡之势不可阻挡。新武器装备的持续改进、新战争方式和理论的不断试验和完善,终将使酝酿中的新战争体系的战争效能明显超越既有战争体系。至此,战争形态演变已处于临界点,其新旧更替只差一个火花。

形成期

塑造期是一个量变累积的过程。在这一过程中,无论增加了多少新式武器装备,发展出多少种战争理论,也无论各种势力斗争如何激烈,持续了多长时间,都无法改变新战争形态始终只是一种假设的事实。要实现质的飞跃,新武器、新理论必须置身于实战当中,接受战争实践这一最高标准,也是唯一标准的检验。而对于成功通过检验的新战争体系而言,检验的过程,就是新战争形态确认形成的过程,所经历的时间即是新战争形态的形成期。

毫无疑问,在新战争形态演变各阶段中,形成期是时间最短的一个——短至一场战役甚至一个战斗,但它不可或缺,意义重大。它是新战争体系发展由量变到质变的转折点,是新旧战争形态更替的转换点,是革新派与保守派力量对比的反转点,是军队全面接纳新战争形态的起点。自此,对新战争形态的共识在大范围内迅速凝聚,质疑之声快速消散,局部或小范围仍可能会有抵制和对抗,但已无关发展大局,新战争体系的主导地位宣告形成。

成熟期

新战争形态的形成,结束了革新派与保守派的长期内斗,一切军事资源的配置和运用开始围绕新战争体系组织起来,战争形态演变由此进入一个高歌猛进的发展成熟期。

在这一时期,发展新战争体系在军事决策层已成为共识,新原理军事技术(群)的主导地位已正式确立,既能有效驾驭新技术,又能充分发挥其潜能的战争理论已成为指导理论,战争体系发展的重点开始转移到新式武器装备的普遍配备和体制编制的大规模重组重构上来。当然,新武器装备、新理论的改进完善仍在继续,重要的二次技术创新和理论创新仍可能出现,但这一时期的主要矛盾是将局部的成功经验推广到全局,实现整个战争体系的全面转型。

值得注意的是,这一转型不止发生在成功塑造新战争形态的核心国家。新战争形态所展示出的震撼效果,已经对其他国家形成了巨大的战略压力或吸引力,刺激后者加紧推进新军事革命。新战争形态演变因此呈现出从核心国家向世界各主要国家迅速扩散的态势,其全球主导地位在这一进程中逐渐确立。

总体看,推进和深化变革是发展成熟期的主要内容。由于涉及大范围的利益调整,这一过程仍会比较痛苦。但与塑造期不同,它属于在一个清晰目标引领下的全局性变革,各种力量相对要配合得多,相互合作、协同推进通常是贯穿整个时期的主流。

衰亡期

任何一种技术,任何一个战争体系结构,其所蓄含的潜能都是有限的。在战争需求拉动下,主导军事技术(群)不断得到改进完善,战争理论不断得到修正,体制编制不断得到优化,但总有一天,其潜能会被开发至原理极限。这一时刻的到来,标志着战争形态演变已进入衰亡期。

衰亡期的实质是饱和。在这一时期,战争体系已经完全成熟。虽然主导军事技术(群)、战争理论和体制编制等主要领域仍有完善的空间,但由于它们的原理潜能、结构潜力已达到极限,其完善事实上仅限于边边角角的小幅改进。这些改进无限接近它们所能达到的理论顶点,但实际上对于战争体系效能的提高作用微乎其微,是一种增长缓慢甚至于停滞的饱和状态。战争体系在理论、武器装备、体制编制、利益格局等几乎所有方面都已形成高度稳定的结构,乐稳守成取代了开拓创新,整体呈现出保守之势。这一状态显然无法满足永无止境的战争需要。寻找新的战斗力增长"引擎"——主要是开发新主导军事技术(群),就日益上升为战争体系发展的新需求。军事技术创新由此进入一个机遇期,这也意味着新一轮战争形态演变即将开启。

历史上战争形态的演变

理论创新的实质是概念的解构与建构。与战争史碰撞契合所重构出的"战争形态"新概念,为认知战争发展演变提供了新视角,也为判断信息化战争发展程度,以及准确划分演变阶段和定位后续新变革提供了可能。战争研究在这一新前提下突破信息化战争窠臼,在新事物新变化中探寻新的方向和可能。

以前述是否形成"以新型主战武器为核心的战争体系"为标准衡量,战争形态已历经八次演变,即青铜兵器战争、战车战争、铁兵器战争、骑兵战争、火药武器战争、线膛武器战争、机械化战争、信息化战争,目前正向第九种形态——智能化战争过渡。这九种战争形态的形成均是以主战武器为核心成功构建新战争体系的结果。为便于宏观把握,可依战斗力形成原理,将这九种战争形态划归三个战争时期,即冷兵器战争时期、热兵器战争时期、智兵器战争时期。

冷兵器战争时期

冷兵器战争历时约 4 000 年,它在人类文明史上第一个成型,且持续时间最长。在这一漫长的历史时期,先后爆发了三次(或四次)军事革命,[①]形成了青铜兵器战争、战车战争、铁兵器战争和骑兵战争四种基本特征各异的战争形态。

青铜兵器战争

在人类早期冲突中,石制、木制、骨制的兵器是主要战斗武器。加工这些兵器的材料均可从自然界较容易地获取,但缺陷也非常明显。花岗岩、玄武岩能磨制成工具,但很难使它锋利;骨、蚌壳、黑曜石虽然能制成锐利的武器,但在使用时易破碎和断裂,其形状、样式也非常受限;而木制武器杀伤力又嫌小,等等。在当时,武器的这一粗陋状况,以及生产力水平非常低下等因素,严重制约了人类群体间冲突的性质、规模、程度和时间。这一局面持续了数万年。

到公元前 3000 年前后,随着青铜冶炼技术的出现和青铜兵器的应用,长期的军事技术发展僵局开始被打破。与石制、木制、骨制兵器相比,青铜兵器具有可锻铸成各种式样、在战斗中可靠——不会像石制武器那样容易断裂,以及可长期使用等决定性优势,[②]它也因此不断地被运用到各种冲突和战争当中,而早期兵器则日益被淘汰。至公元前 2800—前 2600 年,青铜兵器在两河流域的苏美尔城邦国家中已得到普遍应用。[③] 这一过程相对较长。由于相关的考古发现匮乏,在此期间是否发生军事革命目前难以确定。根据仅有的极

[①] 青铜时代考古发现极少,无法判定当时是否出现青铜武器革命。在当时,有可能在一些率先掌握和有效使用青铜武器的国家(或城邦)出现青铜军事革命。也可能由于青铜技术发展缓慢,取代早期非金属兵器时间较长,未能形成明显的革命浪潮。

[②] 参见[英]查尔斯·辛格等主编:《技术史》(第一卷),王前等译,上海:上海科技教育出版社 2004 年版,第 403 页;[英]戈登·柴尔德:《历史发生了什么》,李宁利译,上海:上海三联书店 2008 年版,第 67 页。

[③] 参见[美]克莱门特·W.米恩:《乌尔——一个青铜时代的城市》(摘自米恩所著《考古学概论》第五章),潘美云译,《南方文物》1995 年第 4 期,第 38 页。

少考古证据,主要是埃安那吞鹫碑残片(约公元前2500年),苏美尔的乌尔城邦在征战时已采用了方阵。在国王的率领下,携带矛和盾的士兵,排列成正面6人、纵深4人或成长纵队的方阵与敌交战。整个行列整齐有序,呈现出较高的组织性和纪律性。虽然对于当时交战的具体情况仍不甚了解,但可以肯定,青铜兵器成为主战武器,改变了原始冲突的性质和模式,开创了以金属兵器为主战武器的新型战争,标志着人类社会已进入冷兵器战争时代。

战车战争

公元前1800年前后,随着驯化马品种的不断改善,以及战车设计的不断改进,马拉两轮(辐条式)战车越来越多地出现在战场。这些新型战车轻便坚固,融机动性、冲击力、火力(主要是复合强弓)、防御于一体,在战场中表现出强大的突击力。战斗中,马拉战车方通常先"佯攻敌人一会儿,从各个方向向敌军射箭,然后发起总攻,所有战车同时冲锋,最终突破敌军的防线"。[①] 这一作战力量和作战方式使战车方拥有对徒步力量一方的强大优势。从实战效果看,作为主要突击兵器,马拉战车在战场上的作用不逊于约3 700年之后的坦克。当时,世界各文明的中心均处于大河流域的平原地带,这一地形非常有利于马拉战车作用的发挥,马拉战车因此迅速成为战争的主宰,以至于"在接下来的5个世纪,马拉战车在从黄河到尼罗河以及莱茵河的战争中起了决定性作用"。[②] 在装备马拉战车的野蛮部落——主要是各文明边缘的草原地带居民的侵略扩张中,世界四大文明相继受到冲击和破坏,古印度文明甚至因此而毁灭(约公元前1500年)。

马拉战车的出现,是一次军事技术革命,更是一次世界性的军事革命。它使战车成为军队的主要作战兵器,并且形成了以战车突击和机动为核心的作战力量组织运用方式,建立了以战车力量为核心的体制编制,青铜兵器战争由此跃迁至以马拉战车为主战武器的新战争形态。

---

① [美]威廉·克尼尔:《世界史》,施诚、赵婧译,北京:中信出版社2013年第4版,第45页。
② [英]查尔斯·辛格等主编:《技术史》(第一卷),王前等译,上海:上海科技教育出版社2004年版,第492页。

铁兵器战争

铁的使用,对士兵、战车等基本战斗单元战斗力的提升作用有限。虽然热捶打和淬火技术使铁制兵器在一些方面优于青铜兵器,①但在当时,最得益于铁发明的武器是剑,②而大多数国家的主要武器是矛和弓,铁矛、铁箭头相对于同类青铜兵器并不具有决定性替代优势,其使用未能在战斗层面形成革命。

真正的革命发生在战略、体制编制和作战等更高层面。约公元前1200年,随着赫梯帝国的灭亡,冶铁技术开始迅速扩散。③ 由于铁矿分布较铜矿、锡矿要广泛得多,铁因此很快成为一般民众和文明世界以外蛮族部落都能用得上和用得起的"大众金属"。战争领域随之发生了三个方面的革命:

一是装备铁兵器、铁甲胄的蛮族在军事上迅速崛起,它打破了文明世界在武器方面,主要是青铜兵器和马拉战车等方面的军事垄断,打破了蛮族与文明世界间的战略平衡,引发了一系列蛮族入侵和移民,以至于"在公元前1200年至前1000年之间,全部西方世界都是在混乱之中"。④

二是铁工具大幅提高了人类进行耕作和水利设施建设的能力,农作区域因此从原来便于耕作的河流冲积平原,日益拓展到丛林、丘陵、山地、硬土地、湿黏地等复杂地表区,形成了一个个被山水分隔的生产区域,各方较量的战场也随之大幅拓展。但是,受地形条件影响,战车在这些地区难以发挥快速突击作用,受影响较小的步兵因此日益为各国所倚重,车兵、步兵地位在此过程中出现逆转。与此同时,铁制工具的高生产效率使一部分人力从农业生产中腾省出来,再加上铁兵器比较廉价,军队因此可以在一定程度上实行普遍兵役

---

① 参见[英]约翰·基根:《战争史》,时殷弘译,商务印书馆2010年版,第315页。
② 参见[英]查尔斯·辛格等主编:《技术史》(第一卷),王前等译,上海:上海科技教育出版社2004年版,第414页。
③ 作为赫梯王国臣民的查利贝斯人率先发明熟铁"钢化"技术。他们一直保守秘密,垄断这一技术近200年(约公元前1400—前1200年),直至赫梯王国崩溃后,新技术才迅速传播扩散。参见[英]查尔斯·辛格等主编:《技术史》(第一卷),王前等译,上海:上海科技教育出版社2004年版,第398页。
④ [英]J.F.C.富勒:《西洋世界军事史》(第一卷),钮先钟译,北京:军事科学出版社1981年版,第16页。

制。在不断增长的战争需求拉动下,大量平民涌入军队。它打破了贵族武士阶层对军事的垄断,并在改变社会结构同时,促使军队的兵种结构也发生重大变化,即步兵数量远超车兵等其他兵种。在这两方面因素促动下,步兵日渐成为军队的主要兵种。车兵受限较多,但仍能在一些战争中发挥重要的突击作用。

三是随着铁制工具和兵器的普遍运用,国家实力和军队规模均大幅提高,国家支持大规模长期战争的能力也大幅提升,战役取代战斗成为达成战略目的的基本手段。此前,除极少数情况外,战争一般就是一次战斗。在预先约定好的旷地上,列阵双方经过几次,甚至只需一次直接冲撞,就可决定战争胜负。持续的时间通常都少于一天。而随着铁器时代的到来,在一场战争中,作战方投入数万甚至数十万兵力,在各种地形机动数十数百千米,通过攻、守、战、御等战术手段,持续作战数月累年逐渐成为常态,战争胜负由此日益取决于对大规模的运动战、野战阵地攻防和城市攻防战役的运用。战争不再是一次交战,而是数次交战、机动和战斗的总和。战斗与战争、战术与战略在这一过程中分离,战争艺术得到高度发展。

铁器运用所引发的战争革命,不同于以武器战斗性能飞跃为核心的军事技术革命所引发的战争革命。它只是铁技术引发的人类社会革命的一部分。在革命浪潮中,军事领域的革命与生产、经济、社会等诸领域的革命紧密交织在一起,由此形成的新战争模式是一切革命的综合体现,以至于铁兵器的性能优势在新模式形成中的作用反倒不那么凸显。这一演变模式将在蒸汽机时代再次重现。

骑兵战争

骑射技术源自中东的亚述帝国还是草原游牧民,目前仍无法确定,但草原游牧民族无疑是骑射技术的最大受益者。公元前7世纪,随着育马技术的进步和骑射技术的发展,草原骑兵开始崛起。以东伊朗语族的斯基泰人入侵高加索、小亚细亚、亚述帝国等地为起点,欧亚大草原上的游牧民族,包括萨尔马特人、匈奴人、哥特人,以及后来的阿瓦尔人、突厥人、蒙古人等,向与大草原相邻接的农业文明区发动了一波又一波的入侵浪潮,欧亚大陆"所有定居的边缘地带,或先或后地都感觉到来自草原的机动力量的扩张势力"。① 这一过程非常漫长,一直持续到火药武器出现。

彼时,马是人类可利用的陆上机动速度最快、最有效的工具。对这一工具的掌握,使游牧骑兵在大范围实施机动作战成为可能,游牧民族因此具有前所未有的军事优势。无论是欧亚大陆东部还是西部,除中国战国末期赵国将军李牧曾用计以步兵大败匈奴骑兵等极少数战例外,步兵在与游牧骑兵战争中都难以取胜。通常,草原骑兵利用机动优势实施远距离奇袭,并在被袭方军事力量集中之前迅速离开。当被追赶时,他们会引诱追击者深入草原或大戈壁滩,直到追击者被拖垮或在其他有利时机,他们才会一举歼灭之。即使两军对阵,游牧骑兵采用的也是"打得赢就打,打不赢就走"的机动战术。而缺乏良马的非游牧文明在大多数时候对游牧骑兵无可奈何,既难以集中力量与之决战,又无力深入草原攻其巢穴。为应对不对称侵袭,非游牧文明不得不大举筑城,如中国的长城,并发展自己的骑兵力量,如西欧的重骑兵、中国的轻骑兵等。以弓马、矛马为主战武器,以骑兵为主战兵种的新战争模式在此过程中形成。这一模式主宰欧亚大陆大部分地区逾2 000年。

骑兵战争是冷兵器战争的最后一个阶段,也是其最高阶段。至骑兵战争,人类对自然力量的直接使用已趋极限,战争需求驱使人类探寻新的武器和力量。

热兵器战争时期

火药武器的使用,使人类社会进入到热兵器战争时期。与冷兵器战争主要以人与动物生物能的运用(包括转化为机械能)不同,热兵器战争以化学能的运用为核心,武器杀伤破坏力及机动能力多次出现革命性跃升,战争空间由大陆、近海拓展到深海、大洋和空中、太空,战争规模从数万人拓展到动辄数十

---

① [英]哈·麦金德:《历史的地理枢纽》,林尔蔚等译,北京:商务印书馆2010年版,第61页。

万人、上百万人。在热兵器战争时期,先后爆发火药革命、后装线膛武器革命、内燃机革命以及核革命,并实际形成火药武器战争、线膛武器战争、机械化战争三种战争形态。

火药武器战争

15世纪中叶,火药武器,主要是火炮,开始在战争中崭露头角。1453年,借助于火炮威力,土耳其人攻占了基督教在东方的堡垒拜占庭,法国人则将英国人逐出诺曼底和吉耶纳,结束了英法百年战争。到15世纪末,火炮的威力已经强大到"使中世纪的堡垒防御工事变得不堪一击"。① 在此之前,中世纪欧洲的城堡非常难攻克,它们在相当程度上阻止了各国的军事扩张和庞大帝国的出现。而火炮的出现及其技术的不断改进,彻底改变了这一局面。原来花费数年都难以攻破的城堡,在火炮轰击下,只需几天甚至几个小时就土崩瓦解,以至于当时的政治家兼历史学家圭恰迪尼评论道:"征服和夺取一个国家比之前占领一个村庄还要迅速。"②

火炮应用于舰船更是引发了一场前所未有的海战革命。长期以来,海战只是陆战在海上的延伸,"海军战略基本上依附于陆地战略"。③ 在濒陆海区,排列成单横队或半圆形横队的战船,主要是使用人力或风驱动的桨船、桨帆船及后来的帆船,相互进行撞击和接舷战斗,一直是人类数千年海战的基本样式。到了16世纪初,随着舷侧炮技术的发明运用,火炮的潜在威力在舰船上得到充分发挥,桅帆舷侧炮战船逐渐成为海战的主战武器,海战略日益与陆战略分立。以1588年英国与西班牙海战中战列线战术——舰队编成单纵队在一定距离上与敌炮战——的成功运用为标志,一种全新的海战模式宣告形成。这一模式一直持续到19世纪初期。

火药武器在野战中成为主要力量的时间更晚一些。早期的各种火枪虽然穿透力要比英国长弓之类的冷兵器强,但发射速度慢、精度低、有效射程短、机

---

① [美] T.N.杜普伊:《武器和战争的演变》,严瑞池等译,北京:军事科学出版社1985年版,第125页。
② [美] 马克斯·布特:《战争改变历史》,石祥译,上海:上海科学技术文献出版社2011年版,"序言"第6页。
③ [美] T.N.杜普伊:《武器和战争的演变》,严瑞池等译,北京:军事科学出版社1985年版,第152页。

动性差等问题突出。在战场上,火枪一般编成较小的密集队形进行齐射,主要是保护长矛兵免受骑兵的冲击,在武器体系和战术中均从属于长矛。方阵交战仍是基本的战争方式。16世纪末,性能较好的滑膛枪的兴起及荷兰人对其战术运用的探索使火药革命拓展到野战领域。在作战部队中,燧发机滑膛枪成为主战武器,其数量开始超过长矛,两者的主从关系发生逆转;战斗队形由方阵调整为10列横排并不断减少成线式队形;创造出"反向行进战法",[①]形成了不间断的轻武器火力网,等等。这一新的战争体系经瑞典国王古斯塔夫·阿道夫革新后,首次成功运用于1631年的布赖滕费尔德之战,并成为延续时长达两个世纪的基本战术。至此,火药革命在陆地、海洋空间全部完成,人类战争完全进入火药武器时代。

火药武器战争的发展形成,不但使欧洲大国、大领主形成了对小国、城邦、骑士领地等小政治体的政治优势,改变了欧洲封建秩序的力量均势,而且打破了2000多年来骑兵主导欧亚大陆战场的局面,形成了西方对东方的决定性军事优势。在西方的炮舰征服中,人类社会从弱联系的地区分立逐渐走向紧密互动的整体,全球性世界体系在此过程中建立。

线膛武器战争

19世纪中叶,随着工业革命的深入推进,弹道学、新冶金技术、金属加工技术快速发展,军事领域爆发了一场以膛线化(后装)、枪械自动化、蒸汽动力化等为主要特征的新军事革命。使用雷汞火帽、圆锥型子弹等新技术的线膛武器,特别是后装线膛枪炮,在美国南北战争(1861—1865年)和普(鲁士)奥(地利)战争(1866年)之后不久,即取代统治战场一个半世纪多的滑膛枪炮,成为新的主战武器。与滑膛枪炮相比,线膛枪炮具有决定性优势。以最初英国陆军使用的米尼式前装线膛枪为例,它不但可以在潮湿、雨雪等

[①] 即前排士兵发射后,回撤到后排重新装弹。第二排及以后各排依此类推。按照这一方法,10排或更少排的士兵就可以保证火力的持续不断。参见[美]马克斯·布特:《战争改变历史》,石祥译,上海:上海科学技术文献出版社2011年版,第54页。

各种天气使用，而且有效射程是滑膛枪的5～10倍，①而"走火几率降低了25倍"。② 后装线膛枪的优势更明显。它的装弹速度是前装枪的3倍以上，并且，它可以跪姿或卧姿装弹并发射，与必须立姿装弹射击的滑膛枪相比，受敌火力威胁程度大幅下降。在战场上，骑兵冲锋全然无用，刺刀已然过时，线膛武器的强大杀伤力使之前一直运用的大规模正面突击成为自杀行为。19世纪八九十年代枪械自动化技术的出现，更加强了这一趋势。自动化线膛枪械，如重机枪、轻机枪和冲锋枪等，在射程、命中率、射速、突击与压制能力、火力覆盖面等方面均达到前所未有的程度。在战场上，实施侧翼迂回因此也变得非常危险，以至于到"1916年引入坦克为止，没有部队能够再度在与敌人直接接触时迂回机动"。③

在此背景下，一种新战术——散兵战术在美国南北战争中发展形成。进攻一方不再排列成整齐的几列立姿横队——实际上是一种较薄的阵，而是成零散的疏开队形，借助各种地形地物，三三两两向冲击出发阵地跃进，并在火力准备之后，在指挥官统一号令下向敌防御阵地发起冲锋。这一战术尤其强调士兵的主动精神。散兵战术在第一次世界大战中后期发展成以炮兵延伸火力支援步兵冲击的"徐进弹幕"战术。与之相对应，防御一方也不再运用线式战术，线膛武器、堑壕，以及后来的铁丝网和机枪所构成的火力网和障碍物体系成为防御的基本样式。综合看，散兵战术的出现，第一次打破了自冷兵器战争以来以"阵"为主要战斗队形的作战方式，分散配置逐渐成为此后作战的基本方式。与之相适应，战术基本单位从拿破仑时期发展出的军和师大幅下延。在美国南北战争中，双方步兵的基本战术单位是配置成一线的旅。至第一次世界大战末期，德军的步兵班已从原来作为便于行政管理和机动中队形变换的行政级单位，脱胎成以一件或数件自动武器为火力基础的战斗单元，形成新

---

① 参见[英]J.F.C.富勒：《西洋世界军事史》（第三卷），钮先钟译，北京：中国人民解放军战士出版社1981年版，第19页。
② Donald F. Featherstone, *Weapons and Equipment of the Victorian Soldier*, Poole, England: Blandford Press, 1978, p.15.
③ [英]约翰·基根：《战争史》，时殷弘译，北京：商务印书馆2010年版，第411页。

编制并拥有其战术。这一做法后来被扩大运用到营、团等,使每一级都成为一个战术单位。①

在战略战役层面,工业革命使大规模总体战争以及战略战役上的分进合击成为可能。其中,蒸汽动力机车的速度是此前牛马牵引车辆的至少6～10倍,物资运输量则是后者的数千倍;②蒸汽舰船可以不受风力大小和方向限制地深入深海大洋,以及沿河流进入内陆,蒸汽铁甲舰船的吨位则可以达到此前木质帆船的5～10倍以上。这些为兵力多达数十万、上百万的战略投送和保障提供了基本工具。而在18世纪,由于供应跟不上,欧洲军队投入战场的规模受到严格限制——很少超出8万人。③ 有线电报则使指挥官与国家最高决策层及各主要部队能在一定程度上保持联系,军队无需再像此前那样先集中而后向战场开进,而是可以在统一的计划下分别开进对敌形成战役性合围。而机器大生产则使大规模武器装备保障周期根本性缩短,"只要做出新的模型,那么几十万支全新设计的枪在一年内就可以生产出来"。④ 此前,受手工业武器制造限制,德国为了给士兵装备撞针枪以替代滑膛枪,花费了整整26年时间。⑤ 也就是说,一旦需要,在一两年之内,可以重建一支军队,或动员大批后备力量参战。除此之外,总参谋部这一指挥体制上的重大创新,使大规模兵力调动的组织协调变得容易。这些革命性变化造成了深远影响。与此前战争只是军队的事不同,在工业时代,国家不但派遣军队作战,而且动员后方的人力、物力、财力快速进入战场,战争具有明显的总体性。国家综合实力成为战争胜负的决定因素。

总之,工业技术在军事领域的应用,使主战武器、作战方式、战略投送、编

---

① 参见[美]T.N.杜普伊:《武器和战争的演变》,严瑞池等译,北京:军事科学出版社1985年版,第279页。
② 参见[美]威廉·麦尼尔:《竞逐富强》,倪大昕、杨润殷译,上海:上海辞书出版社2013年版,第212页。
③ [英]迈克尔·霍华德:《欧洲历史上的战争》,褚律元译,辽宁:辽宁教育出版社、英国:牛津大学出版社1998年版,第103页。
④ 参见[美]威廉·麦尼尔:《竞逐富强》,倪大昕、杨润殷译,上海:上海辞书出版社2013年版,第205页。
⑤ [美]威廉·麦尼尔:《竞逐富强》,倪大昕、杨润殷译,上海:上海辞书出版社2013年版,第206页。

制与指挥体制、武器装备生产保障等多个领域出现一系列革命，人类战争自此进入到战略上的总体战与战术上的散兵战术相结合的大规模工业化战争时期。

机械化战争

武器与新机动工具的结合，或者说新型作战平台的出现，总会引发新军事革命，形成新的战争形态。冷兵器战争时期的战车、骑兵如此，热兵器战争时期的坦克和飞机亦如此。"一战"期间，内燃机驱动的坦克、战机等新型作战平台的优异表现，激起了世界各国，特别是欧美强国大力发展新平台、探索新作战方式和新体制编制的浪潮。20多年后，以德国"闪击战"在"二战"初期的成功实施为标志，机械化战争形态正式形成。

在陆战场，强大的突击力、机动性和良好的防护，再加上收发两用无线电设备的应用，使坦克取代步兵成为主战力量和主要兵种。在战斗机和俯冲轰炸机掩护下，集中使用的坦克群，及随伴其后的摩托化（机械化）步兵，在预先选定的敌防御前沿实施突破，并迅速、猛烈地扩大突破口和向纵深突进，对敌实施分割包围，成为基本的作战方式。这些强大的机动作战平台和与之相适应的纵深攻击战术，还使大规模运动战，以及战略性歼灭战再次成为可能。由线膛武器、机枪和堑壕、铁丝网所构成的"不可逾越"的防御体系则变得不堪一击。纵深防御战术在这一过程中形成。

在海上，新的海战模式形成于1941年。当年12月，隐蔽机动至夏威夷群岛东北方200海里的日本海军第1航空舰队，以飞机偷袭珍珠港美军太平洋舰队。该航空舰队是以航空母舰为中心，战列舰、巡洋舰为辅的特混编队，其成功运用开创了一个新的航母战时代。航母自此成为海战的主要力量和组建舰队的中心，空中因素成为决定海战胜负的关键，使用空中力量对敌海上力量进行远程打击成为基本的海战样式。而自20世纪初便成为"海战之王"的战列舰则失去在海洋上的主导地位，成为辅助作战力量。

航空技术的军事运用，还催生出一个新的兵（军）种——航空兵（空军），开拓出空中战场这一新型战争空间。这一改变，使现代战争从平面走向立体，空中交战和战略轰炸因此成为重要的作战样式，争夺并保持制空权成为贯穿战争始终的基本任务。

在全面改变战场面貌的同时，"二战"期间，机械化战争还将总体战发挥至极致。无限制地使用武力和国力，无限制地对敌国的工厂、城市和民众实施攻击，并促使对方无条件投降，是倾向性做法。整个世界因此陷入空前的战争浩劫当中，克劳塞维茨的"暴力无限"理论在战争中得到淋漓尽致的体现。这一局面无法延续太久。

1945年8月，也就是机械化战争形态形成后的第6个年头，随着美国投放至日本广岛原子弹的一声巨响，其发展进入一个日益受核武器影响的新时期。特别是1962年古巴导弹危机之后，核武器已成为机械化战争的有力约束。因为无论是发动常规战争，还是在战争中运用战术核武器，都有使战争升级为核战争的巨大风险。鉴于核战争的毁灭性后果，美苏两个超级大国不得不达成默契，主动克制相互间挑起冲突和使用任何核武器的冲动。实施使用常规机械化武器的有限战争或代理人战争成为东西方两大阵营的基本选择。

需要指出的是，核武器无与伦比的杀伤威力对军事领域造成了重大影响，它也确实在一定程度和范围上引发了军事变革。但物极必反，核武器的威力已大到超过人类所能承受的限度，一旦使用，不但会导致相关国家相互摧毁，甚至可能毁灭整个人类文明。这与战争作为政治工具的本质属性从根本上悖反。因为运用战争是为达成政治目标，而不是交战双方同归于尽，更不是灭绝全人类。在这一前提下，核武器世界末日般的严重后果反过来约束了其使用，即核武器更适合作为威慑工具，而不是实战工具。受此局限，核变革并未导致彻底的军事革命，最终也未形成新的战争形态。但核武器的存在，使人类战争始终笼罩在其阴影之下，任何常规战争再也不能像此前那样无限制地进行。

智兵器战争时期

核武器威力强大却难以用于实战，这一事实表明，数千年来，人类以提高杀伤破坏力为核心的武器发展之路已走到尽头。20世纪70年代，随着信息技术在军事领域的应用和发展,武器发展逐渐转向以提高命中精度为核心的新道路。这一变化不仅发展形成了信息化战争形态,而且开启了智兵器战争时期。与冷兵器战争的体能运用和热兵器战争的化学能运用不同,智兵器战争以人类智能的物化运用和替代为本质特征,其发展演变将使人类从战斗甚至战争中逐渐解放出来。

信息化战争

1991年1月17日,海湾战争爆发。经过38天的空袭和100小时的地面作战,以美国为首的多国部队重创伊拉克军队,迫使伊拉克最终接受联合国第660号决议并从科威特撤军。这一胜负结果并不出人意料,但这场战争所展示出的骄人战绩令世界震撼。战前,一些知名专家预测联军将死伤数万人,美国国防部在经过计算机模拟后,也为此准备了多达1.6万个装尸袋,而实际上,79.5万联军仅240人阵亡、776人受伤,阵亡率仅为1940年德国"闪击"法国时的5%。①

是什么令美军能"仿佛在动物园打猎"般地彻底击败号称世界第四军事强国的伊拉克?除越战之后美军募兵制的恢复、训练改革、指挥体制改革等原因之外,高新武器装备的运用是其根本原因之一。在战争中,数字化、信息化指挥控制系统使美军能以比伊军快得多的速度完成指挥决策,全球定位系统(GPS)使美军获得了在浩瀚沙漠中任意机动的能力,信息化的火控系统、夜视系统、光热侦瞄系统使美军可以在夜暗、烟雾等各种复杂环境自如作战,而仅占全部投弹量8%的精确制导弹药则摧毁了伊拉克80%的重要目标,等等。借助于数字化、信息化武器装备,美军在常规战争的各个关键方面对伊拉克,事实上也是对世界其他各国构成了压倒性优势。而美军对这些新武器的创造性运用也催生出一种新的战争形态——信息化战争。

20多年来,持续的战争实践、技术创新、作战方式和体制编制探索不断丰富完善信息化战争的内涵,其基本特征也日益明晰,主要包括:网络是战场诸

---

① 参见[美]马克斯·布特:《战争改变历史》,石祥译,上海:上海科学技术文献出版社2011年版,第354页。

要素相互联结和战斗力形成的基本依托;制信息权、制天权成为战场控制的关键;精确制导武器成为主战武器;高度分散的网络化小型力量编组成为战场主角;扁平化指挥;对敌实施非线性、非对称、非接触作战,破击其作战体系的关键环节和要害目标,瘫痪其体系功能,是基本的作战形式;通过信息和网络优化指挥决策流程,缩短"发现—打击"周期以及实时、精确地释放能量,成为夺取战场优势的基本途径。

信息化战争的形成,打破了有史以来战场一直由物质和能量主导的格局,信息第一次成为战斗力生成的主导性因素和基本作战资源,作战武器和指挥控制系统也第一次成为可以接受、处理并运用信息的智能性作战工具。战争形态演变也由此进入到智兵器战争时期。

智能化战争

信息网络技术在提高信息能力的同时,也为人工智能发展奠定了技术基础。再加上关键技术突破,人工智能于 2010 年代开始崛起并日益形成智能化浪潮。

人工智能在军事领域的创新应用,使战斗力增长日益从信息化跃迁至智能化。拥有人工智能的武器系统,可以以类人甚至超越人类的方式行动和战斗,指挥决策也因智能辅助决策系统的应用进入智能阶段。这相对此前主要通过拓展作战人员信息能力、赋予武器弹药初级智能提升战斗力的信息化,是一次质变和飞跃。而随着军事智能化的深入推进,作战方式与理论、体制编制等方面也将受到冲击并做出相应改变,以信息获取利用为核心的信息化战争体系,将逐渐过渡至更高层次的以智能模拟与拓展为核心的智能化战争体系。

第二章

智能化浪潮兴起

> 一旦新技术在既有技术体系堤坝上打开一个缺口,汹涌潮水的到来就不会太远。

进入2010年代,人工智能开始快速崛起。强大的人类需求、日渐坚实的技术基础、卓越的技术性能,以及良好的社会通用性,使人工智能日益显现出革命性技术的潜质。近年来,随着人工智能的快速发展,人类社会的智能化进程已经开启,人工智能正加速形成新的主导技术,一场冲击人类社会各个领域的智能化浪潮正在兴起。

人工智能崛起

埃隆·马斯克(Elon Musk)说,"人工智能的潜在危险性超过核武器",[①]"我们最大的生存威胁就是人工智能,我们正在召唤恶魔"。[②] 斯蒂芬·霍金(Stephen Hawking)说,"人工智能的全面发展可能终结人类","缓慢进化的人

[①] Ellie Zolfagharifard, *AI Is 'Potentially More Dangerous Than Nukes': Elon Musk claims a robot uprising could be a serious threat to humanity*,4 August 2014. http://www.dailymail.co.uk/sciencetech/article-2715290/AI-potentially-dangerous-nukes-Elon-Musk-claims-robot-uprising-threat-humanity.html

[②] Matt McFarland, *Elon Musk: 'With Artificial Intelligence We Are Summoning The Demon.'* October 24, 2014. https://www.washingtonpost.com/news/innovations/wp/2014/10/24/elon-musk-with-artificial-intelligence-we-are-summoning-the-demon/?utm_term=.cddf21414d91

类,根本无法与之竞争,最后必将被取代"。① 比尔·盖茨(Bill Gates)说,"我同意马斯克和其他一些人的说法","在未来几十年,人工智能会强大到足以引起人们的关注"。② 以上三人,一个是荣登美国著名财经杂志《财富》"2013年度商业人物"榜首的太空探索技术公司(Space X)和引领全球新能源跑车的特斯拉公司(Tesla)的首席执行官,一个是被誉为继爱因斯坦之后"最杰出的理论物理学家之一"的剑桥大学著名物理学家,一个是享誉全球的微软公司的开创者。他们2014年以来的这些骇人言论,着实将近年来再度兴起的人工智能热潮推向了一个新高峰。我们难以确定他们对人工智能了解的程度,也难以确定这些预言是否会实现,但有一点可以肯定:他们都被人工智能所震撼。进入2010年代以来,随着一些关键技术的突破,人工智能已走出科学与理论的"象牙塔",正经历一次全面崛起。

何为人工智能

人工智能(Artificial Intelligence,AI),简单地说,就是以计算机模拟或实现智能。经过数十年发展,人工智能目前已成为研究、开发用于模拟、延伸和扩展人类智能的理论、方法、技术及应用系统的一门技术科学。

智能是基于各神经器官的高级综合能力,它主要包括感知能力(获取外部信息的能力)、记忆与思维能力、学习与自适应能力,以及行为能力四个方面。人工智能研究的主要内容即是如何使计算机(机器)能听、能看、能感触、能理解、能思维、能说、能写、会学习、能决策规划,以及能适应环境变化、能解决各种实际问题和能有效反应和行动等。当然,由于人脑内部结构和工作机理的奥秘至今还未被完全揭开,科学家无法用逆向工程仿造人脑,所以只能通过智能算法等方式,对智能进行功能性模拟。这并不意味着人工智能低级或不堪

---

① Dominique Mosbergen, *Stephen Hawking Says Artificial Intelligence 'Could Spell The End Of The Human Race'*, December 2, 2014. http://www.huffingtonpost.com/2014/12/02/stephen-hawking-ai-artificial-intelligence-dangers_n_6255338.html? utm_hp_ref = stephen-hawking
② Tyler Lee, *Bill Gates Agrees With Elon Musk, Expresses Concern About AI*, January 28, 2015. http://www.ubergizmo.com/2015/01/bill-gates-agrees-with-elon-musk-expresses-concern-about-ai/

用。飞机以非鸟类扑翼方式实现空中飞行的实例表明,功能性模拟很可能使人工智能最终超越自然智能。

作为孕育自计算机科学的一门新学科,人工智能与计算机科学有着无法割裂的亲缘关系,但二者并非简单从属。如同计算机最初源自数学,却最终发展为一门独立学科一样,人工智能早已自成体系,成为一个独立学科。事实上,人工智能是计算机科学、系统科学、控制论、信息科学、思维科学、行为科学、生物科学、神经心理学、哲学、语言学等多个学科交叉发展起来的边缘学科。其研究应用包括机器思维、机器感知、机器学习、机器行为、计算智能、分布智能、智能系统、人工心理与人工情感、人工生命、智能机器人等多个领域。计算机科学是重要支柱,但它只是人工智能发展的一个组成部分。离开其他学科的支持,人工智能就无法取得重大进展。两者发展模式和研究领域有根本不同。这一不同也使人工智能与其他和计算机科学相关的科学技术区别开来。

20多年来,人工智能常被误作信息技术的一部分。这与早期蒸汽机被归于水车技术非常相似。[①] 从技术角度看,现代信息技术主要包括计算机技术、微电子技术、光电子技术、通信技术,而人工智能的发展又是以信息技术为基础,所以人工智能与信息技术确有联系。但实际上,人工智能从提出到崭露头角,都要早于现代信息技术。只不过,由于之后发展缓慢,影响力较弱,再加上与计算机科学的渊源,人工智能才被粗略地归于信息技术。从本质上讲,两者是相交关系,但相互并不包含。信息技术研究的重点是信息的获取、传递、存储与处理,理论基础主要是信息科学,而人工智能研究的重点则是如何模拟或实现智能,理论基础涉及多个学科领域。信息技术发展为人工智能的发展提供了重要支撑,但人工智能技术的发展远远超过了信息技术的框架。这也是20世纪70年代以及近年来人工智能先后被称为世界三大尖端技术之一的根本原因。如果说在以前发展水平较低时,人工智能勉强可归类到信息技术的

---

① 参见[英]查尔斯·辛格等主编:《技术史》(第四卷),辛元欧主译,上海:上海科技教育出版社2004年版,第104—105页。

话,那么,在近年来人工智能快速崛起的新态势下,则必须回归本原,从独立、平等的角度重新审视人工智能的价值和地位。这是理解当前人工智能发展开创人类社会新时代的一个关键。

曲折中孕育

在人类技术史上,很少有技术像人工智能一样,在短短 60 年的发展中经历那么多的波折起伏。

早在 1946 年电子计算机诞生前后,一些科学家就开始探索在机器上模拟人类智能。1950 年,英国数学家、计算机之父、人工智能之父图灵(Alan Mathison Turing)在其论文《计算机器与智能》(*Computing Machinery and Intelligence*)中,创造性地提出了判定计算机是否具有智能的基本方法,即图灵测试,并令人信服地说明"思考的机器"是可能的。[1] 这篇论文为人工智能发展指明了努力方向和目标。随后,1956 年夏天,在美国科学家麦卡锡(John McCarthy)等人发起的达特茅斯(Dartmouth)学术研讨会期间,麦卡锡本人正式提出了"人工智能"一词,人工智能学科自此宣告诞生。在随后的几年里,早期研究的成功,大众对智能解放的憧憬,使人工智能研究迅速形成了第一个热潮。然而,随着研究的深入,人工智能发展在机器翻译、消解法定理证明、机器进化、神经网络等主要方面接连遭遇挫折。以 1966 年一份顾问委员会报告的出台为标志——该报告裁定"还不存在通用的科学文本机器翻译,也没有很近的实现前景",[2] 人工智能研究跌入低谷。1969 年,著名人工智能科学家明斯基(Marvin Lee Minsky)在其《感知器》(*Perceptrons*)一书中,又指出感知器模型存在着严重缺陷,这令人工智能研究更是雪上加霜。其间,美国、英国政府先后取消了对大多数人工智能研究项目的资助。人工智能发展进入第一个冬天。

---

[1] 参见《计算机器与智能》一文。玛格丽特·博登:《人工智能哲学》,刘西瑞、王汉琦译,上海:上海译文出版社 2006 年版,第 44—72 页。
[2] 参见[美]斯图尔特·罗素、彼得·诺维格:《人工智能:一种现代方法》,姜哲等译,北京:人民邮电出版社 2010 年第 2 版,第 18 页。

第二章 智能化浪潮兴起

之所以出现这一局面,主要原因在于科学家们过低和片面估计了人工智能发展的难度。人工智能早期研究的成功令人乐观,但是,这些研究均侧重于问题求解和推理,所涉及的大都是一些孤立的、可确切定义且具有良好逻辑结构的问题,所以在计算机非常初级、程序设计工具相当简陋的情况下,也能取得一些成果。当时,科学家们认为,只要能找到几个推理定律,就可以解决人工智能的所有问题。① 而实际上,一旦试图解决更宽范围和更难问题的时候,早期成果无一例外地都失败了。

面对困难,科学家们并没有退缩。通过对人工智能发展经验教训的总结反思,他们从斯坦福大学人工智能科学家、专家系统之父费根鲍姆(Edward A. Feigenbaum)以知识为中心实现机器智能的研究中找到了新方向。在费根鲍姆看来,实现智能行为的主要手段在于知识,特别是特定领域的知识。1968年,费根鲍姆与其他科学家合作,开发出世界上第一个专家系统 DENDRAL,它可以根据化学分子式和质谱分析图预测有机物的分子结构。1976 年,费根鲍姆等人又开发出极负盛名的医学专家系统 MYCIN,该系统在一些诊疗中表现得像专家一样好。这些系统的成功,不仅证明了费根鲍姆理论的正确性,吸引了许多科学家参与其中,而且为人工智能的实际应用开辟了道路。人工智能发展由此逐渐复苏。除专家系统之外,计算机视觉、机器人、自然语言理解、机器翻译和人工神经网络等重要领域也取得了重要进展。到了 20 世纪 80 年代,人工智能的发展应用达到了一个新高潮。在政府和企业界的支持下,专家系统在工业领域的运用"从 1980 年的区区几百万美元暴涨到 1988 年的数十亿美元"。② 然而,和前一次一样,第二次人工智能热潮持续的时间也不长。专家系统局限性的显现,日本"第五代计算机"计划——即运行 Prolog 语言的智能计算机发展计划,以及美国微电子和计算机技术公司(MCC)研究计划的失败,令人工智能发展于 20 世纪 80 年代末再度步入寒冬。

---

① 参见廉师友编著:《人工智能技术简明教程》,北京:人民邮电出版社 2011 年版,第 15 页。
② [美] 斯图尔特·罗素、彼得·诺维格:《人工智能:一种现代方法》,姜哲等译,北京:人民邮电出版社 2010 年第 2 版,第 20 页。

新的发展困境形成的原因与前一次相似。一方面,计算机运算能力仍然很弱,与许多乐观的需求有很大差距;另一方面,以专家系统为代表的人工智能系统难以扩展。从本质上看,专家系统就是通过软件编程,将人类专门知识——主要是专家的一套知识逻辑规则,编写到计算机系统当中。系统根据这些规则推理反应。如出现条件X,就反应A;如出现条件Y,就反应B,等等。以此来解决特定领域中需要由专家才能解决的问题。这一模式在狭窄的专用领域效果相当好。但问题在于,专家系统只能在既有的知识规则范围内发挥作用,它无法对除此之外的情况变化做出有效反应。同时,由于不具备人类在成长中学习到的隐性知识和常识,专家系统也难以对许多问题做出正确反应。至于扩展到更高层面,或者说发展通用型的专家系统,就更困难了。这些问题实际上也是当时人工智能系统发展的普遍性问题。受这些因素制约,20世纪80年代的人工智能热潮很快就进入"瓶颈期",并再次陷入低潮。

面对新的困境与社会批评,20世纪90年代,人工智能研究者从理论、技术、方法与实现等各个层面进行了全面反思。通过分析总结成功经验与失败教训,他们认识到,人工智能研究不时陷入严重困难,主要是因为对人工智能基本问题认识不足、发展目标过于超前、实现方法分散单一等。在此基础上,他们从实际出发,重新调整了发展思路。在基本认知层面,不再把人脑思维活动仅仅看成是"计算";在发展目标上,不再简单地强调计算机替代人脑,而是注重发展与人脑互补长短的人—机共生智能系统;在发展重点上,从注重看似难度很大的计算、思维类问题,如弈棋,转向看似简单的认知类问题研究,如图片、语音识别等;在实现途径上,从原来单纯依靠系统设计转变为设计与进化相结合,从力图实现对人脑思维的生理结构模拟转变为对思维功能的模拟;在实现方法上,由之前符号主义、联结主义、行为主义三大学派分立发展,到强调各学派必须相互结合、取长补短,走综合集成的发展道路。

这次反思是人工智能发展的一个转折。它使研究者比较彻底地放弃了不切实际的发展观和目标,帮助他们找到了更为有效的综合性发展途径和方法,人工智能自此从早期的摸索阶段进入一个更为理性和现实的新阶段。

而理论和方法上的突破,为人工智能迎来真正的发展高潮奠定了坚实的方法论基础。

累积效应形成

在18世纪60年代中后期至80年代前半期20年左右的时间里,英国工程师瓦特(James Watt)在效率和机械设计方面,对蒸汽机进行了根本性改进。这些改进大幅提高了蒸汽机的能效,并使其运用拓展到矿井抽水以外的诸多生产生活领域,由此引发了一场史无前例的动力革命,一些学者甚至以此作为工业革命的起点,瓦特本人也因此赢得了英国乃至世界的尊崇。

瓦特蒸汽机的成功无疑得益于瓦特本人的创造天赋,但它更得益于所处的那个时代。事实上,早在1712年,英国工程师纽科门(Thomas Newcomen)就已经设计出世界上第一种实用蒸汽机。不过,纽科门蒸汽机建造价格很高而能效比又很低,所以它主要使用在采矿业,特别是为煤矿抽水方面,运用领域非常狭窄。尽管如此,由于缺少重要改进,在瓦特蒸汽机出现之前,纽科门蒸汽机一直毫无争议地占领着市场。如果从技术发展角度看,从纽科门蒸汽机到瓦特蒸汽机之间的这60多年可谓乏善可陈,但是,在工业革命发展形成大背景下,这一期间各科技领域的成果积累却为蒸汽机的重大改进提供了可能。主要包括:

(1)量热学与温度测量的发展,使蒸汽机按照科学原理进行改进成为可能。瓦特曾与他的朋友,第一位定量测定出热能的格拉斯哥大学化学教授布莱克(Joseph Black),就相关问题进行过多次讨论。[①]

(2)机械加工技术的发展,使蒸汽机的主要零部件的精度大幅提高。铁器制造商威尔金森(John Wilkinson)在1774年制造的新型镗床,能够做到在加工直径达72英寸的金属件时,如蒸汽机汽缸,其误差极限不超过

---

① 参见[英]查尔斯·辛格等主编:《技术史》(第四卷),辛元欧主译,上海:上海科技教育出版社2004年版,第455页。

"一枚薄薄的 6 便士银币的厚度",①这对瓦特蒸汽机性能的改进起到了关键作用。而威尔金森镗床"仅仅是一系列机床创新的开始"。②

（3）应用力学的发展,使人们能够掌握蒸汽机零部件准确尺寸。

（4）桥梁建造技术的兴起为蒸汽机结构细节的计算提供了重要参考等。③

这些科学技术条件是纽科门时代所不具备的。在当时,蒸汽机的建造,不得不依靠一些铁匠、修造车轮的工匠和木匠。主要零部件,包括汽缸等的尺寸误差非常大,以至于纽科门的第一个蒸汽机仅能产生"5.5 马力"的动力。④ 这并不比当时普遍应用的水力驱动的水车好多少。所以,瓦特蒸汽机成功的关键并不在于瓦特比纽科门更有天赋,而在于瓦特身处一个科技条件比较成熟的时期,他是在一个完全不同于纽科门的新平台上运用聪明才智,最终实现了创造性的设计和改进。

显然,那乏味而又漫长的 60 多年并不像看上去那样了无价值。它不是虚度,而是累积。如果再将考察的范围延伸至现代,就会进一步发现,自工业革命以来,与时光迁移相伴随的累积是一种普遍存在。它是科技进步的必要路径,是一种力量积蓄。它在沉默中酝酿革命,在渐变中孕育突变。没有足够累积,技术进步即如沙滩上起高楼,终难取得革命性发展。而一旦科技累积形成,即预示着一场新的技术革命已准备就绪。当前,在经过长达 60 年的发展孕育之后,人工智能技术已处于这样一个阶段,即科技累积已基本成熟,继信息革命之后的一场新革命——智能革命正蓄势而发。

这种成熟首先表现在计算能力上。1965 年,英特尔公司（Intel）创始人之

---

① ［英］查尔斯·辛格等主编:《技术史》（第四卷）,辛元欧主译,上海:上海科技教育出版社 2004 年版,第 110 页。
② 克里斯·弗里曼、弗朗西斯科·卢桑:《光阴似箭——从工业革命到信息革命》,沈宏亮主译,北京:中国人民大学出版社 2007 年版,第 209 页。
③ 参见［英］查尔斯·辛格等主编:《技术史》（第四卷）,辛元欧主译,上海:上海科技教育出版社 2004 年版,第 111 页。
④ 参见［英］查尔斯·辛格等主编:《技术史》（第四卷）,辛元欧主译,上海:上海科技教育出版社 2004 年版,第 120 页。

第二章 智能化浪潮兴起

一戈登·摩尔(Gordon Moore)对计算机硬件发展考察后提出,"在保持元件成本价格最低的情况下,其结构复杂程度每年大约增加 2 倍……这一增长率至少还能持续 10 年"。[①] 这就是著名的摩尔定律。1975 年,摩尔又将"每年大约增加 2 倍"修正为"每 2 年"。今天科技界普遍采用的是每 18 个月增加 2 倍。摩尔定律的原文不易理解,其基本含义是,每 1~2 年,同一面积集成电路上的晶体管数目将翻番,即其性能或者说处理速度将提升 1 倍,而价格保持不变。摩尔定律并不是一个严格的科学定律,它只是根据经验值进行的分析预测。虽然在提出之初曾饱受争议,但之后 50 年的事实一再证明,摩尔定律的基本观点正确且有先见之明。而集成电路性能每 18 个月即翻番的指数级增长,带动了使用集成电路的所有技术产品性能的指数级增长和价格下降。其中,计算机的发展尤为显著。1956 年,也就是人工智能学科诞生当年,美国麻省理工大学制造的 MITTX-0 型计算机运算速度只有每秒 83 千次;到了 1985 年,即人工智能发展第二个热潮的中期,美国加州罗兰士利物摩亚国家实验室的 Cray-2/8 型计算机运算速度达到每秒 39 亿浮点运算次数(FLOPS);而到了 2015 年,位列全球 500 强之首的中国"天河二号"超级计算机已经达到每秒 33.86 千万亿浮点运算次数,分别是前两种型号计算机的 4 080 亿(4.08×10^{11})倍和 868 万(8.68×10^{6})倍。

这些数字非常惊人。它意味着,长期发展已使计算机拥有了当初不可想象的超级计算能力,而且,运算速度已令人难以置信地接近人类大脑的水平。根据美国国家科技奖章获得者,著名发明家、思想家雷·库兹韦尔(Ray Kurzweil)的研究,计算能力"在 $10^{14}-10^{16}$ 次内就可能实现所有大脑的功能了",[②]"天河二号"的运算速度显然已经大幅超越低值 10^{14} 次,并达到库兹韦尔的保守估计——即高值 10^{16} 次。尽管计算机与人脑不能简单对比,但这一数值仍能在一定程度上说明,计算机对人类大脑的模拟已日益现实。

与计算能力同步增长的还有:每 15 个月翻番的存储能力、每 9 个月翻番

[①] Gordon E. Moore, *CrammingMore Components onto Integrated Circuits*, Electropics, vol. 38, number 8 (April 19, 1965), pp. 114-117. http:/download.intel.com/research/silicon/moorespaper.pdf
[②] 雷·库兹韦尔:《奇点临近》,李庆诚等译,北京:机械工业出版社 2011 年版,第 74 页。

的无线容量、每12个月翻番的光容量、每12个月翻番的因特网主干网带宽,等等。这些领域长期的、以指数速度剧增的结果,是人工智能发展技术条件的渐趋成熟。它不但表现在超级计算能力上,更表现在实时信息获取与存储、视听数字信号的宽带传递等方面。它们之间的相互支撑与协作使人工智能发展进入到一个前所未有的新阶段。这与此前相对孤立的、以数值计算和知识逻辑为核心的人工智能发展阶段有根本不同,是人工智能发展的真正起点。

同时成熟的还有技术集成条件与技术发展的经济条件。在摩尔定律支配下,电子元件与零部件的尺寸大幅缩小,绝大多数都可以集成至数字化芯片或电路当中,各种电子产品因此可以小型化甚至微型化成手持设备。

智能手机是其中的典型产品。以2017年热销的华为Mate9手机为例。该机型基本配置包括:最高主频达2.4G的麒麟960芯片、麦克风、听筒、后置2 000万+1 200万像素双摄像头、前置800万像素摄像头、指纹传感器、陀螺仪、加速表、闪光灯等。如此众多复杂的元件、零部件都已经微小至可以集成到一部小小的手机当中。这在早前,包括比较近的二十世纪八九十年代都是不可想象的。麒麟960处理器的运算速度已经大幅超过1983年美国洛斯阿拉莫斯国家实验室的超级计算机Cray X-MP/4(941 MFLOPS),而后者的体积有几个屋子大。即使不考虑智能实现的实际程度,仅就体积而言,Cray X-MP/4也无法推广运用到多数人。

摩尔定律还导致了数字产品价格的指数式下降。在1965年摩尔定律提出时,一个晶体管的价格约5美元,40年后的2005年,5美元可以购买500万个晶体管;[1]与英特尔公司1971年发布的第一代微处理器4004相比,在2015年4月,市场上最新一代英特尔芯片酷睿i5(Core i5)处理器的性能提高了3 500倍,能耗是原来的1/90 000,成本降至先前的1/60 000,[2]价格不到300美元;硬盘存储也出现类似变化,等等。

---

[1] P.W. Singer, *Wired for War: The Robotics Revolution and Conflict in the Twenty-first Century*. The Penguin Press, 2009, p.98.
[2] Thomas L. Friedman, *Moore's Law Turns 50*, May 13, 2015. http://www.nytimes.com/2015/05/13/opinion/thomas-friedman-moores-law-turns-50.html?r=0

为形象描述这些指数级变化,英特尔的工程师以大众甲壳虫汽车为参照进行对比计算,结果表明:如果按照摩尔定律下微芯片的发展速度,1971年推出的甲壳虫汽车的时速在2015年将提高至每小时30万英里(约合48万千米),"1加仑汽油(约合4升)可以跑200万英里,而且只要花4分钱"。①

强大性能、微小尺寸与低廉价格的结合,使人工智能发展的技术环境从量的累积突变到质的跃迁。它不仅表现在在更高更广层面上实现人工智能已经可能,还表现在人工智能产品已日益具备进入大众消费的条件。

目前,几乎人手一部的智能手机已深刻反映出这一变化。智能手机不但能打电话、发短信,还可以充当文图甚至视频收发机(如通过微信、QQ等软件)、照相机、摄像机、收音机、录音机、自动导航仪、测量仪、游戏机、计算器、笔记本、计步器、健康监测仪,等等。尽管受软件开发局限,智能手机的智能水平在有些方面仍不高,手机的物理性能仍未被充分开发,但强大的处理器、传感器以及智能软件,已经把智能手机变成人们离不开的随身助手。

智能手机的强大能力只是人工智能发展的一个缩影,其实现绝非偶然。《第二次机器革命》作者布莱恩约弗森(Erik Brynjolfsson)和麦卡菲(Andrew McAfee)敏锐地观察到,无人驾驶汽车、在"危险边缘"智力游戏中获胜的超级计算机沃森(Watson)、新型工业机器人,以及集通信设备、三录仪与计算机为一体的电子设备等,"都是2006年之后才出现的",它们"大大有别于以前的产品",而它们集中出现的一个原因是,"构成这些产品核心的数字化技术已经变得足够迅速和廉价,能够大量地装配这些数字产品"。② 这一评论在一定程度上揭示了人工智能技术环境的革命性变迁。这种变迁在人工智能发展史上,无论在程度上还是广度上,均前所未有。它使以前不可做的事日益可做,基础技术平台不再成为人工智能发展的瓶颈,由此构建的新技术发展环境,无可避免地会对人工智能发展构成倒逼之势,关键技术突破因此随时可能发生。

---

① Thomas L. Friedman, *Moore's Law Turns 50*, May 13, 2015. http://www.nytimes.com/2015/05/13/opinion/thomas-friedman-moores-law-turns-50.html?r=0
② 埃里克·布莱恩约弗森、安德鲁·麦卡菲:《第二次机器革命》,蒋永军译,北京:中信出版社2014年版,第55—56页。

关键技术突破

"难的问题很容易,容易的问题很难。"①这是人工智能研究者在数十年探索之后得出的重要结论。研究者发现,计算机在处理那些对人类具有挑战性的问题,如弈棋、数学定理证明、复杂代数运算时,计算量非常小;而在普遍认为不需要智慧的低层次感知、运动和技能问题上需要大量的计算,并且,这些看似容易的事在实现起来令人难以置信的困难。这就是人工智能和机器人研究领域著名的"莫拉维克悖论"(Moravec's Paradox)。② 莫拉维克悖论的提出,改变了人们对智能的传统看法。它使人们认识到感知、认知、行动也是智能不可或缺的组成部分,发展人工智能不但要注重逻辑、推理与计算,而且必须解决对物质世界的感知、理解和自身的行动智能问题。这是人工智能在经历数次挫折之后反省的重大成果。人工智能发展自此走出最初的褊狭,确立起以认知智能、运动智能突破为重点的新发展方向。进入 21 世纪,随着技术环境的日益成熟,人工智能的一些关键技术相继取得突破。这些重大进展大幅增进了感知、认知、行动等方面的人工智能,促使人工智能发展进入到一个以认知智能、运动智能为基本特征的全面发展阶段。

智能芯片

计算是人工智能的基础。无论是通过计算机实现数学运算、逻辑推理,还是实现认知与运动,都离不开强大计算能力的支撑。长期以来,计算能力主要由计算机的核心——中央处理器(CPU,Central Processing Unit)提供。中央处理器拥有足够的缓存和强大的逻辑运算单元,通用性强,能够有效处理各种不同类型数据和步骤繁多复杂的计算任务,但其局限性也非常明显。一般而言,标准的中央处理器为串行设计,一次仅能处理一项任务,在同步处理众多任务问题时,如

---

① 世界著名心理学家和语言学家史蒂芬·平克(Steven Pinker)语。参见埃里克·布莱恩约弗森、安德鲁·麦卡菲:《第二次机器革命》,蒋永军译,北京:中信出版社 2014 年版,第 34 页。
② 由汉斯·莫拉维克(Hans Moravec)等人工智能和机器人专家发现的一个与常识相悖的现象。其含义是,与传统假设不同,人类独具的高阶智慧只需要非常少的计算能力,但低层次的感觉运动却需要大量的计算能力。参见维基百科。

图像、视频、游戏、海量数据等,效率非常低。在人工智能发展的前期,研究者将重点放在数值运算、定理证明、知识的逻辑推理等方面——这些都是中央处理器擅长处理的内容,计算需求与处理器之间并无多少矛盾。而随着人工智能发展重点向感知、认知、行动等领域的转移,中央处理器固有的弱点逐渐暴露,单一任务处理模式与多任务并行处理需求之间的矛盾也日益突出。

从近年来计算领域的发展情况看,尽管有一些新进展,但人工智能的需求增长更快,供需矛盾总体上在加剧。具体而言,在中央处理器发展上,近几年出现的多核化趋势对缓解矛盾有一定作用,但由于计算单元仍然偏少——最多仅有数十个左右,其效果非常有限。就计算模式而言,云计算的兴起能解决上述矛盾,但其运用需要极大的带宽、功耗和计算成本,并且,云计算属远程计算,而大多数智能体需要随时随地,甚至是实时的认知和行动计算,如飞行器、车辆、机器的高速运行对实时反应均有非常苛严的要求,云计算因此难以普遍运用于一般智能体。由此可知,人工智能的新发展与计算能力不足之间的矛盾是深层次矛盾,仅靠中央处理器的改良与计算模式的优化无法从根本上予以解决,它需要可进行大规模并行计算的新型处理器。正是在这一背景下,长于并行计算的图形处理器(GPU,Graphics Processing Unit)开始进入人工智能研究者的视野,并日益成为人工智能技术研发的重要工具。

早期的图形处理器如其名称所述,是为图形计算设计的专用硬件。主要作用是协助中央处理器进行三维(3D)图形计算,使中央处理器能从它并不擅长的几何计算中解放出来,所以其应用范围相当狭窄。而随着时间推移,人们逐渐认识到图形处理器还可以应用到其他非图形领域。以英伟达公司(nVIDIA)2006年11月新一代图形处理器G80及随后统一计算设备架构(CUDA,Compute Unified Device Architecture)的发布为标志,图形处理器进入通用计算(GPGPU)时代。① G80所采用的统一渲染架构(Unified Shader)是

---

① 首个引入统一渲染架构的是XBOX 360游戏主机所采用的Xenos图形处理器,该处理器由ATi公司和微软公司于2005年发布。G80是第一款统一渲染架构的桌面图形处理器。第一个通用计算程序BrookGPU出现得更早些,由斯坦福大学于2003年年底推出。它是一个编译器和实时系统,可为图形处理器提供简单的类似C语言的编程环境。

划时代的技术革新,它从硬件层面使图形处理器可方便、灵活地运用于非图形计算;统一计算设备架构则为图形处理器硬件资源的管理使用提供了一个通用计算高级语言开发平台,从软件层面为图形处理器的通用计算提供了一套完整的开发解决方案。这些新技术的出现,从根本上提高了图形处理器的通用计算能力。图形处理器处理并行高密集数据的优势因此日益显现,主要包括:

(1) 浮点运算能力极高;

(2) 适合处理高并行、高密度计算任务,以 2017 年 5 月英伟达发布的 Tesla V100 为例,该图形处理器针对人工智能应用设计,含有多达 5 120 个流处理器,可处理大量并行任务,具有一定的深度学习性能,这一点中央处理器远不能比,在大规模多线程运算中,图形处理器可以体现出上百倍于中央处理器的运算能力;

(3) 适于重复性计算;

(4) 几何与图像视频处理能力强且方便;

(5) 系统成本低。[①]

在处理高密集度数据运算时,价格相当的图形处理器较中央处理器效率要高数十、数百倍。图形处理器由此从单一的图形计算摆脱出来,其应用范围从图形计算迅速扩展到工程、科学等领域的通用计算。

在人工智能领域,较早意识到图形处理器可用于人工智能研究的是计算机科学家、斯坦福大学人工智能实验室主任吴恩达(Andrew Ng)等人。DistBelief 系统是谷歌公司 2011 年推出的机器学习系统,由 1 000 台装配有 1.6 万个中央处理器的计算机联网组成。吴恩达等研究者发现,使用 DistBelief 可在几天时间里训练拥有 10 亿个参数的神经网络完成视觉辨识任务。而在大致相同的时间里,完成同样的任务,只需要 3 台图形处理器计算机。[②] 这一

---

① 参见张磊、王广生:《图形处理器协同运算的视频处理架构》,《现代电子技术》2008 年第 20 期,第 135 页。
② Adam Coates, Brody Huval, Tao Wang, David J. Wu, Andrew Y. Ng, *Deep learning with COTS HPC systems*, Proceedings of the 30th International Conference on Machine Learning, Atlanta, Georgia, USA, 2013. JMLR: W&CP volume 28. http://ai.stanford.edu/~acoates/papers/CoatesHuvalWangWuNgCatanzaro_icml2013.pdf

颠覆性结果在2013年度国际机器学习大会(ICML)上公布后,图形处理器在人工智能研究中的重要作用开始被认识,并日益广泛运用。一些著名科技公司,如谷歌、脸书、微软和百度等,都已大量使用图形处理器。在它们开展的人工智能研究中,如图像识别、语音识别和语言翻译等,图形处理器已发挥关键作用。

而随着近几年人工智能技术的飞速发展,图形处理器也显露出局限性,如无法充分发挥并行计算优势、硬件结构固定不具备可编程性、运行深度学习算法能效不足等,[①]研发专门的人工智能芯片逐渐成为业界共识。为此,一些科技巨头和研究机构已加紧布局相关研究。

2014年,国际商业机器公司(IBM)发布类脑芯片Truenorth,该芯片用54亿个晶体管模拟人脑神经功能;

2015年,谷歌公司公布专为机器学习量身定做的TPU(Tensor Processing Unit),加速其第二代人工智能系统Tensorflow,该处理器已应用在各种任务领域,如谷歌图像搜索、谷歌翻译、谷歌云视觉API;

2016年,中国科学院计算机研究所发布世界上首款模拟人脑神经元和突触的深度神经元网络处理器——"寒武纪1A",每秒可处理160亿个神经元和超过2万亿个突触,能效比主流中央处理器和图形处理器提升高达2个数量级;

2017年柏林国际消费电子展上,华为公司推出内置神经元网络单元(NPU)的麒麟970手机芯片等。

尽管难以判定哪一种技术路线将在未来占据主流地位,但人工智能芯片研发显然代表了未来处理器发展的新趋向。而人工智能芯片进步与人工智能发展的交互,不可避免地将形成正向反馈机制,加速人工智能发展。人工智能在感知、认知、运动等方面的问题将在这一过程中不断得到解决,其技术应用与商业化也将由此进入全面发展的新阶段。

智能算法

2016年3月15日,举世瞩目的人与机器围棋大战落下帷幕。谷歌公司的

---

① 参见杨骏、刘石磊:《点亮人工智能时代,中国领"芯"一步》,2017年9月8日《新华每日电讯》,第14版。

人工智能系统阿尔法狗(AlphaGo)以4∶1的大比分击败世界顶级围棋职业棋手李世石。这一结果令世界震撼。众所周知，围棋是世界上公认的最难棋类游戏，被誉为人类智慧的巅峰。尽管国际象棋程序"深蓝"在1997年就战胜了国际象棋冠军加里·卡斯帕罗夫，但对于击败复杂得多的围棋，无论是人工智能领域，还是围棋界，一般都认为遥不可及。因为与围棋相比，国际象棋的复杂度小到可以忽略不计。然而，仅仅过了不到20年，阿尔法狗就攻破了人类智慧的"最后堡垒"，发展之快、进步之大均出人意料。

阿尔法狗的成功绝非偶然。计算能力提升是一个重要因素，但最关键的还是算法突破。"深蓝"采用传统的穷举法，即模拟国际象棋所有走法，从中选出胜算最大的一步。在当时计算能力足够的情况下，它对于状态数不到10^{50}的国际象棋游刃有余。但是，对于棋盘布局方式比宇宙中原子还多的围棋——变化数超过10^{170}，其计算需求远超当前最强大计算机能力，穷举法无论是在以前，还是在可预见的未来，均无奏效可能。阿尔法狗则另辟蹊径，除采用与"深蓝"相似的搜索算法外，还运用了具有革命性的策略网络、估值网络两个深度学习[①](Deep Learning)模型。策略网络根据棋盘当前形势，提出数种可行的应对下法。估值网络对各种应对下法进行全局评估，给出胜率，并反馈到搜索算法中进行反复计算优化，得出胜率最高的走法。其关键在于，策略网络对下一手的预测，降低了搜索的宽度；估值网络对形势的判断，减小了搜索深度。这样，搜索算法就无须挑战不可能完成的任务——遍历棋局的每一种走法，而只需对可能出现且胜率高的棋步建立搜索树，一步步推演并得出胜算最大的棋步。阿尔法狗的计算量因此大幅度降低，当前计算机已能满足系统运行需要。也就是说，深度学习模型的使用，使计算机系统具有了与人类类似

---

① 深度学习是相对于浅层学习而言的多层神经网络机器学习算法。它主要通过建立模型模拟人类大脑的神经连接结构，对文本、图像、声音等外部输入数据，分多层进行从低级到高级的特征提取，进而识别、解释输入数据。此前机器学习大都利用浅层结构处理数据，其结构模型只有1层或者2层非线性特征转换层。而深度学习强调建立多层（一般在5层以上）模拟神经网络结构，将提取的低等级特征依次传递给下一层，以提取更为抽象的高等级特征，逐层递进。深度学习较好地克服了浅层学习对特征表达能力不足和特征维度过多导致的维数灾难等问题，是机器学习以及人工智能发展的一项重大突破。

的棋感与大局观,是棋类博弈算法的一次飞跃。

阿尔法狗对深度学习算法的运用只是近年来人工智能算法发展的冰山一角。事实上,从"深蓝"到阿尔法狗,浓缩了人工智能算法数十年的艰辛探索、选择、蜕变与新生。这一进程始于20世纪80年代的人工智能"寒冬"。在失败和停滞困扰下,人工智能领域有退却有放弃,也有反思有坚持。一些科学家在压力和困难下依然执着探索,努力开辟新的发展道路。进入21世纪,长期的坚持,再加上信息化日益发达所提供的技术支撑,人工智能的各个方面,特别是算法,都取得了不少进展,如遗传算法、群集智能算法、启发式搜索算法、粒子群优化算法等。其中,加拿大多伦多大学教授辛顿(Geoffrey Hinton)等人于2006年正式提出"深度学习"算法是一个重大突破。①

此前,人工智能算法大都是基于已知规律或确切逻辑关系建立的数学模型,建立后即可运用。其核心是计算,智能实现就是按规则演算。这些算法准确高效,但它们只能按照既有程序进行计算,无法应对超出程序设定的变化,是封闭的静态系统。深度学习则不同,它由多层模拟的神经元网络组成,建立后不能直接使用,必须先进行大量训练,在训练中不断提高,变得越来越"聪明",是一个开放的动态系统。通过海量数据的训练,神经元网络逐层递进并提取出物理世界的各种特征,发现其模式、结构、规律,不断"进化"出更高的智能水平,其核心是学习。经深度学习形成的人工智能,甚至在一些方面会超越人类。

近年来,在模式识别领域,如语音、语言、图像的智能识别和理解等方面,深度学习已取得惊人成果。谷歌公司构建的"谷歌大脑"神经网络系统,在没有外界干涉的条件下,从大量图片中认识到猫是什么,并找到了猫的照片;香港中文大学汤晓鸥等开发的DeepID深度学习模型,对两张照片是否同一个人的识别准确率达到99.15%,这已超过人类的识别水平;英国帝国理工学院马修·莱设计的"长颈鹿"深度学习系统,只经过72小时的训练即

---

① 参见 Geoffrey E. Hinton and Ruslan R. Salakhutdinov, *Reducing The Dimensionality Of Data With Neural Networks*. Science 313.5786(2006), pp.504-507.

达到国际象棋大师水平,等等。从功能角度看,深度学习极大地促进了机器认知,以及人机交互、机器与环境交互能力的发展,是机器学习,也是整个人工智能领域的一次革命。它使机器通过学习接近或者达到人类智能成为可能,为弱人工智能向强人工智能跃迁打开了大门,人工智能发展自此进入一个新时代。

大数据

一切智能都需要训练。无论是与生俱来的人类大脑,还是基于算法的人工智能,均是如此。相对而言,经过长期进化的人类更容易接受事物和各种训练,并形成高效的识别模式、运动模式和思维模式。而人工智能,特别是早中期的人工智能,受算法模型不完善等因素制约,必须经过远超人类的高强度、大规模训练才能达到较令人满意的智能水平。对于这一点,人工智能科学家们早有认知。但长期以来,由于各类数据获取难度大、存储成本高,可用于训练的数据严重匮乏,根本无法满足机器学习的需要,再加上计算能力不足等因素制约,人工智能发展只取得非常有限的成果。

进入21世纪,随着信息技术的高度发达和广泛运用,数据匮乏的问题开始得到根本性解决。自20世纪70年代以来,经过三四十年的发展积累,信息网络基础设施持续完善,数据存储设备价格大幅下降,特别是技术进步使移动终端(如智能手机)、配备感知元器件的各种硬件、移动互联网、物联网、云计算等快速发展并大范围普及,各种各样的数据被高速、时时刻刻地采集、生产、传递、处理和存储,其数量之大远超想象。优图播(YouTube)用户每分钟上传新视频超过300小时,SnapChat用户每分钟传递信息284 722篇,脸书用户每分钟分享各种内容达4 166 667个,数据产生之快、数量之大,均前所未有。而这仅是全球成千上万信息类公司中的几个代表。事实上,全球数字化数据的数量正以指数级增长——大约每3年多就会翻一番。① 根据国际数据公司(IDC)2012年发布的《数字宇宙》(*Digital Universe*)研究报告,预计到2020

---

① 参见[英]维克托·迈尔-舍恩伯格、[英]肯尼思·库克耶:《大数据时代:生活、工作与思维的大变革》,盛杨燕、周涛译,杭州:浙江人民出版社2013年版,第11—13页。

年,全球数据总量将超过40 ZB(相当于4万亿GB),①这一数据量是2010年的33倍,其数量相当于地球上所有海滩上沙粒数量的57倍。如此快速的增长,如此巨大的数据量,不仅改变了人们对数据的认知,还改变了数据存储、处理和使用的方式。数据发展因此实现了从量变到质变的飞跃,以至于人们不得不创造出"大数据"这一新概念。

大数据与此前数据有根本不同。计算机最先使用的数据是对外在世界测量而得的物理量,数据规模和采集使用范围都非常小,主要是进行数值计算。后来,在线事务处理(交易)的发展,使数值数据拓展到用固定字段或格式来描述的结构化数据,如电子机票等,数据的性质、采集的方式和范围,以及应用的领域均发生了重大改变。而大数据进一步将数据拓展到现实生活中最丰富、最庞杂也最难处理的非结构化数据,如人类网络空间活动记录、图片、各种电磁信号、音频、视频等。在前两个阶段,数据都服务于具体的应用领域,而新型数据大都没有什么特定的社会应用目的,是包含多种可用元素的"杂矿",必须通过智能算法等方法"挖掘"其中价值,是人工智能训练的优质"原料"。可以说,大数据的发展,在深刻改变人类社会各个方面的同时,也为人工智能机器学习提供了不可或缺的丰富训练资源,在较大程度上解决了各类算法模型常常因为训练数据严重缺乏而难以取得突破性进展的问题,极大地促进了人工智能的发展。2015年初,百度首席科学家吴恩达(Andrew Ng)曾经用一个类比说明当前人工智能的爆发。他谈到,火箭之所以能够起飞,是因为有很大的引擎和足够的燃料,而神经元网络就是机器深度学习的引擎,社会数字化形成的大数据则是燃料,目前这两者正变得越来越强大。② 近几年,谷歌"猫识别"项目、无人驾驶汽车项目、自然语言翻译,以及脸书公司"人面识别"项目、百度公司对2014年世界杯16场淘汰赛的准确

---

① Antony Adshead, *Data To Grow More Quickly Says IDC's Digital Universe Study*, 12 December, 2012. http://www.computerweekly.com/news/2240174381/Data-to-grow-more-quickly-says-IDCs-Digital-Universe-study

② 郭小路:《硅谷最激动人心的话题:机器人会造出新的机器人》,2015年2月1日澎湃新闻网站。http://www.thepaper.cn/newsDetail_forward_1299722

预测等,无不得益于大数据的运用。大数据时代的到来,为人工智能的爆发做好了准备。

总之,经过60年的曲折发展和不断积累,人工智能不但具备了强大的技术基础、海量数据的支撑,而且在算法上实现了重大突破,人工智能系统因此越来越能感知、认知世界,也越来越能自主行动,这为其实用化和社会普及提供了广阔前景,人工智能正加速崛起。

信息技术革命的终结

感觉总是滞后于现实。当我们刚刚感受到信息技术带来的便利和冲击时,信息技术正日益成熟,信息技术革命引擎正逐渐失去动力。

技术发展的S曲线模型

技术发展遵循什么样的路径,它所经历的过程又有哪些特点规律?一直是学术界和产业界研究探索的重要问题。20世纪80年代前后,一些学者,如日本技术哲学家星野芳郎、中国学者刘则渊和王海山、美国管理咨询专家理查德·福斯特(Richard Foster),对这一问题给出了初步答案。在他们看来,技术发展犹如生命体成长。无论是单项技术,还是群体技术的发展,都呈现出一定的波动性和周期性。具体到技术发展周期的各个发展阶段,尽管他们的表述有所不同,但阶段划分与内容基本一致,可概括为四个阶段,即萌芽期、成长期、成熟期以及饱和期。其累计效用增长率(经济效果)随时间推移呈现出一个"S"形的曲线(见下图)——一般称之为技术发展的S曲线模型。[①]

[①] 参见[日]星野芳郎:《技术发展的模式——技术发展阶段论》,王秉权、远德玉摘译,载中国科学院自然辩证法通讯杂志社编:《科学与哲学》(研究资料)1980年第5辑;刘则渊、王海山:《论技术发展模式》,《科学学研究》1985年第4期;Richard N. Foster, Assessing Technological Threats [J]. Research Management, 1986, July/August, pp.17-20.

第二章 智能化浪潮兴起

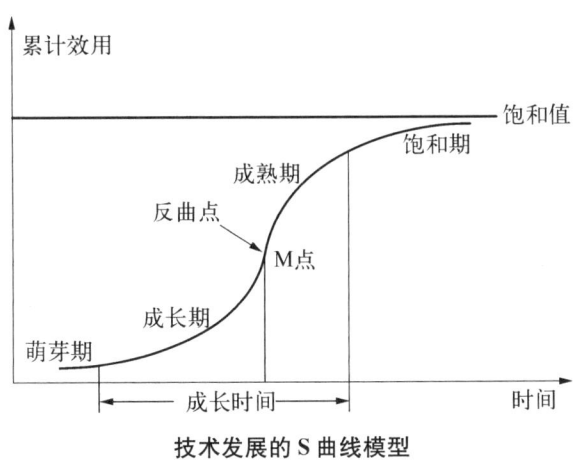

技术发展的S曲线模型

根据这一模型,一项技术在产生之初,会有一个单位功能缓慢增长的阶段——萌芽期,主要是前期研究和实验的累积,并开发早期技术成果。随着关键性的产品技术、工艺的突破,技术发展进入成长期。在这一阶段,技术创新加速,新产品技术性能大幅提高,新产业加速形成,技术的累计效用增长率不断增加。但这一趋势不会一直持续。在经过一段时间的高速发展之后,技术的累计效用增长率将达到极大值。它在S曲线上的对应点被称为"反曲点"(M点)。在跨越该点之后,技术发展即进入到成熟期。在成熟期,发展仍在继续,但累计效用增长率将逐渐减小,创新的重点也转向过程创新和向其他技术领域(产业)扩散。最后,随着技术发展的高度成熟,其累计效用增长日益平缓,技术发展遂进入饱和期。在这一阶段,技术的累计效用值会缓慢地无限趋近于饱和值(即效用极限值)。而随着累计效用增长率的不断降低,成本更低、单位功能更好的新技术将日益超越并最终替代原技术。

S曲线模型的提出,是基于工业革命以来技术发展史研究得出的科学结论,它与人类社会各领域技术及整个技术体系的实际发展历程有着较高的吻合度,在一定程度上反映了技术发展的基本规律,解释力较强。它也因此在提出后即受到相关研究领域的高度关注,并被广泛用来分析技术创新和竞争,成为一项基本研究工具。当前,随着信息技术的日益成熟,人类社会,包括军事领域正在孕育形成新的革命,运用 S 曲线模型对信息技术和新的潜在主导技术进行分析,对于深刻理解新革命以及预测其未来趋向无疑具有重要的现实意义。

S 曲线模型揭示了技术演进的整体性规律,它对当前人类社会技术发展至少有两点启示:一是人类历史上的任何重要技术,既包括推动人类社会各个领域发展的技术,如推进军事领域发展的火药技术、核技术,也包括推动整个人类社会进步的重大技术,如金属冶铸技术、内燃机技术、信息技术,都要经历一个加速发展的阶段,但这一阶段不会永远持续下去。在越过反曲点之后,它们就会进入一个技术单位功能仍在增长,技术发展依然活跃,相关领域或人类社会发展空前繁荣,但单位增长率和成本收益比却日益下降的成熟期。成熟期意味着技术发展逐渐失去活力,并开始走向波澜不起的稳定状态。没有任何技术能避免这一阶段的到来。二是技术的成熟,导致其对本领域或整个人类社会发展的拉动作用减弱,技术供给不足与需求不断增长之间的矛盾因此日益凸显。这一新态势使发展形成新的技术"引擎"成为社会急需,它为新技术展示优势及进入主流提供了机会。而新技术的优势功用一旦得以发挥并被接受,即意味着一场新的革命拉开帷幕。社会领域如此,军事领域亦如此。

信息技术步入成熟期

你计算机的视窗系统(Microsoft Windows)多长时间没有更新版本了?3 年,5 年,还是 10 年?或许你已经使用了最新版本,不过许多人,包括我自己在内,仍然在使用微软公司 2001 年推出的 Windows XP 系统。这一操作系统功能强大,运行稳定可靠,能满足基本的工作生活需要。而更为重要的是,之后各个新版本所做的改变并没有什么大的创新,缺乏吸引力。即使是 2015 年推出的 Windows 10 系统,它被微软宣传为"改动幅度巨大",也被诟病为"只不过是 XP 系统加上了一个扁平化的皮肤"。① 既然如此，那对于一般性需求而言，理性的选择当然是继续使用 Windows XP 系统，而不是花费金钱和时间去购买和适应新的版本。这也是 Windows XP 成为微软历史上最受欢迎的操作系统之一的根本原因。自推出以来，该系统雄居全球计算机操作系统使用率之首长达 10 余年。2015 年 10 月，也就是微软宣布彻底终止提供 XP 系统安全更新一年半之后，全球范围内仍有 12% 的在线个人计算机使用该系统。② 出现这一状况，显然不符合微软的商业利益，也与微软一直倡导的创新精神相悖，但为什么会这样？大企业病固然是原因之一，而最根本的原因还是操作系统的日益成熟。事实上，Windows XP 的出现和成功既不偶然也不突然。早在 1985 年，微软就推出了第一款使用用户图形界面的个人计算机操作系统 Windows 1.0。在随后的 15 年间，微软不断探索创新，相继推出 Windows 1.X、Windows 2.X、Windows 3.X、Windows 95、Windows 98、Windows 2000、Windows ME 等多个版本的操作系统。Windows XP 则是集大成者。它充分吸收了此前系统研发的各重要创新成果，架构明晰，功能齐全，一上市即大获好评。但同时，支撑 Windows XP 成功的因素也成为微软开发新操作系统的障碍。因为在 Windows XP 基础上已经很难再做出重大创新，微软所能做的只是局部的优化和改进，这势必影响到微软操作系统业务的发展及利润。

微软这一困境并非个案，它折射出整个信息技术以及相关高技术群（以下均简称为信息技术）的发展困境。自 20 世纪 70 年代信息革命爆发至今，信息技术已经历近半个世纪的快速发展，不但形成了体系完备的产业集群，实现了产业间的扩散融合，而且渗透影响到了人类社会的各个领域。而与此同时，其自身的发展也逐渐步入成熟期。以信息技术革命的领导者美国为例，中国学者 2013 年的研究表明，在美国，信息技术的效用增长率在连续增加多年后大

---

① Stephen Yuen, *Matias Duarte Says Windows 10 Looks Like XP With A New Skin*, 4 November, 2015. http://androidspin.com/2015/11/04/matias-duarte-says-windows-10-looks-like-xp-with-a-new-skin/
② Ian Paul, *5 Dead Operating Systems, and What Their Ghosts Can Tell Us*, November 2, 2015. https://www.computerworld.com.sg/resource/operating-systems/5-dead-operating-systems-and-what-their-ghosts-can-tell-us/

都已达到极大值,并开始呈现出逐渐减少的新趋势。① 也就是说,信息技术发展已经越过技术发展 S 曲线的反曲点,从成长期进入成熟期,其对生产率的拉动作用正不断减弱。美国学者以美国创新企业发展状况为基础的研究同样表明了这一点。历史地看,最具革新性的飞跃往往不是由老牌公司创造的,而是由几乎不必担心失去什么的创业者创造的。1978 年,美国初创企业(即创办不到一年的企业)在企业总数中的占比达到近 15％。但到了 2011 年,这一数字下降至 8％,减少了近一半。企业的倒闭数量在 30 多年来也首次超过了新创数量。与此同时,更不愿承担风险、僵化和越来越缺乏创新的美国成熟企业(即创办逾 16 年的企业)的比例,从 1992 年的占企业总数的 23％上升到 2011 年的 34％。② 初创企业的形成率显著下降,而老牌企业已经占据技术行业的支配地位。这一状况表明,美国企业的创新活力和革新能力已明显下降。

陷入技术成熟与创新困境的原因显然不是美国人创新精神的丧失。事实上,一些有影响的创新仍时而出现。真正的问题在于,经过 40 多年的连续创新和改进,信息技术的重大创新已经完成,相关产业的信息化程度已经比较高,虽然小范围的、改进性的创新仍在继续,但已经很难再出现重大、根本性的创新。信息技术活力在迅速下降,信息革命正趋于终结。对于此类现象,日本著名技术哲学专家星野芳郎在 20 世纪 70 年代就曾揭示道,"一切技术均有其固有的原理","技术原理所具有的效能是一定的。随着局部性改良的进行,其效能便逐渐得到发挥,最后终将达到其效能的极限"。③ 目前,美国仍在引领信息技术发展,它的创新也没有达到技术原理的最终极限,但技术发展步入成熟、发展空间日趋缩小,以及诸多高新技术企业逐渐老化已是无可回避的事实。在当今技术快速扩散、国际竞争激烈展开的全球化时代,其他发达国家,以及中国等新兴经济体也将如美国一样,很快步入这一阶段。

---

① 参见傅瑶等:《美国主要技术领域发展轨迹及生命周期研究》,《科学学研究》2013 年 2 月号。
② 参见 Robert Latan, *Start-Up Showdown: How the United States Can Regain ItsEntrepreneurial Edge*, Foreign Affairs, January/February 2015, p.48。
③ [日] 星野芳郎:《技术发展的模式——技术发展阶段论》,王秉权、远德玉摘译,载中国科学院自然辩证法通讯杂志社编:《科学与哲学》(研究资料)1980 年第 5 辑。

对于任何一个身处信息繁荣时代的人而言，无论是从直观感受上，还是从基本认知上，都很难轻易接受信息革命已渐趋终结的现实。然而事实表明，在经过40余年的快速发展之后，信息技术已步入成熟期，信息技术原理所蕴含的潜能已经在人类社会的各个领域得到较充分的释放。而与此同时，信息技术的成本收益率和市场空间逐渐减小，技术扩展带来的各种问题以及技术局限性不断显露。这些问题的日益严重，以及社会需求的增长，为新的主导技术的出现和发展创造出有利条件。一场新技术革命正孕育爆发。

迈向智能时代

与前两次热潮不同，今天的人工智能不但具备了强大的技术基础、海量数据的支撑，而且在算法上实现了重大突破，其发展具有前所未有的坚实基础和技术可能，它所形成的智能化浪潮与信息技术的日益衰落，不可避免地引发两者间地位作用的变换更替。在摧毁旧技术体系的同时，人工智能正引领人类社会迈向新的智能时代。

智能的扩张

技术突破一旦形成，技术溢出将不可避免。近年来，以深度学习为代表的人工智能算法和相关技术的兴起，为满足人类需求创造出新的技术路径和发展方向。引入人工智能构建新增长点或改进现有技术和方法，由此成为各领域的重要选择。人工智能在这一进程中向人类社会各个方面加速渗透。

在信息服务领域，人工智能创新运用已从各个方面展开。

2015年，谷歌正式启用基于机器学习的全新人工智能算法——RankBrain。该算法可以"理解"相似的词语和短语，特别是能够解决比较复杂、陌生或有歧义的语句搜索。自使用以来，已在处理先前未见过的搜索词条中发挥了关键性作用。目前，该算法已成为谷歌搜索排序时的第三大重要指标，其优先级超过其他数百项指标。除此之外，在谷歌，使用TensorFlow深度学习系统的产品已多达50多个,涉及多个领域。

百度基于人工智能构建的"百度大脑",语音识别准确率已经能达到97%,超过了人对语音的识别能力。这一技术已运用到多个领域。

微软2015年推出具有即时口译功能的智能翻译工具Skype Translator,可自动翻译英语、西班牙语、意大利语和汉语普通话等不同语言的通话,以及多达50种语言的即时通信消息。谷歌新开发的GNMT智能翻译系统,对于同一语系的语言翻译,如英语到西班牙或法语,准确度已接近人类水平。

DataXu等公司使用机器学习方法编排网络广告,每周可生成近5 000个不同模型,并在15毫秒内做出决策,将广告插放在最佳位置。美国《纽约时报》推出的虚拟智能机器人编辑Blossom,能从海量数据中判断其中哪些内容更具有社交推广效应,经它挑选推荐的文章,平均阅读量是普通文章的38倍。

微软(亚洲)互联网工程院2014年发布的虚拟机器人"小冰",在人工智能领域实现了多项突破,能在对话中自我进化,和用户的持续对话每次平均可达23轮。"小冰"已陆续登陆包括新浪微博、京东商城、米聊、东方航空、Windows10、美图秀秀、微信、网易等10余个PC和移动互联网平台,并于2015年12月成为东方卫视《看东方》栏目实习天气女主播,2016年8月更是晋级为奥运新闻主播。

向来被认为属于高端、脑力密集型的一些行业,如医疗业、新闻业、金融业等,也越来越受到人工智能的冲击。

国际商业机器公司研发的智能系统"沃森"(Watson),2011年参加了"危险边缘"(Jeopardy!)节目。在这个很深奥微妙的语言游戏中,沃森完胜两个参赛的人类"最强大脑"。随后,该公司又将沃森开发成医疗诊断工具,它能针对疾病症状,列出一个按可能性排序的疑似病症清单。目前,该系统已提供给多个合作伙伴使用。

2014年,美联社、雅虎、《洛杉矶时报》等媒体开始使用虚拟智能新闻机器人撰写财经、体育等方面的新闻。2015年,腾讯财经、新华社也分别推出了"梦幻写手"(Dreamwriter)和"快笔小新"新闻机器人。

在金融服务业,仅美国就有超过 200 家公司布局机器人投资顾问(Robo-Advisors)市场。智能化的在线机器人投资顾问能向用户提供较好的投资组合管理建议,并且不会因市场波动而情绪化,投资者对其接受度很高。根据 Capgemini 和 RBC WM 联合发布的 2015 世界财富报告,全球范围内已有 48.6% 的高净值人群(资产净值在 100 万美元以上)对智能投顾产品非常认可,并表示愿意接受将自己一部分财富交由智能投顾打理,亚太区的这一比例甚至高达 76.3%,日本的"机器人投资顾问"正进入普及期。智能"投顾"的全面推开已具备了相当好的基础。花旗集团 2015 年 10 月发表的报告认为,在未来 10 年,机器人顾问管理下的资产有望达到 5 万亿美元。除投资外,一些机器人顾问已经可以为客户提供投资损失避税、房贷、报税等方面的增值服务。

在实体经济领域,物联网、大数据、云计算、人工智能与传统工业的融合,已催生一场新的智能制造革命。工业制造智能化,主要是工业机器人智能化,正加速推进。传统的工业机器人,实际上就是机械手或机械臂,通常被限制在安全笼中工作,执行预先编程的重复性任务,既无必要也无能力调整适应环境变化。而新一代智能化的工业机器人,可以感知并适应周围环境,理解人的行为和命令,快速可靠地完成各种非确定性的复杂任务。它们无须施以防护,能与人类沟通交流并协同作业。如此强大的功能促使智能工业机器人越来越多地被运用于各种工厂和生产环境。

在美国,通过引入较高智能的德国库卡工业机器人,特斯拉汽车公司在底特律附近的工厂已完全实现自动化生产。在 2015 年 9 月汉堡举行的"国际智能机器人和系统会议"上,库卡公司展示的移动工业机器人,不但能自主识别周围环境,借助无线网络与其他机器人及生产机器交流,而且能在车间自如行走,避开障碍物,并自动完成搬运工件、组装产品等任务。除库卡外,瑞士 ABB 集团 2015 年 4 月推出的全球首款真正实现人机协作的双臂机器人 YuMi、亚马逊公司的 Kiva 仓储机器人,以及日本发那科、安川电机推出的多型工业机器人,都已具备一定的人工智能,它们代表了工业机器人以及制造业未来发展的方向,业已成为制造业竞相采购的先进装备。目前,机器人市场的年复合增长率高达17%,[①]其中,智能机器人的比例在不断提高,而传统工业机器人的比例在日益下降,新旧更替已拉开帷幕。

在军事领域,受军事行动和战争需求刺激,人工智能已广泛应用到空、海、陆、天、网各个空间的多种武器装备当中(详见第三章)。

除此之外,人工智能在社会服务领域的渗透导致各类服务机器人的涌现,如护理机器人、厨师机器人、扫地机器人、聊天机器人,在农业领域的渗透导致农业机器人的出现,如视觉机器人公司的8臂摘果机器人,在消费领域的渗透则导致了以无人机、无人驾驶汽车为代表的各类智能消费品的出现,等等。

必须承认,人工智能创新应用目前仍处于早期阶段,但它已从实验室走向实用化,从研究领域走向社会各领域,星星之火已成燎原之势。在人工智能的急剧成长中,已经没有哪个领域可以免受冲击。

智能化态势加速形成

以深度学习为代表的人工智能在诸多领域的成功应用,引起了相关研究机构、产业界及世界各主要国家的高度关注。特别是,人工智能展示出的广阔前景,已促使各方将其作为未来发展的"制高点",加紧进行战略布局。政府、产业、技术等多个层面同步推进人工智能发展的新态势加速形成。

在国家层面,以智能制造为核心,推进新一轮科技革命和产业变革上升为国家战略。人工智能、物联网、大数据、云计算等新兴技术与制造技术的融合,正催生新的工业模式——智能制造。世界各主要国家敏锐把握住了这一新趋向,纷纷出台重大计划和战略,以智能机器人为重点,大力推动传统工业向智能制造转型升级。

2011年6月,美国率先推出《先进制造伙伴计划》(AMP),明确提出通过发展工业机器人——主要是基于移动互联技术的第三代智能机器人,重振美

[①] Richard Waters and Tim Bradshaw, *Rise of The Robots Is Sparking An Investment Boom*, May 3, 2016. https://www.ft.com/content/5a352264-0e26-11e6-ad80-67655613c2d6

国制造业。该计划在2012年升级为《先进制造业国家战略计划》。与此同时，美国还先后出台《国家机器人计划》（2011年）、《机器人路线图2.0版》（2013年）、《创新神经技术脑研究计划》（2013年）等专项发展计划，为确保下一代机器人技术及应用方面的领先地位提供政策支持。2016年10月，奥巴马政府发布《为了人工智能的未来做好准备》和《国家人工智能研究与发展战略规划》，将人工智能上升到国家战略高度，确定了有关人工智能发展的7项长期战略。经过几年的大力推动，美国人工智能及智能机器人发展已呈现出强劲增长的新局面。

推进智能制造的另一个典型代表是德国。2013年4月，德国正式启动"工业4.0"战略。该战略旨在通过利用信息通信技术和网络空间虚拟系统——信息物理系统（Cyber-Physical System）相结合的方式，实现制造业向智能化转型。其三大主题分别是智能工厂、智能生产和智能物流。2015年4月，德政府牵头的"工业4.0共同平台"正式启动，该平台横跨政治、经济、科学和工业各界，其建立标志着"工业4.0"已上升为国家战略。作为世界领先的制造业强国，德国"工业4.0"的推出，引发了全球范围的新一轮工业转型竞赛。

为应对新形势和竞争压力，其他各主要国家纷纷出台产业升级政策和战略规划，力求在新一轮工业变革中占据有利位势。

一直在工业机器人技术和市场竞争方面拥有优势的日本，2013年以来先后推出《日本再兴战略》、《下一代人工智能推进战略》等，将人工智能技术视为第四次产业革命的核心尖端技术，在技术重点、突破路径、产业结构和人才培养等方面加紧布局。英国和法国也在2013年分别推出《英国工业2050战略》、《新工业法国计划》等。中国2015年推出《中国制造2025》战略规划，直接将智能制造作为突破口和主攻方向，强调将生产全周期从自动化升级成智能化，建设智能工厂。2017年7月，进一步推出中国第一个人工智能发展规划——《新一代人工智能发展规划》，进行战略性部署，并确立了通过"三步走"，力争到2030年把中国建设成为世界主要人工智能创新中心的宏伟目标。

这些计划或战略细节殊异，但有一个共同特点，即将智能化，包括智能技术、智能制造、制造智能(产品)作为主要内容或重点。一场以智能制造为核心的国家间科技与产业竞争已全面展开。

在产业层面,人工智能已成为世界科技巨头和资本追逐的重点。

谷歌公司先后斥巨资收购包括研发出阿尔法狗的深度思维公司(Deepmind)在内的10余家人工智能公司和机器人公司,并邀请"深度学习"的提出者辛顿等多位顶级人工智能专家加盟。为加强研发,谷歌还单独成立新的母公司 Alphabet,把 Google X 实验室等创新部门归于旗下,2015 年更是明确表示将把机器学习和人工智能作为未来优先投资方向。

脸书公司收购了以色列人脸识别公司 Face.com 等几家人工智能公司,在 2013 年成立专门的人工智能实验室,并邀请深度学习"三驾马车"中的另一位科学家雅恩·乐昆(Yann Le Cun)担任实验室主任。

百度公司先后说服国际知名机器学习专家余凯创建百度深度学习研究院(2013 年),以及谷歌"猫识别"项目负责人吴恩达(Andrew Ng)担任百度首席科学家。

除此之外,微软、国际商业机器公司、推特、雅虎、苹果、英特尔等世界科技巨头,也采取了相似做法。各大公司在人工智能人才、技术、投资等方面的争夺日趋白热化。与此同时,意识到机会来临的国内外各投资机构,也纷纷布局人工智能产业链。2009 年以来,人工智能已吸引超过高达 170 亿美元的投资。在 2012—2015 年 4 年间,人工智能领域的民间投资以平均每年 62% 的速度增长。[①] 这一高增长速度预计仍会持续相当长一段时间。

在技术层面,软硬件开源正酝酿人工智能创新应用的爆发式发展。

长期以来,由于缺乏人工智能开发平台,诸多小型研究机构和普通研究者很难参与研发,人工智能的创新应用大都是由实力雄厚的大型研究机构和科技公司进行。2015 年是一个转折点。

年初,脸书公司免费公布其人工智能开发工具 Torch 的代码。

[①] Craigand Karl, *The Three Breakthroughs That Have Finally Unleashed AI on the World*, October 27, 2014. https://www.wired.com/2014/10/future-of-artificial-intelligence/

5月，百度发起的全球最大分布式机器学习开源平台正式向公众开放，该平台已有组件覆盖三类最常用的机器学习算法，各类开发者可免费获得分布式机器学习算法源码。

11月9日，谷歌宣布开源曾构建谷歌大脑（Google Brain）的机器学习平台TensorFlow。

5天后，微软宣布推出全新机器学习开源工具包DMTK。

12月，脸书公司又将一款人工智能方向的硬件产品——Big Sur服务器的设计开源。

进入2016年，微软再度开源人工智能工具包CNTK，以及Malmo人工智能项目，等等。

世界科技巨头如此密集地开源人工智能开发平台，主要目的是拓展各自在人工智能研究方面的影响力，争夺主导权，但它在客观上形成了人工智能急剧向社会各领域扩散的新局面。有了这些开源平台，开发者不但省却了智能开发平台和工具包研发这一几乎不可能完成的步骤，而且可以借助于平台和工具，以非常少的服务器研发部署大规模机器学习系统，还可借助开源工具，如微软Malmo项目，对人工智能程序进行廉价而有效的测试。这样一来，无论是创业公司、一般研究机构，还是学者、编程员，甚至大学生都可以投身到人工智能的创新应用当中，人工智能发展自此进入社会大众广泛参与的新阶段。而大众的广泛参与，不但会改善既有平台和削减研发成本，还将加速整个人工智能领域的发展，并刺激研发者开发出各种适合社会需求的产品。人工智能创新应用的爆发已近在咫尺。

总体看，为应对人工智能崛起，世界各主要国家、产业界、资本市场均已将发展人工智能作为政策重点，各种计划、战略、举措在聚焦人工智能的过程中加速融合，战略、技术、资本与产业日益协同共振，智能化已成为人类社会大势所趋。

智能主导一切

对于智能机器人替代人的步骤及人类相应的心态变化，世界著名科技杂

志《连线》(*Wired*)创始主编凯文·凯利幽默地写道:

(1) 机器人(电脑)干不了我的工作。

(2) 好吧,它会许多事情,但我做的事情它不一定都会。

(3) 好吧,我做的事情它都会,但它常常出故障,这时需要我来处理。

(4) 好吧,它干常规工作时从不出错,但是我需要训练它学习新任务。

(5) 好吧,就让它做我原来的工作吧,那工作本来就不是人该干的。

(6) 哇,机器人正在干我以前做的工作,我的新工作不仅好玩多了,工资还高!

(7) 真高兴,机器人(电脑)绝对干不了我现在做的事情。①

这段描述形象而又深刻。它以乐观的语气刻画了人类的最终胜利,同时也暗喻了一场轰轰烈烈的时代变迁:加速发展的人工智能越来越多地替代人类,成为人类工作和生活不可或缺的重要组成部分,人类社会从信息时代过渡到智能时代。凯利的描绘是对未来的展望,但它是建立在人工智能飞速发展现状基础之上的展望,反映了人类社会变迁的基本特征。当前,人类正经历信息技术革命兴起以来的又一次根本转折,即人工智能正日益取代信息技术,成为人类社会技术体系的主导力量。

事实上,自工业革命以来,人类社会进入技术充裕时期,每隔半个世纪左右,主导技术就要经历一次新陈更替。一旦既有主导技术的发展进入成熟期,增长趋缓,经济社会发展的强大需求就会发掘培育新的主导技术,形成新的经济增长点,并以此为核心,建立新的技术体系,推动人类社会向更高阶段迈进。此次主导技术更替是一系列更替中的最新一次,也是半个世纪以来人类社会的一次大调整。

人工智能崛起为主导技术,关键在于它满足了三个条件:

第一,在经历半个世纪的曲折发展后,人工智能关键技术及相关支撑性技

---

① [美]凯文·凯利:《必然》,周峰等译,北京:电子工业出版社2016年版,第59—60页。

术均实现突破,其爆发的技术条件已经具备;

第二,与此前所有主导技术一样,人工智能是超领域的社会通用技术,无论哪个领域,凡人力所及之处大都可应用人工智能,人力难及之处也可由人工智能系统加以探索或承担任务,其创新应用将渗透并影响到人类社会各个领域;

第三,人工智能满足了长期以来人类渴望智能解放的主流需求,这一源自人类本能的需求为人工智能发展提供了不竭的驱动力。

也就是说,在既有主导技术——信息技术日益成熟,经济社会需要新的技术引擎之际,人工智能在技术可能、通用性和社会需求方面均已达到主导技术形成的基本条件,在目前尚无其他重要技术能同时满足上述条件情况下,人工智能脱颖而出,跃升为诸技术的核心就成为一种必然。在这一进程中,信息技术在惯性作用下仍将在一段时间内发挥有限的主导性作用,但它在人工智能冲击下将日渐式微,并最终退变为新的人工智能技术体系的一部分。

当前,人工智能取代信息技术成为主导技术的进程已经启动并不断加速。国家、产业界、资本的推动是一个方面,更重要的是,人工智能自身发展正以指数级增长,由此形成的智能风暴正快速解体信息技术体系。

在计算机视觉领域,2011年之前,尽管已努力了数十年,但计算机视觉识别的错误率始终处于26%以上高位,无法实用化、商业化。在当时,受传统计算机模型约束,即使降低1%的错误率,都会被视为重大进展。深度学习的发展应用打破了这一僵局。

2012年,辛顿等人采用深度为8层的卷积神经网络AlexNet,一举将错误率降低了超过10个百分点至15.3%,降幅逾40%,识别精度实现了质的飞跃。

2013年,Clarifai公司的深度卷积神经网络将错误率降低至11.7%,降幅为23.5%。

2014年,谷歌推出深度为22层的GoogleNet神经网络,再将错误率降低至6.67%,降幅达43%。

2015年,微软更是开创了一个新纪元。该公司亚洲研究院研发的"深度残差网络"Resnet,深度达152层,识别错误率降低至3.57%,较上年降低46.5%。特别是,它首次超越人类,比人眼约5.1%的错误率还低30%。

从2006年深度学习正式提出,到2012年计算机视觉识别实现重大突破,再到2015年超越人类辨识能力,以深度学习为核心的人工智能系统仅用了9年。这样的奇迹在此前不可想象。目前,深度学习在计算机视觉方面的成功,已引发需要进行图像分类、定位、检测及识别的诸多相关产业或领域的高度关注,相关技术已转化成智能产品和服务,开始运用于安保、军事、图片搜索、工业机器人、无人驾驶等多个领域。

计算机视觉领域的迅猛发展仅是冰山一角。近几年,人工智能在语音识别、语言翻译、环境感知、认知、空间定位、运动控制等多个方面的发展及应用均突飞猛进。由于是以信息技术为基础,人工智能在许多方面,包括硬件和软件,也是以摩尔定律式的指数曲线增长。其性能,或者说智能水平因此呈现出一日千年的进化速度。无论是只经过72小时训练即达到国际象棋大师水平的"长颈鹿"智能系统,识别错误率降低至3.57%的"深度残差网络",还是战胜人类顶级棋手的阿尔法狗,其发展之快、表现之优,远超一般预期。

这仅仅只是个开始。目前,人工智能的发展才刚刚步入正轨,仍处于早期研发阶段。随着各类新智能算法的涌现,人工智能芯片的成功研制,数据资源的进一步丰富,以及各类智能技术产品日益实用化、商业化,人工智能发展将进入一个连续爆发期。用全球工业机器人行业"四大家族"之一的德国库卡公司首席创新官贝恩德·利珀特的话来说:"(智能)机器人技术将改变世界!它将在未来50年内释放出至少与信息技术与互联网相当的颠覆性、变革性的能量。"[1]作为产业界代表,利珀特绝非信口开河。卓越的技术性能、前所未有的技术创新、强劲的发展势头、良好的经济效益,将使人工智能及其衍生技术拓展应用到各个方面、各个领域和各个层面,打破原有的技术发展模式,从全方位取代信息技术的主导地位和作用。2015年11月,美国银行在一份300页的

---

[1] 班玮、唐志强:《综述:机器人未来将如何发展》,新华网德国汉堡2015年10月2日电。http://news.xinhuanet.com/tech/2015-10/02/c_1116733830.htm

报告中预计,最早在2025年,机器人和其他形式的人工智能将把这个世界改变到人们几乎认不出来的地步,它们将以一股"创造性破坏"的旋风打破旧有商业模式,这种转变创造的价值最终将达到每年30万亿美元甚至更多。[①] 更替的帷幕已经拉开,一个由人工智能主导,以"智能+"为基本特征的一般智能时代正在到来。

在经历了两次热潮、两次寒冬之后,人工智能终于迎来了真正崛起。尽管没有人能预测未来智能化进程的细节和程度,但可以肯定,在人类智能解放需求和资本驱动下,智能化浪潮将无情淘汰或摧毁一切与之格格不入的旧事物、旧模式。一切领域,包括军事领域,都将在智能化洗礼中涅槃重生。

---

① 《工业智能机器人或打破旧有商业模式》,2016年1月17日搜狐网。http://www.sohu.com/a/54956347_371013

▶ 第三章

军事智能化革命

革命不会等待。

军事从来都深植于人类社会。正如恩格斯所说:"暴力的胜利是以武器的生产为基础的,而武器的生产又是以整个生产为基础,因而是以'经济力量',以'经济情况',以暴力所拥有的物质资料为基础的。"①一旦新的重大通用性技术形成并冲击到经济社会,军事领域也将不可避免地受到影响。在当前智能化大潮冲击下,军事领域已形成一场新军事革命,一种新的、与智能化社会相适应的战争形态——智能化战争正酝酿形成。

战场:信息能力困境

绵延数千年的世界军事发展实践表明,没有一夜之间完成的军事革命,也不存在持续不断的军事革命。与经济社会领域相一致,信息技术在军事领域的投入产出比不断缩小,创新应用已较为成熟并趋向饱和,越来越难以发挥战斗力增长引擎的作用,军事信息化革命在先行强国已渐近尾声。

精度极限

信息技术与作战兵器的结合,催生出以制导炸弹、导弹为代表的精确制导

---

① 中国人民解放军军事科学院编:《马克思恩格斯军事文集》(第一卷),北京:战士出版社1981年版,第51页。

武器,引发了一场前所未有的打击精度革命。经过40多年的发展,精确制导武器的命中精度和杀伤效能提高了数十、上百倍。

"二战"期间,在750米距离上消灭一辆坦克平均需要18发炮弹。在1973年阿以战争中,在1 100米距离上只需2发。① 在1991年海湾战争的"沙漠风暴"行动中,利用热成像设备、激光测距仪、高稳定性火控系统和贫铀弹,美军坦克部队从2 000～3 000米距离上攻击伊军目标,摧毁概率高达85%以上。也就是说,一般只需1发即可摧毁目标,而这还是在运动中和有沙尘暴的恶劣条件下做到的。② 空中打击同样实现了质的飞跃。"二战"期间,B-17轰炸机投掷的炸弹圆概率误差(CEP)为3 300英尺(约1 000米)。③ 到了越南战争,美军使用的"宝石路"激光制导炸弹的平均轰炸误差大幅减少至7米。1972—1973年,美军向越南河内和海防地区投掷的"宝石路"炸弹中的48%直接命中目标。④ 不过,"宝石路"只能在特定天气条件下使用,并且只能由加装激光制导吊舱的飞机实施。制导炸弹在越南战争的成功极大地刺激了制导武器的发展。雷达制导、红外线制导、卫星制导、惯性制导、光电制导,以及多种制导方式并用的复合制导技术得到开发应用,一大批性能优异的制导武器相继涌现。其中,"战斧"式巡航导弹在飞行1 000多千米后,命中精度仍能达到15～18米。采用GPS制导的联合直接攻击弹药(JDAM),在24千米距离上发射,命中误差不到10米。这一精度略逊于激光制导炸弹,但它不像后者那样易受云层和沙尘暴等天气影响。并且,该弹药还可由包括B-52和B-1轰炸机在内的各种战机携带,它使在敌防空火力范围之外实施高空远程精确打击成为可能,重型轰炸机因此可以执行近距离支援任务,这在军事史上还是首次。⑤

---

① [美]斯凯尔斯:《战争的演变及周期》,林先国等译校,《国外社会科学文摘》1998年第10期。
② 参见迈克尔·奥汉隆:《技术变化与未来战争》,海军装备研究院综合所,2004年,第9—10页。
③ Kenneth P. Werrell, *Chasing the Silver Bullet: U. S. Air Force Weapons Development from Vietnam to Desert Storm*, Smithonian Books, p.259.
④ Kenneth P. Werrell, *Chasing the Silver Bullet: U. S. Air Force Weapon Development from Vietnam to Desert Storm*, Smithsonian Institution Scholarly Press, p.152.
⑤ 参见 Michael Russell Rip, James M. Hasik, *The Precision Revolution: GPS and the Future of Aerial Warfare*, US Naval Institute Press, pp.235-238.

目前,精确制导武器卓越的技术性能已经使其成为战争的主角。但同时,其打击精度改进的空间也越来越小。一个显见的逻辑是,当一次打击、一两枚弹药就可以摧毁目标时,还需要花大力气开发更精确的弹药吗?!理论上,精确制导武器的命中精度可以进一步发展至厘米级,甚至毫米级,但实际上,由于弹药本身的爆炸威力可以弥补一定的精度误差,只要命中误差控制在一定范围内,如数米以下,弹药即能完成任务。也就是说,除特殊需要外,花费数倍资金研发精度极高的弹药的意义并不大。这意味着当前精确制导武器的命中精度已接近实际上的研发极限,在事实上近乎终结寻求提高武器精度的发展路线,其影响类似于核武器对杀伤破坏力发展路线的终结。同时,它还标志着在武器精度发展方面,信息技术原理所能释放的效能趋于极限。穷尽则生变,随着精确制导武器的发展日益受到局限,武器装备发展必将转向新的方向,新的"拐点"正在来临。

全球在线

另一个被信息技术推向极限的领域是军事通信。千百年来,随地、随时保持不间断的信息连通只是军队的梦想,而信息网络技术的发展应用,使这一梦想在近几次战争中终得实现。

阿富汗战争是一个里程碑。在战争中,无论是身处阿富汗山洞的美军特种部队士兵、位于沙特阿拉伯苏尔坦亲王空军基地的联合空中作战中心,还是位于美国本土佛罗里达州麦克迪尔空军基地的美军中央战区司令部,均能通过全球性互联网络,保持跨越数千甚至上万千米的畅通联络。[1] 与此前模拟信号通信相比较,新型数字化网络通信无疑是一次质的飞跃。它是以美国防部的保密因特网协议路由器网络(SIPRNET)和非保密因特网协议路由器网络(NIPRNET)为骨干,结合卫星通信与数字化无线电宽带等手段构建的全球性互联网络体系。在功能上,不但实现了全球通信,而且提供了数字化信息的高

---

[1] 参见[美]马克斯·布特:《战争改变历史》,石祥译,上海:上海科学技术文献出版社2011年版,第370页。

速传递和 24 小时在线连接,持有终端的任何人能够在任何时刻获得信息,包括近实时的战场态势信息等。在这一网络体系支持下,距阿富汗战场上万千米之遥的美军中央战区司令部,可以随时掌握阿富汗战场情况,并直接向任何一支部队、分队甚至战斗小组下达命令;各作战力量,无论是空中、海上还是地面力量,均可以通过网络进行快速协同;即使是战斗层面的人员和武器系统操作使用,也实现了全球性的分散部署——在阿富汗上空飞行的"捕食者"无人机由美国内华达州内利斯空军基地的机组人员操作,等等。

作为军事信息化革命的引领者,美军以信息网络技术为基础构建全球连通能力代表了世界军事发展的方向。但同时,也预示了军事信息网络建设已日益成熟,发展空间不断缩小的新态势。因为尽管信息网络技术是革命性技术,但它与此前的有线或无线电报、电话技术一样,都只是一种有效的信息手段,并未改变信息的本质。与此前信息技术的根本区别在于,它是以数字化的方式,即将数据、信息、知识等转化为计算机"0""1"符号,获取、传递、存储和处理信息。在经过几十年的快速发展后,信息网络技术已经构建形成全球"信息高速公路",军事信息能力在此过程中也获得了前所未有的巨大提升。不但信息获取实现了 24 小时不间断,而且获取或形成的信息可以在任何时间,实时地传递到身处全球任何地点的指挥者和士兵。信息传递的内容也由最初的数字化文本信息,到图像、音频,再到目前的高质量数字化视频。这些信息能力使军事行动的参与者,无论是具体执行者还是指挥决策者,都享有共同的战场态势认知,并可随时进行指挥、控制和协调。它使当前大范围分散部署的军事力量在采取军事行动时所具有的即时信息互动能力,接近甚至在一些方面超越了古代在人类视、听、说范围以内的面对面近距离战斗。在这一高级发展阶段,信息网络技术的原理潜能已得到充分发挥。虽然局部的技术创新与改进在未来仍将继续,如互联网络的容量、带宽、可靠性、安全性等技术指标将进一步提高,其他大国也将随着技术从创新中心扩散而日益形成与美国相近的全球连通能力,但一个不容置疑的事实是,未来的发展都只是一种量的增加,它很难从根本上超越目前信息网络技术发展所形成的全球实时高速连通格局,除非出现新的革命性信息技术。有线或无线电报、电话技术在发展成熟后所经历的,信息网络技术正在重演。

实时摧毁

在连通战场诸力量及全球力量的同时,信息网络技术为作战流程重塑提供了可能。而一旦作战流程围绕信息流动重新组织起来,"发现—打击"周期将不可避免地出现革命性缩减。

2001年阿富汗战争之前,各国军队对作战目标的"发现—打击"周期一般都长达数天。它包括以下一些必要步骤:先是派遣地面、空中侦察力量进行战场侦察,在发现目标后,侦察人员将其标示在纸制地图上,然后将读出的目标坐标通过无线电直接或经过一些中间层次间接报告给情报—作战中心。如果无线电通信受到限制,侦察力量就只能在返回后再报告侦察结果。在情报—作战中心,参谋军官对照大幅纸质地图,在对接收到的目标信息进行核准,并对行动可能引发的附带影响进行评估之后,形成作战方案,尔后层层报送各级指挥官请求批准。批准后的方案被下达至行动单位。行动单位再对任务进行分解细化,并下达给战斗单元(作战平台或兵器)予以执行。在完成战斗准备后,战斗单元奔赴目标区域实施打击。可以看出,这一过程环节众多、运作繁复,虽然指挥者定下决心所需时间并不长,但由于信息"瓶颈"的存在——主要是对目标信息获取、传递、处理的能力都非常有限,导致整个"发现—打击"流程持续时间过长。在1991年海湾战争中,美军从发现目标到打击目标的时间"平均需要3天时间"。[①] 在1999年科索沃战争中,这一周期有所缩短,但也需要24—36小时。[②] 如此之长的周期,很容易影响打击效果,甚至贻误战机,特别是对于"时间敏感"目标。

信息网络技术在军事领域的发展应用,以及相应军事理论的提出与实施,

[①] [美]马克斯·布特:《战争改变历史》,石祥译,上海:上海科学技术文献出版社2011年版,第405页。
[②] [美]沃尔特·斯洛科姆:《军事转型与改革:美国的经验》,林治远译,《外国军事学术》2008年第12期。

如美国参联会前副主席欧文斯于1997年提出的"系统集成"理论,使得在阿富汗战争和伊拉克战争中,"发现—打击"周期过长的问题得到根本性解决。在全球互联网络支撑下,美军对三个相对独立的作战系统,包括战场态势感知系统、指挥控制系统以及精确打击系统,进行了深度整合,使各作战单元能以"即插即用"方式接入网络,形成了"传感器—指控中心—射手"一体化无缝链接。由于各系统间以高速宽带实时互连,且战场地图实现了数字化,在实战行动中,目标图像与GPS坐标等信息可以数据包形式,一次性直接发送给情报—作战中心等信息使用部门。掌握战场态势和兵力兵器实时情况的参谋军官可针对目标情况迅速形成打击方案,并通过网络即时报批,随后直接下达给目标附近巡弋的打击兵器,许多中间环节及大量重复性的信息传递时间得以减省,"发现—打击"周期因此大幅缩减至十几分钟甚至几分钟,仅相当于海湾战争时期的0.2%左右。

军事行动效率的这一革命性提升,不仅改变了作战方式,而且使"发现—打击"周期趋近极限。从技术角度看,在带宽足用的情况下,以近光速传递的目标信息和任务信息所需时间少到可以忽略不计。而除此之外的大部分时间,是情报分析员、参谋军官及指挥官进行研判、形成方案以及定下决心的时间,它们对于指挥决策必不可少,难以减省。从流程角度看,随着传感器与指控中心以及打击兵器之间建立起直接联系,能够改进的空间已经不多。总之,信息网络技术应用带来了近实时摧毁能力,但同时,以信息网络技术为基础的"发现—打击"流程再造也面临无法再有大的突破的困境。

事实表明,经过40多年的快速发展,信息技术原理所蕴含的潜能已在军事领域得到较充分释放,以此为基础的军事行动能力趋近发展极限,信息技术"红利"正日益枯竭,军事领域亟待出现新的技术引擎。

战场:人工智能异军突起

20世纪八九十年代,随着信息技术的快速发展和人工智能的初步应用,原先操控起来难度很大、风险很高的军事无人系统,开始变得越来越易操作,可靠性越来越高,其战场价值开始显现。进入 21 世纪,人工智能技术的不断进步与应用,以及受阿富汗战争和伊拉克战争需求刺激,具有初级智能的武器装备,包括无人机、地面机器人等,越来越多地进入战场,发挥出日益重要的作用。

美国是军事智能化的引领者。在阿富汗和伊拉克战场,美军无人机已承担了大部分侦察、情报、监视等作战保障任务,并担负了约 1/3 的空中打击任务。据美国防部 2015 年 5 月底的统计数据,自 2014 年 8 月对"伊斯兰国"组织极端分子启动"内在决心"行动以来,美国军方及其盟友在伊拉克和叙利亚发动了 3 800 余次空袭。其中,有 875 次由"捕食者"和"死神"无人机担负,占到 23%。而在有人驾驶飞机发动的袭击中,"捕食者"和"死神"也都发挥了重要的支援作用。除此之外,美国政府还一直在非洲一些地区利用无人机发动"影子战争"。目前,被披露的美国无人机基地已经超过 60 个,广泛分布在世界各地。2015 年 8 月,美国防部计划在未来 4 年再次大幅增加无人机飞行架次,使每日飞行架次由 61 架次增加至 90 架次(2004 年每天仅有 5 架次),以确保军队指挥官能够获得更多情报和更强火力,与全球不断增多的热点地区保持同步。[1] 在国防预算削减,且已结束阿富汗、伊拉克主要战事的情况下,美国的举动清楚表明,经过长期实战检验,智能化无人作战系统已在战场上站稳脚跟,且地位仍在上升,成为美军军事行动不可或缺的重要力量。

军事智能化另一引领者以色列也是如此。在 2006 年以黎冲突中,无人机所执行的各种飞行任务占到了整个以色列空军飞行任务的约一半。[2] 近几年,俄罗斯在叙利亚战场上也多次使用了无人侦察机、战斗机器人等装备。可以说,智能无人系统已经在多个战场展示出无可置疑,甚至难以替代的重要

---

[1] [美]戈登·拉伯德:《五角大楼将在未来 4 年内大幅增加无人机巡逻飞行架次》,2015 年 8 月 16 日美国《华尔街日报》网站。Gordon Lubold, *Pentagon to Sharply Expand U.S. Drone Flights Over Next Four Years*, August 16, 2015. http://www.wsj.com/articles/pentagon-to-add-drone-flights-1439768451

[2] 华春雨:《探访以色列无人机中队》,2007 年 5 月 10 日《参考消息》。

第三章　军事智能化革命

价值。

与战场作用上升相伴随,智能化武器装备的研发和部署近年来出现"井喷式"增长,在数量上开始形成规模。在 10 多年的阿富汗战争和伊拉克战争中,美军智能化无人系统数量呈几何级数增长。各种不同大小和配置的无人机从 2001 年的 170 架猛增至 2014 年的 1.13 万架,[①]各种地面无人系统从 2004 年的 163 个猛增至 2011 年的约 1.5 万个,[②]微型无人潜艇(水下自航器)在 2015 年增加至 150 艘左右。[③] 如此巨大的数量,正在美军中积累质变成一场新军事革命。

其他各国也不甘落后,通过自主发展和引进,一些大国的智能化无人系统,特别是无人机的规模正迅速扩大。英军在 2013 年的无人机数量已达到 500 架。[④] 俄军仅在 2014 年就成立了 14 支无人机部队,共接收 179 架无人机,这一数量与此前几年接收总数几乎相等,俄还计划向 2020 年前的军事无人机项目投入近 3 200 亿卢布。2015 年 9 月,在已引进 200 多架无人机的基础上,印度空军再次购买 10 架以色列先进的"苍鹭"TP 型无人机,等等。

目前,随着速度、隐形性和自主性的进一步提高,无人机在全球正加速扩散,使用无人机的国家和非国家组织已经超过 90 个,拥有或研制武装无人机的国家已有 30 个。[⑤]据美国 IHS 航空航天、防务和安全咨询公司 2015 年预测,未来 10 年,全球用于防务与安全目的的无人机系统市场将扩大 1 倍,达到 111 亿美元。[⑥]在未来,越来越多的智能化无人系统进入世界各主要国家军队已是大势所趋。

[①] Sandra I. Erwin, *Shine Starting to Wear Off Unmanned Aircraft*, National Defense, June 2014, p6.
[②] Bernd Debusmann, *More Drones, More Robots, More Wars*, January 31, 2012. http://blogs.reuters.com/bernddebusmann/2012/01/31/more-drones-more-robots-more-wars/
[③] *Submarines: U.S. Navy Expands Its Fleet Of Robotic Subs*, January 5, 2014. https://www.strategypage.com/htmw/htsub/articles/20140105.aspx
[④] Nick Hopkins, *British Military Has 500 Drones*, May 6, 2013. https://www.theguardian.com/uk/2013/may/06/british-military-500-drones
[⑤⑥] Yasmin Tadjdeh, *More Sophisticated, Autonomous Unmanned Aircraft on the Horizon*, National Defense, August 2015, p.38.

从战场应用范围迅猛扩大,到研发部署数量形成规模,10多年的军事实践表明,人工智能已经成为军事领域新的战斗力增长点。这已日渐成为世界各主要国家军队的共识。在未来,随着深度学习等人工智能新科技的创新和深化应用,人工智能将日益成为战斗力增长的主要贡献力量,以人工智能技术为核心的智能化军事革命正在兴起,新的军事体系和战争形态在这一过程中不断发展形成。

军事智能化革命爆发

人工智能在阿富汗-伊拉克战争中的成功运用,已使其从战术层面到战略层面,从武器装备到作战方式、体制编制,加速渗透和扩张。日益成熟的信息技术已无力遏控这一势头,军事主导技术更替拉开帷幕,军事智能化革命正汹涌而来。

争夺制高点

近年来,智能化无人系统的战场价值和广阔应用前景,越来越多地被人们所认知。发展智能化武器装备,抢占新军事制高点,成为世界各主要国家军队谋求未来军事优势的战略选择。

作为冷战后战争实践最多的军事强国,美国更早意识到智能化武器装备的战场价值,并从战略层面制订了智能化无人系统发展规划。自2000年发布《无人机路线图2000—2025》以来,美国防部每隔2~3年即更新发布一次未来25年无人系统发展路线图。迄今为止,该系列路线图已发布了7份。这些路线图以无人系统军事应用为背景,着力解决制约无人系统战场使用和大规模应用的主要技术与政策问题,为各军种和工业界发展无人系统提供指引和参考。这使美军牢牢占据智能化无人系统发展的前沿制高点。近年来,美国更是将智能化无人系统发展提升到国家层面,统筹规划其研发、运用、协调等事宜。2009年和2013年,先后发布两版《机器人技术路线图：从互联网到机器人》。该路线图将机器人作为颠覆性革命技术，认为未来 10 年，机器人将无处不在，成为新的经济增长点，甚至会改变国家的未来，并从国家层面对国防等五个领域的相关战略、挑战、技术和路线进行了明确规划。同时，为确保无人航空系统，包括军事无人系统能够安全顺利地进入国家空域系统，美联邦航空局、国防部、国土安全局、商务部、国家航空航天局等机构，于 2012 年 3 月联合公布了《下一代空中运输系统——下一代无人航空系统研发及演示验证路线图》。

不仅如此，美军还以人工智能为核心牵引军事建设。在 2015 年公布的"第三次抵消战略"的主要内容中，美国防部确定的五大重点投资领域分别是：学习机、人—机协作、辅助人类行动装备、无人/有人系统战斗编组，以及自主武器。其技术选择非常聚焦，大都以人工智能技术的创新应用为基础，或与人工智能紧密相关。"第三次抵消战略"是一个综合性军事发展战略，在内容设计上以人工智能的创新应用为核心，意味着美军自此拉开了全面智能化的序幕。这是自军事信息化以来美军建设的一次战略转向。同时，由于该战略具有明显的指向性，即抵消主要竞争对手近年来军事现代化的成果，以形成决定性的军事优势，所以它不可避免地像前两次"抵消战略"一样，对相关国家形成严重的战略压力。毫无疑问，以"第三次抵消战略"为标志，美国已经挑起一场新的世界军事竞赛。

其他国家也不甘落后。尽管在范围和程度上与美国有差距，但各国积极出台各种战略和政策计划，大力发展智能化无人系统，确保在新一轮军事竞争中占据有利位置。

早在 2001 年，法国、德国、英国、意大利、西班牙和瑞典六国就启动了"未来欧洲空战系统"计划。该计划对 2020 年以后欧洲空战系统优先发展的关键技术、平台类型，包括无人作战飞机进行了明确，并提出未来各国无人作战飞机项目应当在该计划框架下统一进行。由于英法意见不合，法国防部在 2003 年又宣布新的"地平线"计划，着手设计研制一种无人作战飞机验证机，以保持法国在防务研究领域的领先地位，并适应未来欧洲防务需要。之后，随着瑞典、希腊、意大利、西班牙和瑞士等国的加入,"地平线"计划2004年正式更名为"神经元"计划。该计划意在集中各参与国的资金和技术,打造欧洲第一种全尺寸无人作战飞机验证平台。

英国一直秘密推进无人机计划,其发展自成一体。在1997年英国防部"未来空中攻击系统"计划中,就将无人作战飞机纳入其中,并在随后开展了多项无人平台研究。2005年5月,英国首次对外公布以无人作战飞机为基础的"战略无人机试验"计划。在发展无人作战飞机方面,英国的态度甚至比美国更激进。它在"新工业战略"白皮书中提出,"联合攻击机计划"（F-35的英国型号）将是其最后一个有人战斗机项目,从2006年开始,将全力以赴支持无人作战飞机技术验证项目。正是在这一背景下,英空军启动了名为"雷神"的下一代无人作战飞机研发计划。

"冷战"结束以来,受军费严重短缺等影响,俄罗斯无人系统发展基本处于停滞状态。近年来,受美军无人机在战场上成功运用、俄无人机部队在俄格冲突中沉痛教训等因素刺激,俄军以新一轮军事改革为契机,积极筹划无人系统,特别是无人机的长远发展,包括通过改革无人机采办机制促进无人机部队建设;恢复无人航空兵中心的诸兵种训练中心地位,并将其直属于俄武装力量总参谋部;出台《2011—2020年俄国家武器装备发展纲要》,以确保俄军无人机部队长期健康发展等。在俄总统和国防部的强力支持下,俄通过引进和自研,无人机、无人作战飞机以及战斗机器人等智能化无人系统均取得长足发展。

总体看,与人工智能技术突飞猛进相伴随,世界各国对人工智能军事价值的认识不断深化,关注度日益提高,大国战略角逐日趋激烈,世界军事智能化已进入快车道。

主战武器更替

技术突破和新旧更替是一对孪生兄弟。智能化武器装备在为军事行动提供更有效新工具的同时,也使许多既有武器装备落后和过时。随着性能的提高和战场价值的凸显,新型智能化无人系统替代既有主战装备的议题不断被提上日程,武器装备发展与更替进入新阶段。

美军以"全球鹰"高空长航时无人侦察机替代 U-2 高空侦察机是一个转折点。2014 年 2 月 24 日,美国防部公布 2015 财年预算,其中一项重要内容,是计划从 2016 年起逐步淘汰 U-2,但保留"全球鹰"。这一决定非同寻常。当时,由于资金紧张,美军无法长期同时保留 U-2 和"全球鹰"两种机型。但对于保留哪一种,国会和美军内部一直争论不休。决策难点在于,两种机型各有优势:U-2 飞行高度更高,传感器种类更多,探测范围更大,而且拥有防冰系统和防御俄制 S-300、S-400 防空导弹系统袭击的自卫系统;而"全球鹰"的优势在于可远程操作,以及拥有更大航程和持久力,它可以比 U-2 多飞行整整一天。[1] 在此情况下,如何取舍非常困难。2012 年,美国防部甚至一度试图扼杀"全球鹰"。然而时过境迁,随着可操作性的增强和成本的下降,美国防部最终作出了保留"全球鹰"、退役 U-2 的决定。这显然是着眼未来的一项重大决策。因为在此前,无人系统大都只是既有武器装备,特别是主战武器或主要作战保障武器的重要补充。而随着"全球鹰"取代 U-2,智能化无人系统一举晋级为主要作战保障武器。这是智能化无人系统第一次打败重要的传统武器装备,具有重要的象征意义。它标志着智能化无人系统取代现有主要武器装备的序幕已经拉开,U-2 是第一个牺牲者。

在以 U-2 为代表的作战保障武器被替代的同时,主要作战武器的更替也蓄势待发。一般而言,从执行作战保障任务向执行作战任务跃迁,是武器装备发展的自然路径。20 世纪 90 年代中后期以来,受"捕食者"等无人机在波黑战争、科索沃战争中成功运用的鼓舞,美欧发达国家军队开始研发无人作战飞机(UCAV)。无人作战飞机与武装无人机不同。后者实质上是无人机加装武器,其主要任务仍然是原来的情报、侦察、监视,加装武器是为了增强生存性和战斗性,主要用于低强度的非正规军事行动当中,一般只在无威胁的空域飞行,无法与拥有较强常规武器的敌手对抗。而无人作战飞机是作为武器平台设计,主要

---

[1] *U-2 Has The Edge Over Global Hawk*, Aviation Week & Space Technology, March 10, 2014. http://aviationweek.com/awin/u-2-has-edge-over-global-hawk

用于执行常规作战任务,能胜任高强度作战对抗行动。各国发展无人作战飞机的深层考虑就是将智能技术应用到常规高强度战争领域,提升军事优势。

2003年,在空军和海军的X-45A、X-47A概念验证机均完成首飞基础上,美国防部高级研究项目局(DARPA)与空、海军开始共同实施联合无人空战计划(J-UCAS)。该计划旨在发展一种能够执行电子攻击、精确打击、侦察搜索以及压制敌军防空火力等多重任务的无人作战飞机系统,其最终目标是取代包括较早的F-15、F-16和F-18,以及新型的F-22在内的各型战斗机。实施中,由于预算削减,以及美海、空军发展意见分歧等原因,联合无人空战计划在2007财年被取消,调整为海、空军分别开展符合自身需求的无人作战飞机研发计划。海军继续支持海军型无人空战系统(N-UCAS),即舰载远程无人作战飞机验证机(UCAV-D),空军则将该计划并入远程打击轰炸机(LRS-B)项目。近10年来,在美国防部和美海、空军大力支持下,以X-47B为代表的无人作战飞机研发已连续取得多项重大进展,包括:实现在航空母舰上起飞、触舰复飞、降落,与F/A-18战斗机共同起降,以及自主空中加油等关键项目测试等,成功结束其验证任务。从平台角度讲,它已经获得有人驾驶飞机所拥有的全部工具,具备了发展成为执行侦察打击任务的无人作战飞机的充分条件。2016年5月初,由于美海军与国会在X-47B未来发展成具备有限打击能力的远程情报侦察监视(ISR)平台,还是发展成远程隐身攻击平台上意见不一,海军的舰载无人空中监视与打击项目(UCLASS)及与之相关的X-47B项目被终止。这显然只是无人作战飞机发展进程中的一个插曲。在未来,一旦该计划恢复或有类似计划出台,在X-47B技术积累的基础上,新型无人作战飞机将能在较短时间内研制定型并装备部队。与海军相比,美空军无人作战飞机计划更为顺利。在完成主要测试和风险降低工作之后,2015年11月,美国防部将空军下一代远程打击轰炸机项目授予诺斯罗普·格鲁曼公司,并正式命名为B-21。这意味着该项目即将进入"工程和制造发展"阶段,根据其计划,将预生产21架。B-21采用可选有人/无人设计,配备有进行无人驾驶的指挥控制设备和软件,在未来使用中可从目前的有人驾驶转化为无人驾驶。该型机设计目标是替代 B-52 和 B-1 轰炸机,这也预示着无人驾驶的 B-21 对 B-52 和 B-1 轰炸机的替代已日益迫近。

作为军事智能化的引领者,美军在智能化无人系统替代常规作战保障及主战武器方面的实践表明,美军高度认可智能化无人系统,希望能在更高层的常规主战武器方面实现新老更替。这一建立在 10 多年战争实践基础之上的积极态度,代表了美军对未来武器装备发展方向的深刻把握,其推进将使美军,以及随后紧追的各国军队武器装备结构发生重大变化,最终颠覆旧有的武器装备格局。

向纵深推进

革命性技术是军事多米诺骨牌的第一张,一旦被推动,就不可避免地引发军事领域的连锁反应。近年来,智能化无人系统的应用和发展,不但冲击到既有武器装备,还波及作战方式、体制编制等其他方面,智能化呈现出向军事纵深推进的新迹象。其中,美国的探索最多,步伐最大。

2007 年 5 月,美空军宣布,整合多个"捕食者"、"死神"无人机中队,组建第 432 无人机联队。这是美国,也是全球第一支成建制的无人机作战部队。它意味着智能化无人系统的应用,已迫使美军不得不探索形成新编制。

2008 年,美陆军和海军专门聘请专家,研究让无人系统遵守国际法的方法,从法理层面解决无人系统进入战场的问题。

2010 年 1 月,美空军出台政策,空军专业代码分别为 1U 和 18X 的注册传感器操控员和无人驾驶飞机操控员,可与执行类似任务的飞行员享受相同的奖励待遇。

2012 年 7 月,"捕食者"无人机首次参加美空军最高级别的"红旗"作战演习,演练创新作战方法。

2013 年 2 月,美国防部为无人机操控员专门创设"杰出战争勋章"。这使没有真正上战场的军人也可以获得战斗勋章,其等级甚至高于铜星勋章。

2013 年 8 月,美海军宣布,在航母上成功起降的 2 架 X-47B 原型机不会按计划退役,而将继续用于"发展无人机航母编队概念行动"。从武器验证进入了战术研究阶段。同月,美国《外交政策》双月刊披露,美军正开发可以随意渗透防御森严空域的微型蜂群无人机,这意味着美军已开始探索智能化无人系统的运用方式。

2013年9月,美空军已拥有1 300多名无人机操作员,约占其飞行员总数的8%。

2014年1月,美陆军训练和教育司令部司令罗伯特·科恩上将谈到,美陆军正考虑在未来几年中,以机器人和无人平台取代士兵,以使陆军旅战斗队的规模从4 000人缩减至3 000人。此外,科恩还提到无人系统的战斗运用问题,即由无人地面车辆打头阵,有人操作平台在后面跟进。这与1916年索姆河会战中坦克运用的方式非常相似。

2014年8月,美海军进行了由2架"超级大黄蜂"战斗机和1架X-47B无人机组成的飞行编队的航母起降验证练习。

其他一些军事强国也进行了初步探索。以色列军事无人机的运用较早,目前以军编有多个无人机分队,包括近年来新编的"苍鹭TP"无人机中队。俄罗斯2014年成立了14个无人机连。印度海军于2006年成立了首个无人机中队,并准备单独成立一个无人机操控团队。英国等也都有类似的无人机分队在编等。

从进展看,尽管各国军事智能化的重心仍在武器装备发展阶段,但超越武器装备的更深层次探索也已经展开,智能化全面渗透的趋势日渐显现。

总之,在智能化浪潮冲击下,世界军事竞争激烈展开,武器装备加速智能化,适应智能化武器的作战方式、体制编制开始探索,以2014年11月美国防部提出"防务创新倡仪"、推动"第三次抵消战略"为标志,一场以智能化为核心的世界新军事革命已拉开帷幕,智能化战争形态在这一进程中加速孕育。

智能时代的战争形态

智能化革命不是昙花一现的热潮。在性能卓越的智能化武器装备支撑下，智能风暴将席卷军事领域的一切，强制性地构建起以人工智能为核心的战争体系，形成一种新的、与智能时代相适应的战争形态——智能化战争。

智能化大潮不可阻挡

必然性总是以偶然性开辟道路。2014年，美国防部决定以"全球鹰"无人机淘汰U-2高空侦察机，这是一次重要的武器更替，但它肯定不是最后一次。由于在诸多方面具有不可比拟的优势，人工智能在军事领域的创新应用不会局限在特定范围，而是会从局部扩展到全领域，成为未来战争的主角。这不是一般性的武器版本升级，也不是无足轻重的补充完善，它是武器装备体系的又一次革命更迭，U-2被淘汰则是其序曲。智能化武器装备的优势主要体现在以下四个方面：

技术战术性能卓越。由于无需人员直接操作，智能化无人系统的设计因此拥有前所未有的自由度。它不但能大幅提升既有武器系统的技术战术性能，而且能创造出新的智能化武器装备及新的作战能力。

首先，强大的突防能力。智能化无人系统可采用较小尺寸，或者小型化甚至微型化设计，使用复合材料制造，应用隐形技术，并以隐蔽接敌方式，如空中无人系统以超低空甚至贴地面飞行方式接近，无人地面系统以爬墙、穿越管道、缝隙等方式接近，无人水下航行器以潜航方式接近等，这些因素和方式使得传统雷达、声纳等侦察探测手段很难及时发现来袭的智能化武器。一些小微型系统，如十几厘米大的微型无人机，在雷达散射截面上小至难与飞鸟区别开来。使用这样的智能化武器，可轻易突破敌防御体系，使对手防不胜防。2015年上半年，先后发生了无人机飞过法国总统府爱丽舍宫、飞入美国白宫并坠毁在南草坪，以及闯入日本首相官邸等事件。在这些全球警戒级别最高的区域，无人机却能来去自如，这些非传统的新型突防能力对现有侦察监视手段构成了严重挑战。

其次，超长持续行动时间。有人作战系统工作时间一般是数小时，最多也就10多个小时，这对持续作战造成严重制约。而无人作战系统由于无需人员直接操作,其正常运转时间主要取决于燃料携带与再补充能力,连续工作时间因此大大延长。目前,美国"全球鹰"无人机已超过 30 个小时。在有空中加油的情况下,X－47B 可以连续飞行 50~100 小时,是同等条件下有人驾驶战斗机的 5~10 倍。波音公司为美军设计的"鬼眼"氢动力无人机,其设计目标是连续飞行 10 天。以色列"苍鹭 TP"无人机续航时间达到 36 小时。英国国防研究机构凯奈蒂克公司研制的"西风"太阳能无人机,2010 年 7 月测试中更是创造了连续飞行 14 天 24 分钟的纪录。很明显,武器装备的连续工作时间已经从以"小时"计数跃升到以"天"计数。这在人类历史上是第一次,是武器装备发展的革命性进步。它不但使远距离侦察打击成为可能,而且实现了在目标区域的长时间存在,创造出不同于以往的新交战方式。而由此构成的军事威慑使无人作战系统的行动具有了前所未有的战略价值。

再次,优良的战术机动性。智能化使武器系统设计的界限,从以人的生理心理承受极限为标准跃升至只需考虑制造材料、各类机械电子设备的承受极限和性能特点,系统在机动、承压等方面的能力得到革命性提升。无人作战飞机过载可达 20G,大大超过过载为 9G 左右的传统作战飞机,可以完成许多后者根本无法做到的动作,如 1 秒钟内 3 个 360 度翻滚,机动性灵活性因此大大提高。

执行命令不打折扣。战争从来都是充满危险和不确定性的特殊领域。在危机四伏的战场,求生本能经常使人类战士不顾命令而逃离危险,导致作战失利或无法按计划进行。而面对强大敌人和各种严酷环境,智能化无人作战系统却不会畏惧,不会退缩,不会临阵脱逃,不会擅自行动。它们将始终按照既定指令,勇敢、坚定、无情地行动。这是任何经过最严格训练的军事力量都无法做到的。

训练周期大幅缩短。与传统武器系统操控训练周期一般长达数年不同,无实际飞行经历的无人系统操控员仅需不到 1 年的训练,就可以远程操控"捕食者"、"死神"等无人机参加实战。并且,这一训练时长随着无人系统智能化程度的提高在不断减少。一些小型无人系统操控训练的时间,已缩短至几天甚至几小时。2014年4月,美海军研究实验室测试了一款运用声纳软件包的先进无人直升机,只需经过几分钟训练,没有任何飞行经验的操作员就可以利用平板电脑向其发出着陆指令。训练周期大幅缩短,意味着战斗力形成周期大幅缩短,这将使智能化作战系统使用一方拥有在短时间内打造或再造一支强大军队的优势。

综合成本低。越来越买不起是现代武器装备的一个重要特点。一架战斗机动辄上亿美元,美国的B-2隐形轰炸机更是高达24亿美元。如此高昂的价格,即使实力最强大的美国也难以承担。智能化无人系统的应用,在很大程度上缓解了这一困境。由于可以缩小武器系统尺寸,减省所有用于确保人员安全、操作以及生活生存保障的设备,无人作战系统的设计建造成本因此可以大幅节省。在功能相当的情况下,一些无人机的采购价格只有有人机的1/3至1/2。同时,无人系统操作员的培训时间非常短,且大多数培训可利用模拟仿真设施,即使只按训练时间算,培训费也只是有人系统的一小部分。在实际使用方面,智能化无人武器的费用也要低得多。一架F-16战斗机的飞行寿命时间约为8 000小时,其中,实际执行任务时间只有400小时左右,仅占5%,其他时间主要是训练或测试。而一架在X-47B基础上研发的无人作战飞机,尽管其飞行寿命时间只有5 000小时,但执行任务时间可达一半,即2 500小时,每小时使用费用只有有人机的1/12。再加上无须承担操作人员的薪饷、医疗、住房、安置、抚恤等多项开支,智能化无人作战系统的总经济成本因此较有人系统而言非常低廉。这一优势有利于先进一方加大研发投入以及加速先进武器系统更新,进而扩大与使用传统武器装备军队之间的优势,甚至形成绝对优势。除了经济方面,政治方面的成本降低同样重要。在1999年科索沃战争中,美军没有因战斗损失一个飞行员,这为美国政府赢得国际国内支持发挥了关键性作用。但在"零伤亡"背后,是以美国为首的北约损失多达18架无人机。近年来,不管是在阿富汗、伊拉克战场,还是越境对巴基斯坦境内目标进行打击,美国大量使用无人机、地面机器人,其目的就是减轻国内国际政治压力。智能化无人系统已成为优良的政治工具。

这些优势的汇聚,使智能化武器装备拥有了挑战既有武器装备的巨大潜力。在未来,新旧更替将随着人工智能技术的突破创新而加速,智能作战系统将不可避免地成为战争的主导性力量,并推动智能化革命迈向更高阶段。

战斗力生成模式酝酿转变

智能化武器装备的发展应用,智能化革命的深入推进,在改变军事建设方向和内容的同时,也改变了战争形态最核心的部分——战斗力生成模式。战争形态在这一进程中演进变迁。

最先受到冲击的是技术性战斗力生成方式,也就是战斗员操作主战武器直接形成作战能力的方式,其核心内容,是杀伤破坏力和机动力。技术性战斗力实际上是最小战斗单元,如一名长矛兵、火枪兵或步枪手、一辆坦克、一架战机等的作战能力,是作战力量最基础的初始战斗力,其生成一般表现为能量的运用与释放。技术性战斗力生成方式变迁是战斗力生成模式乃至于军事形态、战争形态演变的先导力量和第一驱动力。

在人类文明早期,矛、弓箭、刀、剑等是主要作战武器,士兵通过投掷、挥动、劈刺、引发等方法运用武器,战斗力生成主要依靠人类自身的体能。骑乘动物进入战场后,人类体能运用依然重要,但技术性战斗力生成的重心已偏移至战畜的体能,即马引战车、战马(或战驼)等提供的冲击力和机动力。火药的军事应用开创了化学能时代。先是火枪火炮成为战场的支配力量,火药燃烧、爆炸产生杀伤破坏力成为主要的生成方式,士兵运用体能的机会和强度减小,生物体能运用的机会和强度降低,地位作用下降。之后,蒸汽机的发展使火车成为战略工具,内燃机则催生了坦克、飞机、舰艇等机械化武器装备,技术性战斗力生成的重心转移至化石燃料,包括煤、石油等燃烧生成的化学能,由此形成的机动力、突击力极大拓展了战场空间和纵深。原子弹的出现一度使核能的释放成为技术性战斗力生成的主导方式,但毁灭全人类的前景使人们不得不搁置这一方式。随后,着力于优化能量释放方式的信息技术逐渐成为主导技术,信息能的释放,也就是通过信息的获取、传递与处理,准确发现并定位目标,缩短武器打击决策时间,提高武器打击精度,成为技术性战斗力生成的主要方式。从本质看,信息能属于智能范畴,因为信息技术主要是增强作战人员的战场感知能力和武器运用的决策效率,并且使弹药具备了初级人工智能——自我控制调节的精确制导能力,所以信息能的运用与释放,是技术性战斗力生成方式的一次重大转折,它开创了一个非物理性战斗力生成的全新时代,也就是智兵器战争时期。

当前,随着人工智能在军事领域的创新应用,技术性战斗力的生成方式再次面临改变,信息能的主导地位正日益为人工智能所取代。

人工智能生成战斗力主要体现在两个方面:其一,智能算法产生超越人类智能的数据分析、研判、决策和反应能力;其二,发展形成全面突破人类形体、生理与心理的新型智能化无人作战系统,进而大幅增强或产生新质战斗力,如前所未有的突防能力、超长时间行动能力等。在人工智能支持下,作战武器第一次具备不依靠人类,独立进行感知、识别、决策、打击的作战能力。这从根本上改变了人与武器结合生成初始战斗力这一延续数千年的军事传统,人与武器间关系从士兵直接使用武器、操作武器转变为遥控、监控武器,并最终与智能无人系统协同作战。战斗员因此成为技术性战斗力生成的"局外人"。这是人类战争与智能机器战争的分水岭。

尽管仍处于演进早期,在智能化武器装备日益成为战场主角的背景下,技术性战斗力生成向智能的运用与释放转变已是大势所趋。与之相伴随,为配合新质战斗力生成,充分发挥智能化武器装备的优势,军事领域不得不对作战方式、作战力量编组、指挥协同,以及后勤与装备保障做出相应调整,战斗力生成方式转变因此从技术层面拓展到其他各个方面,最终形成一套新的综合性战斗力生成模式。

战争形态的嬗变

战争形态是军事革命的终极目标与最高表现。在智能化革命浪潮中,智能化武器装备的发展应用,以及战斗力生成模式的演变,正不断侵蚀信息化战争体系的基础,新的智能化战争形态正孕育形成。

智能化战争是基于物联网络信息系统,使用智能化武器装备及相应作战方法,在陆、海、空、天、网络电磁空间及认知领域进行的一体化战争。

从发展演变看,智能化战争孕育自信息化战争体系,其形成以信息化的高度发达为基础,是承接信息化战争的更高战争形态,与后者分属智兵器战争时期的不同阶段。二者均以人类智能活动的增强、模拟、替代为本质特征,具有密不可分的相互联系。然而,作为不同的战争形态,二者之间的区别也显而易见。信息化战争是军事信息化革命的结晶。其主导技术是信息技术,代表性武器装备主要包括精确制导武器、数字化信息化作战平台、C^4ISR 系统、GPS、互联网,战斗力生成以信息能的运用为基本特征,重点强调增强人的信息感知、交流与处理能力,并通过改变传感器与发射器之间联系提升战斗力,其武器装备发展以信息化水平的高低为评判标准。而智能化战争则是智能化革命的成果。其主导技术是人工智能,智能化无人作战系统、智能决策系统、物联网是代表性武器装备,其战斗力生成以人工智能的运用为基本特征,重点强调以人工智能解放、替代和拓展人类智能,它通过改变传感器和发射器本身提升战斗力,武器装备发展以智能化程度的高低为评判标准。

尽管智能化战争取代信息化战争已是大势所趋,但受技术创新进程、传统思想观念、既有体系阻力等因素影响,智能化战争的形成仍需要一段时间。根据工业革命以来战争形态演变的一般经验,从新军事革命兴起至新战争形态初步形成大约需要 20～30 年时间,智能化战争大约将在 2030 年前后出现。届时,规模较小但精锐的智能化作战力量将以前所未有的方式释放出惊人战斗力,成为战场的主角,对传统作战力量形成压倒性优势,并在胜利中建构新的智能化战争形态。

第四章

新战争　新理念

<blockquote>不抛弃旧思想,就会被未来抛弃。</blockquote>

尽管我们都知道长矛不懂得子弹,子弹不懂得芯片,但在习惯、利益和惰性支配下,我们总是倾向于用老眼光观察新事物,从旧事物中寻找新答案,结果导致一幕又一幕战争悲剧重复上演。在智能化革命加速推进的今天,机会之窗已经敞开,避免在未来军事竞争中失利的第一要务,就是从智能化角度重新审视战争要素变迁,构建新的智能化战争理念。

谁是我们的敌人?

1945年8月,一个"胖子"和一个"小男孩"以自由落体方式扑向日本广岛和长崎,在巨大爆炸声中,蘑菇状烟云冲天而起,人类战争从此进入核时代。

原子弹的出现打破了美苏之间的战略平衡。为恢复平衡或取得优势,双方很快便陷入核军备竞赛当中。核武器随即成为"各国政府和有影响人士所关注的中心问题,主宰着一些主要国家的政治、军事、经济等重要方针政策",[①]整个世界都笼罩在核阴影当中。讽刺的是,核军备竞赛使美苏核武器数量急剧上升,很快就具备了将地球毁灭几十次的能力,以至于双方

[①] [美]T.N.杜普伊:《武器和战争的演变》,严瑞池等译,北京:军事科学出版社1985年版,第322页。

谁也不敢挑起战争，包括常规力量的直接冲突。因为常规冲突很难避免升级，而升级则易引发核攻击以至于核大战，美苏及全人类都将因此而毁灭。如此恐怖的前景反过来遏制了美苏战争，也遏制了后来所有拥核国家间的战争。在数千年人类史上，战争，特别是大国战争被有效遏制，这是第一次。

事实上，在漫漫历史中，战争一直是大国间解决争端、调整权力格局和国际秩序的一种基本方式，血腥但无可避免。直接诱因在于战争制胜因素复杂难测，在波诡云谲的风云变幻中，总有一方会认为有胜算而不惜发动战争。而核武器出现后，核大战前景使各核大国非常确定地看到战争结果，无论是常规战争，还是核战争，再无单方面取胜可能。发动战争即意味着或遭遇无法承受的巨大劫难，或与对手同归于尽。世界上最强大的战争工具——核武器，因此戏剧性地变成最强大的阻止战争的工具。从此，大国间只有战略对手而再无敌人，有战争准备而无战争。

然而，在人类小心翼翼地享受了半个世纪的核恐怖和平之后，随着智能化无人系统的出现，大国战争的幽灵再次隐约浮现。智能化无人系统当然不会淘汰核武器，但它将锋芒直接指向常规战争与核战争的连接点，其发展和成熟将削弱甚至切断两者间的因果联系。关键点在于，智能化无人系统的规模化应用，将大幅减少甚至在一些情况下排除人类的战场存在，战争的政治成本因此大大降低。当一场战争变成了智能机器厮杀，而极少或者没有人员伤亡时，它所引发的民众情绪甚至比不上古罗马斗兽场上观众对奴隶角斗士的同情。战争更像是科幻电影真实再现，它令人兴奋也令人沮丧，但不再使人悲痛欲绝。在战争中，民众不会因为几个机器人被打坏而走上街头反对战争，不会因为机器人被打漏油而要求血债血偿，军人也不会因为机器人"兄弟"被摧毁而不顾一切地坚持血战到底。战争损失在大多数情况下变成一个经济问题——被毁智能化无人武器的价格总和。商业理性，而不是人类情绪和本能，越来越多地主导战争进程。行政当局因此无须再承受以往战争那种程度的政治压力，政策自由度与对战争的控制力获得前所

第四章　新战争　新理念

未有的提升。在这一新背景下,以往促使常规战争不断升级的因素减弱,而其受到的政治约束力增强,常规战争演变为核战争的风险大幅降低。其后果是,强国发动军事行动的意愿增强,大国间爆发受到严格控制的有限智能化战争的可能性增大。

美国近年来的军事政策很有代表性。"9·11"事件发生后,小布什政府发动反恐战争。然而经过 7 年多旷日持久的战争后,美军仍深陷阿富汗、伊拉克战场,不但赢得全面胜利遥遥无期,而且出现了越反越恐的被动局面。2009 年奥巴马政府上台后,为平息国内反战浪潮,加紧从阿富汗和伊拉克撤军。但与此同时,为稳控阿、伊局面,遏制塔利班及其他势力扩张,又不断加大武装无人机打击强度,包括侵犯他国主权的越境打击。在第一个任期里(四年),诺贝尔和平奖得主奥巴马下令发动的"定点清除"行动超过 350 次,是小布什政府 7 年多时间里行动的 7 倍多。[①] 通过使用武装无人机,奥巴马政府在一定程度上使其军事政策和国内政治达到平衡。尽管美国内对于使用无人机执行打击任务也有争议,但正如美防务分析专家史蒂文·梅茨所言,"迄今为止,无人机的批评人士都没能提出一种有效的替代手段,或者没有说明无人机的战略成本超过了其好处。目前,无人机依然是一项需要它们的战略的唯一有效的进攻工具。"[②] 正是因为不用担心作战人员被俘或伤亡导致国内反对,奥巴马政府才敢于一再扩大行动范围和规模。对于这一新局面,美国布鲁金斯学会军事专家彼得·辛格评论道:"我们拥有可消除发动战争的最后政治障碍的技术。无人系统的最大吸引力在于,我们不必把某个人的子女送到战场。但是,当政治家能够避免吊唁函的政治后果以及军人伤亡对选民和新闻媒体的影响时,他们就不再以相同的方式对待曾经严肃的战争与和平问题了。"[③] 在未来,随着深

---

① Geoff Dyer, *Drones: Undeclared and undiscussed*, October 22, 2012. https://www.ft.com/content/7a4114be-19ce-11e2-a379-00144feabdc0
② Steven Metz, *Strategic Horizons: The Strategy Behind U.S. Drone Strikes*, Febrary 27, 2013. http://www.worldpoliticsreview.com/articles/12747/strategic-horizons-the-strategy-behind-u-s-drone-strikes
③ Bernd Debusmann, *More drones, more robots, more wars*, January 31, 2012. http://blogs.reuters.com/bernddebusmann/2012/01/31/more-drones-more-robots-more-wars

度学习等人工智能技术的发展应用,智能化武器的误判误伤率会大幅降低,这将进一步消除对其运用的后顾之忧,政治家也将越来越难以抑制发动无人打击的冲动。

智能化无人系统运用所带来的政治风险降低与政策控制力增强,还使行政当局控制战争进程的能力大幅提升。只要政治家认为战争可控、有利可图,以及即使失败其损失也可接受,他们就可能进行军事冒险,对小国、非国家行为体发动智能化军事打击,甚至可能挑起大国冲突。而为避免大国间冲突升级,作战目的与力量使用都将比较有限,作战地点将避开双方居民区,选择在海洋、沙漠、太空以及双方利益交汇的小国领土等。也就是说,智能武器使大国挣脱了核牢笼,尽管大国战争的大门并未完全打开,但它开了一条明显可见的缝隙。一决高下的军事冲突再次成为大国间调节权力与利益的可能手段。并且,敌对双方军事智能化程度越高,就越有意愿运用这一古老而快捷的方式来解决问题。

当前,美国等大国已着手准备针对大国的智能化冲突。在美国国内,发展先进智能化无人系统,以应对大国特别是东亚大国崛起已是共识。美海军发展 X‑47B 的一个基本考虑,就是增强针对东亚崛起大国的情报、侦察、监视的范围和持久力,以及突防能力和压制防空火力的作战能力。在美国重要智库新美国安全中心 2014 年 1 月发表的《20YY 年:为机器人时代的战争做好准备》报告中,该中心首席行政官罗伯特·沃克(当年 2 月就职美国防部常务副部长)和副总裁肖恩·布雷姆利称,为确保亚太军事优势,继续维护该地区和平与稳定,"美军未来的作战平台应该是一个以无人机、无人水下航行器等自动化武器系统为中心的全新作战平台"。[1] 作为智能化无人系统发展的重要倡导者和代表,沃克就职副防长后,不遗余力地推动智能化武器装备研发。在随后推出的以抵消中俄军事现代化成就为主要目的的"第三次抵消战略"中,智能化武器装备已跃升为投资的主要内容。2016 年 4 月 15 日,时任美国防部长

---

[1] Robert O. Work and Shawn Brimley, *20YY: Preparing for War in the Robotic Age*, January 2014. https://s3.amazonaws.com/files.cnas.org/documents/CNAS_20YY_WorkBrimley.pdf

第四章 新战争 新理念

卡特更是在南中国海上航行的美国军舰上发表讲话,特别强调正在投资可在浅水水域航行的多种规格,具有不同有效荷载的新型无人潜艇,①暗示美在东亚—太平洋海域的军事优势及可能军事行动。除此之外,美在亚太地区正不断加大智能化无人系统实战部署,包括"全球鹰"高空无人侦察机、"火力侦察兵"无人直升机等。

随着美国亚太军事力量日益智能化、无人化,在政治风险低、战争可控性强的背景下,美军未来发动智能化有限战争的可能性无法排除。东亚大国在崛起进程中,将不得不为应对智能化战争做好准备。

与此同时,在全球化不断深化的现代世界,国家利益日益全球化,国家所受威胁也日益多元化、全球化。包括敌对国家,以及恐怖组织、极端组织、分裂势力等非国家行为体侵害国家利益、发动智能化攻击的可能性渐趋增大。运用智能化军事手段,抵御并反击呈全谱分布的各类威胁和敌人,已成为维护国家利益的时代选择。

以平台为中心

在数千年战争史上,基本战斗单元更替,主要是(武器)平台,如战车、骑兵、坦克、飞机、炮舰,与单兵战士,如长矛兵、火枪兵、步兵等之间战场地位的更替。新型武器使之前支配战场的(武器)平台沦为附庸,如火药武器之于骑兵。而武器与新平台结合产生的新武器平台,不但拥有武器的所有杀伤力,而且具有前所未有的机动性和突击力,它又会取代前者成为战场的支配力量,如坦克、飞机之于步兵、炮兵。作战力量演进在很大程度上表现为武器平台与单兵战士两种基本战斗单元的二元交替发展,在二者的否定之否定中,战争形态螺旋式地向更高形态推进。

20世纪90年代以来,信息网络技术的应用打破了这种二元交替发展结

---

① Geoff Dyer, *US To Sail Submarine Drones In South China Sea*,April 18, 2016. https://www.ft.com/content/e5dd3d5a-0314-11e6-af1d-c47326021344

构，为战争演进带来新的系统性力量要素——信息互联网。通过网络，战场各要素，从地理上分散部署的各种传感器、单兵，到坦克、飞机、舰艇等武器平台，再到指挥控制系统、各保障力量等，全部联结成一个24小时信息不间断交流的一体化作战体系。在体系中，各要素信息交互能力的空前提高改变了整个战争模式。之前，机械化武器平台是作战力量的中心。由于通联手段和能力有限，各主战平台之间、平台与指挥控制中心及其他要素之间的信息交流非常少，平台在战斗中主要依靠自身搭载的侦观器材收集战场信息，作战效能提高主要通过在一定区域内集结大量武器平台来实现。而在信息互联网络支撑下，各个离散的战场要素都成为整个系统网络中的一个终端或节点，相互之间连续、实时、精确地交流信息，共享战场空间态势。各力量要素不但摆脱了特定地理位置视野局限，共同感知战场态势并高度协同，而且大幅缩短了指挥决策周期，实现了作战资源与任务的动态分配，形成了以"传感器—指挥控制中心—射手"为核心的网络化杀伤链路，整体作战能力得到指数级提升。在这一体系中，互联网络是战斗力倍增器，它以系统性、结构性优势，取代机械化武器平台而成为作战力量的中心，形成了一种新的交替发展格局。

而近年来，随着信息网络技术的成熟及人工智能的崛起，战斗力重心开始向智能化武器平台迁移，以智能平台为中心组织作战力量与行动的前景渐趋明朗。

首先，智能化武器平台日益成为战斗力生成引擎。技术发达后就会走向反面，从问题解决者沦为问题。而一旦技术发展导致的问题超过其带来的好处，战争会准备随时将其抛弃。在信息时代，信息互联网是战斗力提升的主要源泉，但随着时间推移，网络越来越暴露出其自身难以克服的问题和矛盾。除信息能力困境渐显，对战斗力增长逐渐丧失推动力外（参见第三章"战场：信息能力困境"一节），信息超载问题也已日益严重。就信息传输而言，分布在从水下、地面到太空及网络空间所有领域的传感器的爆炸性增长，已使带宽不足成为经常性问题。并且，即使是传回的数据，也得不到及时处理。在美军，战场上各种传感器采集的海量数据已远超情报部门承受能力,仅1架"捕食者"无人机1天搜集的视频数据就需要19名情报分析人员来处理。[①] 2017年6月,美国国家地理空间情报局(NGA)局长罗伯特·卡迪略承认,全动态视频数据的应接不暇对该局而言是"迫在眉睫的挑战",如果想要尝试手工整理今后20年接收到的所有数据,那将需要雇用800万名分析员。[②] 如此严重的信息超载不可避免地会导致情报处理时间漫长、缺乏时效、错过警讯以及向决策者传递无关紧要信息等问题。很明显,信息网络技术发展已到转折点,即由其引发的问题正日渐超过对战斗力净增长的贡献,无力再担当战斗力增长主要引擎。在此背景下,战斗力增长的重心开始转向蓬勃发展且具有以往不可比拟优势的智能化系统,主要是智能化武器平台。平台优势,包括远超人体生理限制的高机动性、无孔不入的突防能力、以"天"计数的长时间持续行动能力等,赋予智能化武器前所未有的新能力。发挥平台优势,探索、挖掘平台潜力,由此成为战斗力增长的新引擎。在这一进程中,不但既有武器会被淘汰替换,而且信息互联网络的中心地位也会被取代,平台再次成为战场的主宰。

其次,智能化武器平台日益成为战场互联网络工作站。从技术角度看,人工智能的出现为信息超载提供了解决路径。在数据处理上,具有语音、图像、视频、文字及其他信号自主识别、理解与分析处理能力的人工智能系统,能在极短时间内,从巨量纷杂的非结构性、半结构性数据中挖掘提取出有用信息,效率远超情报分析人员,其应用将从根本上解决数据量太大与分析能力严重不足的矛盾。更重要的是,随着人工智能芯片的发展应用,传感器平台、武器平台,如智能化无人机、无人车、无人舰艇,将具有强大的数据分析能力,所采集的庞大数据将由平台自助完成处理,而无需传输到远方的数据与情报中心

[①] William Matthews, *Navy Struggles To Combat ISR Information Overload*, Sea Power, Number 12, December, 2011. Volume 54, p42.
[②] Stew Magnuson, *DoD Making Big Push to Catch Up on Artificial Intelligence*, June 13, 2017. http://www.nationaldefensemagazine.org/articles/2017/6/13/dod-making-big-push-to-catch-up-on-artificial-intelligence

(站)集中处理。平台因此从数据采集终端升级为集数据采集、处理于一体的智能化信息情报工作站,输出内容也由原来的巨量数据缩减为极少量从中提取出的价值信息,为数不多的天基、空基、陆基、海基中继站就能满足战场信息传输需求,长期困扰作战的信息传输难题因此迎刃而解。与此同时,数据信息处理重心向平台的转移,还会使网络任务向终端分散。网络依然重要,发挥基础性的通联作用,但集成各信息要素的智能化平台已成为战场互联网的节点和力量源泉。

第三,智能化武器平台为军事行动提供了更广阔空间。近年来,美军以网络为中心,发展形成"网络中心战"作战方式。尽管在海、空作战中优势明显,但美军阿富汗-伊拉克战争的实践表明,该作战方式在城市战、近距离战斗、游击战等行动中效果不彰。在瞬息万变的战场上,信息传递和处理的速度许多时候都跟不上战斗进展。而且,无论是概念的提出,还是验证、形成,网络中心战均是在中低强度冲突中进行,或者更确切地说,是美军以压倒性优势与劣势之敌交战的经验教训总结,无法简单推广到中高强度以上作战行动。这些局限的存在,束缚了作战力量作用的发挥。它会随着技术改进与作战思想完善而有所缓解,但基本矛盾难以得到有效解决。智能化武器平台的发展应用,从技术层面为打破这些限制提供了有效手段。智能化武器平台不但拥有强大的突防能力、无孔不入的渗透能力、自主作战能力和较大规模运用的基础,而且政治成本低,它使拥有方在各种作战行动中,包括难度较高的城市战、近距离战斗、游击战等行动中具备了更为灵活有效的行动能力,使军事对抗从强弱悬殊的中低强度冲突拓展至中高强度智能化战争,军事行动的范围与程度都得到大幅提升。

总之,智能化作战平台的发展应用,已再次开启作战力量中心转移进程。互联网络依然重要,智能化作战平台的行动仍需要网络支持,但战斗力生成重心已偏向平台。以智能化作战平台为中心的力量体系,及以此为基础的平台中心战模式在这一进程中日益构建和形成。

第四章 新战争 新理念

智能算法定义一切

什么是手机？当懵懂的孩子提出这个问题的时候，10多年前，我们会这样回答：手机就是可以随身携带的移动电话机，它主要用来打电话。而在10多年后的今天，又该如何回答呢？今天的手机仍被用来打电话，但它更是我们随身的智能助手。路不知道怎么走，手机地图规划好路线并让我们选择；哪家餐厅好，晚上有什么电影，我们问语音助手Siri；不会外语也能出国和人交流，因为我们可以借助谷歌语音翻译，等等。今天的手机已经不是单纯的移动电话，它究竟是什么，取决于它安装了什么应用软件，或者进一步讲，取决于软件的核心——具有特定功能的智能算法。这与此前仅由厂家设定几个简单功能的功能手机明显不同，是算法而不是出厂时的设置定义了手机。

功能手机向智能手机演变只是智能算法发展应用的一个缩影。事实上，随着人工智能崛起，智能算法在社会各个领域的研发应用正重新定义机器、系统及与之相关的一切。

从历史上看，算法并非新事物。计算机科技发展的70年，也是各类算法蓬勃发展的70年。算法进步极大地促进了计算机性能提升。德国科学家马丁·格罗斯彻（Martin Grotschel）实施的研究表明，在一项历时15年之久的重要生产任务中，运算完成速度提高了4 300万倍，其中1 000倍来自计算机处理器速度提高，4.3万倍则是来自软件算法效率的改进。[1] 在许多情况下，算法对性能的改善甚至使处理器以摩尔定律的指数级增长看上去都微不足道。不过，传统算法有一个致命问题，即它由预编指令集构成，运行严格按指令逻辑顺序进行，只能用于解决精确、定义明确、逻辑严密的线性问题，如数学计算、数理统计，对于在现实工作、生活当中占绝大多数的非线性问题无能为力。

---

[1] Steve Lohr, *Software Progress Beats Moore's Law*, March 7, 2011. http://bits.blogs.nytimes.com/2011/03/07/software-progress-beats-moores-law/

进入 21 世纪，以深度学习为代表的智能算法的出现，开创了算法发展新阶段。深度学习不是按逻辑编排的僵硬指令集，它通过建立模拟大脑神经网络的模型，引导计算机以学习的方式认识事物、掌握规律，并识别新事物和预测未来。实践表明，新的智能算法从根本上提升了机器或系统的各类模式识别能力，使之达到甚至超过人类，并具备自主行动能力。或者说，智能算法赋予了机器或系统"灵魂"，使它们能在许多情况下代替人类，或与人类一起协同完成任务。由此，算法能解决的问题从线性问题拓展到非线性问题，算法应用从较单一的信息—计算机领域拓展到人类社会的各个领域，算法改进与创新直接影响到各个领域的发展。从信息业、新闻业、消费领域，到医疗业、金融业，再到工业、农业，几乎所有领域都已被算法渗透，且程度在不断加深。智能算法正在吞噬整个世界。

军事领域的改变尤为明显。无人机是其中典型代表。在美国发动的阿富汗-伊拉克战争中，无人机一跃成为众所周知的战争明星。那么，什么是无人机？许多人会不假思索地回答，无人机不就是无人驾驶的飞机？！也就是说，无人机与有人机的主要区别在于有无人员在机上直接操作。这种说法当然不算错，但却远未揭示无人机的本质。实际上，近年来迅速崛起的无人机，既不是简单的无人直接操作，也不同于此前需要无线远程操作的老式无人机，智能算法已赋予其全新含义。

在各种智能算法支撑下，无人机已从原来必须依靠地面操纵杆远程操作，发展到根据鼠标键盘指令自主动作，包括起降、空中飞行、侦察、监视、情报甚至实施打击。而且，随着算法的改进和新算法的不断开发，无人机已实现难度更大的航母起降、空中加油等动作，与有人驾驶飞机编队飞行、多无人机间协同行动也在迅速发展。

更为重要的是，智能算法的应用使飞行器设计突破传统飞机形体及性能，一大批前所未有的类鸟、类昆虫飞行器相继出现，武器研发从加载智能软件日益向按照智能算法提供的优势设计武器发展，即从"武器智能化"阶段向"智能武器化"阶段演进。尽管硬件是智能算法的载体，是武器系统的重要基础，但无人飞行器能不能贴近地面飞行、能不能在电线上落停、能不能躲避各类障碍物、能不能自主加油、能识别什么样的目标并发动攻击、能否自主协同,以及能以多大数量规模行动等,主要取决于智能算法的研发进度。智能算法已成为武器研发的决定性要素。从这一意义上讲,未来武器研发的核心就是算法研发,武器换代就是算法升级,切换或加装新的智能软件成为武器系统功能转换的关键。

无人机的颠覆性变化无疑具有代表性。智能算法不但赋予它自主动作的"灵魂",而且决定其大与小、能与否、强与弱。在智能算法驱动下,与其说无人机是无人驾驶的飞行器,不如承认无人机就是可在空中飞行的智能计算机,或者说多功能空中智能平台。智能算法使无人机蜕变新生。

这些变化必然传导至随后的每一个环节,无论是作战方式还是组织结构。从作战方式看,智能算法可以使无人机成为有人战机的僚机伴随飞行,也可以使其成为受战斗机指挥的"先锋"冲锋陷阵,还可以使其编成作战群实施"蜂群战术"。从组织结构看,智能算法的强弱决定了无人机对作战人员的需求量、协同行动能力及与之相适应的编配结构。与算法发展相一致,无人机编制将从"多人一机"向"一人多机",从纵向多层向横向扁平,从军种分割向融合一体不断推进。

无人机如此,其他智能化无人系统亦如此。智能算法的改进或新算法的出现,赋予陆、海、空、天各领域传统武器以新能力,或孕育出全新智能化武器系统。而随着智能化武器的广泛使用,智能算法的影响力将扩展至军事领域的各主要方面,以一种无形却又无处不在的力量定义一切。在未来,战争不是打钢铁,不是拼芯片,而是斗算法。

武器装备核心指标——自主性

每一次军事革命孕育一批新武器装备,每一批新武器装备蕴含前所未有的新性能。这些新性能既是战斗力增长主要源泉,又是武器装备发展的方向和目标，其发展程度是判断作战能力的核心指标，如火枪火炮的杀伤力、线膛枪炮的准确性、坦克飞机的机动突击性、信息化武器的交互性等。军事智能化革命也不例外。人工智能的创新应用，已发展出诸多具有新性能的新武器，武器装备的发展方向和评价指标由此出现新转折。

在新形成的性能中，自主性无疑是智能化武器装备的核心指标。进入21世纪，尽管具有初级智能的武器展示出优异的战斗持久性、无畏艰险的坚决性，以及强大的机动突防潜力等特性，但无论哪一种，都是以自主性为基础，是自主性在不同条件下的外在表现。在无远程遥控操纵情况下，智能化无人机、无人舰艇、无人车能长时间连续执行任务，并且在险恶环境中勇敢无畏，其关键就在于具备了自主能力，其行动不再受人类生理、心理条件限制。而机动突防能力的形成，固然与硬件创新有关，但关键仍在于智能化无人系统在非传统空间自主渗透能力的形成，否则它们不可能从防御间隙、建筑物孔洞穿越，不可能小型化微型化，也不可能形成突击集群。一个不易察觉的事实是，各种新性能的发展形成决定于智能平台自主性的创新优化。

那么，什么是自主性？简单地讲，就是基于智能算法的无人系统自行完成任务的能力或特性，主要包括根据信息自我决策，实现自我管理、自我指导和行动。

自主性与自动化有本质区别。自动化是按照预先设定的流程、路线、方式行动，并在条件满足时触发下一个动作，状态变化仅限于设定的有限点，一切都是程式化运作。在无人系统发展史上，自动化无人平台出现较早。越南战争中美军常用的"火蜂"无人机就是一个典型。在发射前，该机就已经通过预编程规划好航线，设置好参数，发射后严格按规划和设定飞行，并完成相应任务。这种控制方式的主要缺陷是应变能力和灵活性很差，其运用范围非常有限。在当时，美国的无人机与其说像飞机，倒不如说更像巡航导弹。一旦有无人机发射，直升机就立即着陆，飞行员们不愿意在同一空域内靠近它们。一些无人直升机的营救试验也无法进行，因为士兵们宁愿去战俘营也不愿乘无人机。所以在30年后的阿富汗-伊拉克战争中,美军仍不得不采用由地面站人工远程遥控的方式操作"捕食者"等无人机。而自主无人系统,则无须预先编程和设置,只需赋予任务,即可自行规划选定行动路线、自主识别目标,甚至随着智能算法的创新完善,自主与其他平台协同、自主选定攻防行动战术,以及自主择机攻击。在智能算法支持下,自主无人平台能感知、认知作战环境和态势,并根据作战环境变化随机应变,具有可摆脱外界控制做出选择的自由意志。相应的,控制站的职能转变为监控无人系统行动,只在个别特殊情况下进行干预。

由此可见,自主性表面看是自主决策,实际上是平台对环境的适应性。自主性越高,越能在更为复杂的环境中生存与战斗,越具备自适应执行任务的能力,即:所处环境从确定到不确定,应对环境变化方式从被动执行到主动决策,任务难度从低强度非传统军事行动到中高强度高烈度冲突。自主性提升、人类控制减少及平台性能提高不过是智能化平台发展的一体三面。判断智能化平台技术、战术性能或发展水平,关键是准确把握其自主性。自主性是无人系统区别传统武器的本质特征,甚至是唯一特征。

作为军事智能化革命引领者,美军在自主性标准制定方面已进行了诸多探索。早在2000年,为深化无人机自主作战能力研究,美空军率先提出自主控制等级(Autonomous Control Levels,ACL),把无人机的自主能力从遥控到完全自主递阶划分成10级,作为衡量无人机技术进步的标准。美国防部采用了这一标准。在2001年、2003年、2005年发布的未来25年无人机(或无人飞行系统)路线图中,美国防部对当时有代表性的、在研的和未来规划的无人机自主控制等级进行了明确定义(下图为《2000—2025无人机路线图》中自主控制等级划分图)。

2007年,美国防部将空中、地面和海上无人系统路线图合并,首次形成一个指导全军无人系统发展的路线图,即《2007—2032无人系统路线图》,并在自主性方面提出两个重要观点:第一,对于所有无人系统而言,无论是源自军事、商业还是学术领域,自主和控制都是一个主要研究领域。军事无人系统能

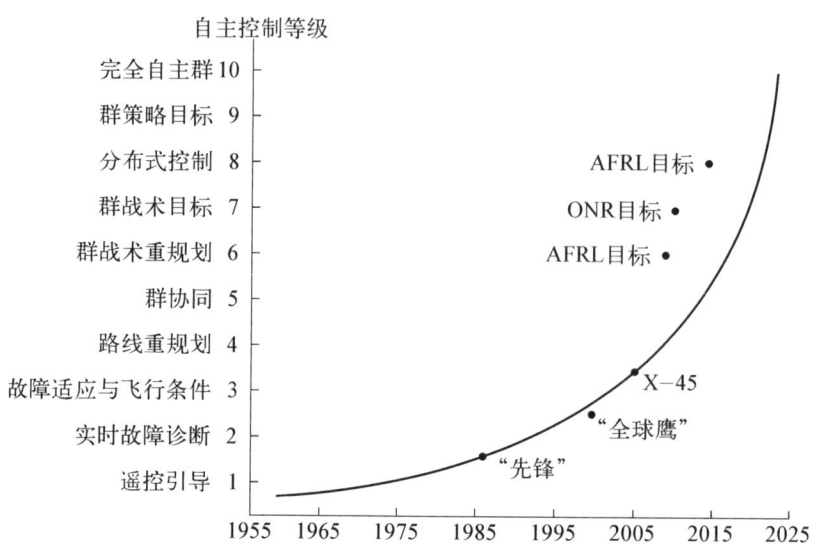

在拓展视线外战术行动范围时提供最小化的人员操作和带宽需求。第二,自主性的另一面是多平台间的合作性协调。① 将自主程度衡量从无人飞行器推广至无人地面、海上、水下系统,以及提升至更高层次。在 2011 年版路线图中,美国防部更是将自主性列为主要挑战之一,并专辟一章对自主性进行阐述,还通过给出无人系统自主性的四个等级(Four Levels of Autonomy,见下表),从无人系统与人之间关系的新角度,以及自主性路线图的方式,全面解释自主性,指导发展能带来更高自主程度的技术,②其武器装备自主能力发展进入新阶段。在 2013 年版路线图中,美国防部进一步提出无人系统的自主性对于未来冲突至关重要,指出空、海军能力发展的近期目标是实现陆基、海基无人空中系统执行侦察、监视、情报和打击任务,明确海军中长期能力发展将聚焦于反介入/区域拒止(A2/AD),并强调自主性已被美海军和国防部作为高优

---

① Department of Defense, *Unmanned System Roadmap 2007 – 2032*, CreateSpace Independent Publishing Platform, January 4, 2015, p. 49. https://www.globalsecurity.org/intell/library/reports/2007/dod-unmanned-systems-roadmap_2007-2032.pdf
② 参见 United States govement US Army, *Unmanned Systems Integrated Roadmap FY2011-2036*, CreateSpace Independent Publishing Platform, October 14, 2013, pp.43 – 51.

先级任务。① 至此,无人系统自主能力发展成为中高强度冲突、常规战争关注的重点。

自2000年至今,10余年来无人系统发展的实践表明,美军对自主性的认识在不断加深,对其应用的范围和程度在不断拓展提升,自主性已成为美军衡量无人系统技术战术性能的核心指标。美军的做法显然不是随意为之,它反映了无人系统发展的本质和方向。在未来,了解智能化武器装备的发展程度,首先应把握其自主程度。

自主性的四个等级②

等级	名　称	描　　述
1	人操作	人类操作员对一切作出决策。虽然系统可对感知数据进行信息性响应,但在所处环境中没有自主控制
2	人派遣	当被派遣时,系统可独立于人员控制之外实现许多功能。这一等级包括自动控制、引擎控制,以及其他必须由人类输入指令激活与停止的低级别自动化,与人类操作互斥
3	人监督	在得到人的最高级别许可或指令时,系统能执行广泛的多样化任务。人和系统都能根据感知数据做出反应,但系统只能在其当前指派的任务范围内这么做
4	全自主	系统接收人下达的目标,并将其转化为无须与人交互的可执行任务。虽然在紧急或目标变化情况下人仍可进入控制回路,但实际上在此之前可能已出现很长的时间延迟

数据就是力量

2012年12月,美国著名发明家、企业家、未来学家、库兹韦尔定律③的提

---

① Department of Defense, *Unmanned Systems Integrated Roadmap FY2013 - 2038*, p.67. https://www.defense.gov/Portals/1/Documents/pubs/DOD-USRM-2013.pdf
② 参见 United States govement US Army, *Unmanned Systems Integrated Roadmap FY2011 - 2036*, CreateSpace Independent Publishing Platform, October 14, 2013, p.46.
③ 库兹韦尔称之为"加速循环规则"(Law of Accelerating Returns),意指技术的力量正以指数级速度迅速向外扩张。也被称为库兹韦尔定律。

出者、《奇点临近》一书作者——雷·库兹韦尔(Ray Kurzweil)以全职方式加入谷歌公司,担任工程总监。这是64岁的库兹韦尔第一次到一家非由自己创办的公司工作。库兹韦尔的选择在当时引发热议。对于为什么作出这一决定,他的回答非常明确:"谷歌庞大的数据和计算架构是创造更强大人工智能的必要因素。"①在库兹韦尔看来,除谷歌之外,他难以在别的地方完成他的人工智能研究项目。对于阿尔法狗的主要研发者,深度思维(DeepMind)联合创始人杰米斯·哈萨比斯(Demis Hassabis)而言,他和他的公司选择加入谷歌的原因,同样是因为谷歌的基础设施和数据。在哈萨比斯看来,利用数据,特别是非结构性数据,是发展人工智能的唯一方法。②而利用谷歌的数据和计算能力,哈萨比斯和他的团队甚至可以并行100万次实验。

库兹韦尔和哈萨比斯的选择是常见的职业生涯调整,但它更反映出一个划时代的转变,那就是数据,主要是近年来发展形成的大数据,已成为人工智能系统开发不可或缺的关键资源。

军事领域也是如此。从历史上看,数据与信息从来都是战争要素,不过在以前,数量甚少的数据和信息主要运用于指挥决策,其功能是减少认知的不确定性,也就是驱散认知"迷雾",为战场形势判断、定下决心提供信息情报支持。而大数据的出现导致了数据质变,从根本上打破了之前的运用局限。主要体现在两个方面:

为智能无人系统提供成长"养料"。人工智能在21世纪的崛起得益于两大思路的转变,即从线性逻辑方法向非线性方法转变,以及从以计算智能为重点向以认知智能、运动智能为重点转变。这两大转变使人工智能摆脱了数十年的发展困境。但与此同时,新发展路径也提出了新需求。与之前通过编写逻辑严密的计算机程序指令集实现功能不同,新的人工智能发展方

---

① Robert Hof, *Interview: How Ray Kurzweil Plans To Revolutionize Search At Google*, April 29, 2013. http://www.forbes.com/sites/roberthof/2013/04/29/interview-how-ray-kurzweil-plans-to-revolutionize-search-at-google/#7c0b3e893447
② Steven Levy, *Google: Still In the Search the DeepMind of Demis Hassabis*, January 16, 2015. https://backchannel.com/the-deep-mind-of-demis-hassabis-156112890d8a? gi = e4bf9638cc0b

法,如深度神经网络,更强调通过模拟人类智能发展方式,也就是通过学习来实现人工智能。在智能软件编写上,它主要是建立初步的算法模型,随后就是使用大数据,对模型进行训练,并根据训练结果调试模型,依次反复进行,直至形成较为成熟的智能算法。在此过程中,大数据是人工智能形成与不断提高的营养物质。没有大数据,算法就是无法发育的胚胎。谷歌阿尔法狗大胜李世石的背后,是此前使用人类对弈的3 000万种围棋走法训练阿尔法狗的神经网络;"长颈鹿"国际象棋机器人在个人计算机上运行就能达到国际象棋大师水平的背后,是1.75亿种盘面的高强度训练;[1]百度地图(嵌入图像智能识别技术)对全景图像识别准确率高达95%的背后,同样是多达7亿余张全景照片训练的结果,[2]等等。同样,智能化武器系统各种能力的形成,不论是对图像、语言、文字及其他可获取信号(数据)的识别与理解,对各类障碍物的规避,对各种气象、地形、电磁条件变化的适当反应,以及相互间协同等,也都需要以大数据,特别是战场大数据训练为基础。即使是定型使用的智能无人系统,也要通过实时大数据训练不断提高战场适应性。大数据事实上成为智能化武器装备性能形成、提升和完善的必需"养料",其获取与使用直接影响战斗力生成效果。

为战争指导与作战决策提供强大工具。在战争史上,受获取、传递手段局限等因素影响,情报信息数量少、不及时、残缺甚至有时自相矛盾等问题长期存在。为确保正确决策,无论是统帅部还是各级指挥官,都不得不根据仅有的情报信息,依靠战争经验,发挥想象力,对敌方的战争或作战意图、战略战术、军事部署与行动等,进行多种可能假设,反复运筹推演,以得出相对准确的形势判断结论,并在此基础上进行决策。理论上,这一"假设—逻辑推理—验证—再逻辑推理—结论"方法能达到较好决策效果。但在实际运用中,受事物

---

[1] *Deep Learning Machine Teaches Itself Chess in 72 Hours*, *Plays at International Master Level*, MIT Technology Review, September 14, 2015. https://www.technologyreview.com/s/541276/deep-learning-machine-teaches-itself-chess-in-72-hours-plays-at-international-master/
[2] 《李彦宏展示人工智能 百度地图全景图像识别准确率达95%》,2016年9月1日《中国新闻网》。http://www.chinanews.com/it/2016/09-01/7991123.shtml

间复杂关系、信息匮乏及时间紧迫等因素制约,各级决策者在大多数情况下都无法冲破重重"迷雾",决策不确定性很大,判断失误与决策失当比比皆是。对此,近代德国军事理论家克劳塞维茨写道:"战争无论就其客观性质来看,还是就其主观性质来看,都近似赌博。"①而大数据及其相关开发技术的出现,为从根本上改变这一局面提供了新的可能方法。一方面,大数据为克服数据缺陷提供了有力方法。大数据的特点是数据规模庞大,具有挖掘价值且种类繁多。来自不同渠道,经由不同传感器采集的数据的汇聚产生了强大的数据印证补全效应。即使缺少部分数据或部分数据有错误,也可以根据其他数据予以弥补,不会影响总体的正确判断。这在此前信息情报量非常小的情况下不可想象。正是大数据的出现,形成了足够大的数据规模,才使数据发生质变,部分信息缺失与错误信息对形势判断和决策不再构成致命性影响,各级情报决策者第一次可以在较为完备的数据、信息条件下进行判断决策。另一方面,在种类丰富且以数量级方式增长的大数据中,比较容易发现不同事物间的相关关系,决策者据此可较为准确地判断和预测战争形势发展变化,进而大幅提高决策质量。如果甲事物与乙事物经常一起发生,尽管很难一下子找到其内在因果联系,但可以将甲、乙看作一对相关事物。通过掌握易观察的甲的情况,来预测乙的发生及变化。由于无须假设及反复逻辑推理,也不受人的认知偏见影响,大数据相关关系分析法能更容易、更快捷、更客观地分析战争诸要素的发展变化。而且,大数据及其相关技术的发展,使战争分析从逻辑关系较为简单清晰的线性关系,拓展至相互关系错综复杂、逻辑关联不明确的非线性关系。通过大数据,不但可以发现许多以前不曾注意到或无法通过逻辑推理获知的事物关联,甚至可以掌握许多以前无法理解或与传统思维相悖的联系。

2004年,世界零售巨头沃尔玛通过对其庞大历史交易记录数据库的研究发现,每当季节性飓风来临之前,不仅手电筒销量明显增加,而且蛋挞销量也明显增加。掌握这一规律后,在飓风季节到来时,沃尔玛就会把库存蛋挞靠近防飓风

---

① [德] 克劳塞维茨:《战争论》(第一卷),中国人民解放军军事科学院译,北京:商务印书馆1982年版,第41页。

用品摆放。结果既方便了顾客，又销售出更多蛋挞。大数据使蛋挞与防飓风用品这两个看似风马牛不相及的商品联系到了一起，获得了出人意料的商业效果。这是大数据分析决策的典型案例。

类似的研究运用已进入军事领域。其中，2012 年，美国亚利桑那州立大学计算机科学助理教授萨卡利亚（Paulo Shakarian）的一篇关于恐怖组织内部结构和"斩首"行动成效的论文引起美国高层注意，美国会众议院常设情报委员会特邀他前往国会介绍该成果。2015 年 8 月，萨卡利亚又发表了引起广泛关注的《挖掘因果关系：对"伊斯兰国"的数据驱动研究》一文。在该研究中，萨卡利亚团队分析了发生在 2014 年下半年的 2 200 多次与"伊斯兰国"相关的军事行动，从中发现了许多有价值的相关关系。如：

> 如果这周"伊斯兰国"在伊拉克采取了步兵行动并伴有间射火力打击，那下星期它将在叙利亚实施汽车炸弹袭击。
>
> 如果"伊斯兰国"在伊拉克提克里特发动攻势且进行大规模处决，那随后，伊拉克和叙利亚就会同时出现大量简易爆炸装置袭击。
>
> 叙利亚政府军空袭之后，"伊斯兰国"在接下来一周会大规模扣留人质。
>
> 如盟军在"伊斯兰国"进攻安巴尔省时空袭摩苏尔，那么"伊斯兰国"下一周将在伊拉克发动自制爆炸物袭击。
>
> 在发动大规模步兵作战之前，"伊斯兰国"会在巴格达部署自杀性汽车炸弹袭击，以此阻扰伊政府军和警察部队增援。
>
> 在发动步兵作战之前，"伊斯兰国"会实施炮兵火力打击，其目的更类似于传统军事作战，而非骚扰式作战，等等。[①]

萨卡利亚团队的大数据研究颇有代表性。它从数量繁多的变量组合中直接提取相关事件，建立相关关系，并在排除偶然因素后，在事件间建立起有说

[①] Andrew Stanton, Amanda Thart, Ashish Jain, Priyank Vyas, Arpan Chatterjee, Paulo Shakarian, *Mining for Causal Relationships: A Data-Driven Study of the Islamic State*, Arizona State University, August 5, 2015. http://arxiv.org/pdf/1508.01192.pdf

服力的因果关系,分析重心转移至通过大数据挖掘发现相关关系上。这一方法不再把数据精准作为分析基础,也不再将探求相关事件背后逻辑原因作为必需事项,它通过"让数据说话"的方式发现事件间联系,不但从量上,而且从质上突破了人类分析联系事物的局限性,想人之所未想、不敢想,发人之所未发,彻底颠覆了以往的军事分析方法,为战争指导与作战决策提供了强有力的新工具。

萨卡利亚的研究成果得到了美军方高度重视,并运用到防范打击"伊斯兰国"的行动当中。在美国,以国家安全为目的的大数据开发不止萨卡利亚团队。曾以帮助美军捕杀本·拉登而成名的美国初创公司帕兰提尔(Palantir),已成为进行大规模数据挖掘以供美国情报及执法部门使用的关键公司。公司客户包括美国国家安全局(NSA)、联邦调查局(FBI)、中央情报局(CIA)和其他诸多安全机构。随着对大数据认识的加深,以及相关开发技术的快速发展,运用大数据已越来越成为美国及其他国家安全领域分析决策的重要选择。

总之,大数据的出现,不但极大丰富了信息情报资源,为军事情报分析提供了完备数据,而且成为智能化无人系统研发的基本"养料",为国家安全及战争分析决策提供了新工具。其对军事领域的影响是深刻而全方位的,石油之于工业时代战争之类的比喻已无法准确、全面地描述大数据的作用。在智能化时代,数据就是战略资源,数据就是力量源泉,控制了数据,就控制了战场。

"零伤亡"时代

暴力冲突是战争的本质特征,由此引起的大量人员伤亡一直是人类社会数千年来不得不吞下的苦果。进入二十世纪八九十年代,随着军事信息化革命的深入推进,这一局面开始出现转机。军事强国,主要是美国,大量使用先进的信息化武器装备,采用"非接触"交战等作战方式,在战争中率先实现了超乎一般想象的低伤亡率甚至零战斗死亡。其中,在50余万名美军参战的海湾

第四章 新战争 新理念

战争（1991年）中仅战死148人，在历时78天的科索沃战争（1999年）中无一人战斗死亡。据此，美军提出"零伤亡"理论。不过，在信息时代，敢于提出并且能够实现"零伤亡"的只有美军。对于其他大多数国家军队而言，"零伤亡"只是一个可望而不可即的愿景。而随着军事智能化革命浪潮的到来，战争"零伤亡"不再是美军的"专利"，它正日益成为一种普遍认识、一种时代要求和一种战争常态。

事实上，"零伤亡"一直是人们的美好愿望，但在你死我活的接触式激烈战斗中，根本没有实现可能。"零伤亡"因此成了一个人们不敢想、也不会去想的奢望。认为伤亡理所应当，缺乏人文关怀，成为传统战争的普遍现象。在此背景下，发展更具杀伤破坏力的武器，最大限度地削弱、消灭敌方，以确保战争胜利和减少己方人员伤亡，成为军事建设的一个基本着眼点。由此带来一个严重后果：战争烈度越来越高，规模越来越大，造成的人员伤亡越来越超出社会承受范围。更为严重的是，在这一逻辑支配下，人类研发出核武器。至20世纪70年代，美苏制造的核武器已可以毁灭人类10多次。如此恐怖的前景使人类不得不反思并调整军事发展方向。蓬勃兴起的信息技术因此成为武器装备研发的新引擎，军事技术发展也从以提升武器杀伤力为重点转向以提升远程精确打击能力为重点。作为军事信息化革命的领导者，美军在信息化进程中发展最迅猛，受益也最大。通过运用数字化的战场传感器、预警机、全球定位系统（GPS）、精确制导弹药以及信息化指挥控制系统（C^4ISR）等先进武器装备，美军实现了在对方作战能力范围之外（防区外）精确火力打击。这一以"非接触"方式取得决定性战果的作战方法是战争史上的一次革命。此前，军队也使用"非接触"方式战斗，如使用弓箭等投射式武器或火炮等间瞄武器，但都无法发挥类似作用，面对面、视距内的激烈搏杀始终是主要交战方式。而"非接触"作战彻底颠覆了这一方式，美军由此拥有了前所未有的战场优势，并且在战争史上第一次实现了真正的"零伤亡"。当然，美国个人主义价值观、西方军事传统、战场防护、先进医护等因素对于美军实现"零伤亡"也有重要作用，但其中，最核心、最根本的是信息技术发展为"零伤亡"提供了必要条件。没有技术支撑,大幅降低伤亡率只是空谈。

今天,随着军事智能化革命的加速推进,战争的技术基础再次面临重大改变,"零伤亡"正日益具备普遍化的基本条件。其根本原因在于,智能化无人系统成为作战力量主体,将导致战场主要损失从人员伤亡转移至机器损毁。一个容易被忽视的细节是,在科索沃战争中,成就美军"零伤亡"的背后是18架无人机的损失。如果没有这些无人机深入最危险的区域侦察监视、预先发现威胁,美军有人驾驶战斗机将不得不面对这些危险,就很难避免作战伤亡,是无人机替有人机承担了被击落的风险。近年来,美军大力发展X-47B等武器平台的基本出发点也是规避战斗人员损失风险。在未来智能化战场,无人机、地面机器人、水面水下舰艇、空间飞行器等各类智能无人平台的大量使用,不但会使战场有人驾驶系统大量减少,而且将使人类战斗员面临的直接威胁大幅降低,这将从根本上避免人员伤亡。凡以智能化无人系统为主战力量的军队,均可在最大程度避免人员伤亡,甚至实现零战斗死亡。在交战双方都使用智能化无人系统情况下,还可能实现战场"零伤亡"。

在智能化浪潮中,"零伤亡"条件的成熟及实践将对战争发展演进产生重要影响。一方面,"零伤亡"日益成为军事行动的基本要求。人类社会发展史表明,在断无可能实现时,即使人们有朴素的美好愿望,也不会形成社会期望。而一旦制约条件消失或实现条件成熟,公众心态将发生转折,汇聚成强大的社会期望和舆论压力。在未来,随着智能化无人系统的广泛运用及人员伤亡的显著下降,"为什么要让我们的子弟和冷酷的机器人打仗""为什么不用机器人替代我们的孩子""战争应该是机器之间的事情"等看法将日益成为社会舆论主流,决策者将不得不把"零伤亡"作为筹划决策军事建设及力量运用的关键性指标。另一方面,"零伤亡"将不断强化有限战争的主导地位。20世纪后期,美苏核恐怖平衡的形成,越南战争的惨痛教训,使达成有限目的、使用有限手段并在有限时间和范围(区域)实施的有限战争日益成为大国战争政策的基本选择。冷战结束后,即使拥有绝对优势,在海湾战争、科索沃战争中,全球唯一超级大国美国也坚持了有限战争政策,并取得成功。然而,在随后的阿富汗

-伊拉克战争中,被胜利冲昏头脑的美国把彻底击败对手、全面占领领土作为战争目标。这一偏离有限战争政策的做法使美军深陷两场战争泥潭,不但严重损耗了国力,而且造成了远超预期的人员伤亡。仅在伊拉克,截至 2011 年 12 月 15 日正式撤军,美军共损失近 4 500 人,是海湾战争的 30 倍。同样是对伊拉克,同样是强大的美军,海湾战争与伊拉克战争大相径庭的战争结果再度说明,实施有限战争,避免征服性、占领性战争,是时代要求,也是以最小代价获得最大胜利的基本路径。而随着"零伤亡"普遍化局面的形成,有限战争的地位、作用将进一步加强。因为"零伤亡"理念和舆论总会转化成政治压力,为实现"零伤亡",政治家将越来越倾向于选择为达成有限目的而进行武装力量间的速战速决,而容易牵涉人类战斗员深度介入且造成伤亡的非有限目的战争,如征服性、占领性战争,将会被尽量避免。

总之,智能化武器装备的运用不会改变战争的暴力属性,但它为避免作战人员伤亡提供了前所未有的现实可能。在智能时代人类战斗员数量的不断减少,及对其运用的日益审慎,正推动人类战争步入"零伤亡"时代。

▶第五章

力量的转移

昨天,我是你的一部分;
今天,你是我的一部分。

引入新技术以增加力量,却导致旧力量的颠覆。这是军事主导技术形成发展的基本经验,也是军事力量发展演进的一般路径。在智能化浪潮冲击下,武器装备发展加速从武器"智能化"向智能"武器化"转变,作战人员加速从信息化战士向智能化战士过渡,智能化力量日益成为军事力量体系的核心。

武器＝基本战斗单元

数千年来,战斗武器经历了一轮又一轮的新旧更替,但无论如何改变,武器只是武器,它高度依赖于人的操作,武器与人结合才构成基本战斗单元。人,或者说战斗员,是武器的运用者和主宰,在"人—武器"战斗系统中居于主导地位。而随着人工智能的创新应用,人在基本战斗单元中不断边缘化甚至完全退出,由战斗员、武器两大要素构成的"人—武器"战斗单元正日益解体,由智能化武器单一要素构成的战斗系统逐渐成为基本战斗单元。

事实上,自工业时代以来,武器的机械运动或信息控制与模拟等就开始侵蚀人的传统作用。它们或减省、拓展人的体能,或部分替代人的技能,但无论如何,从未对人在"人—武器"战斗系统中的核心作用构成实质性挑战。在武器战斗效能释放过程中,目标发现、识别、跟踪、瞄准、弹药选择、战术行动选择、战斗协同、射击(发射)、评估,以及与之相关的其他一切信息交流活动和分析、判断、决策等智能活动,均由人来完成。武器就是武器,人就是人,武器对人作用的替代仅限于体能及少量可被自动化、程序化的技能和智能,是一种局部、边缘性功能的替代。

人工智能的创新应用革命性地逆转了以人为核心的"人—武器"关系。与前两次人工智能热潮不同,新一轮智能化浪潮将突破重点指向认知智能和运动智能。智能化的武器系统不但能感知环境,而且能辨识环境中的物体、声音、运动、文字及其他信号,并根据智能算法决定如何行动,包括选择打击或应对的时机、战术与协同方法,以及采取相应的机动、攻击或防卫动作。也就是说,人工智能使武器具备了自主认知、自主决策和自主行动的能力,不再需要掌握相应技能和战斗方法的人的操作使用,人逐渐在"人—武器"系统中失去核心地位。人类战斗员唯一保留的可能是对敏感目标或难辨识目标是否发射弹药的决定权。武器不但是武器,更是履行原来"人—武器"战斗系统功能的武器。

从一般意义上讲,人仍然是武器的主宰,但这里的人是研发武器智能算法的科学家、工程师,不是"人—武器"系统中操作武器的战斗员。在智能化武器系统中,人的技能、智能都已通过智能算法物化至武器的感知、控制、运动各分系统。人与武器关系由原来的相辅相成、以人为主,转变为武器为主,人类控制监管。人不再置身于基本战斗单元和战斗行动回路之内,而是置身于回路之上。当然,人在"人—武器"系统中作用的弱化是一个过程。它随着武器智能水平的提高而下降,在越过临界点后,智能进步将使人变得多余。此时,智能化武器系统将彻底取代"人—武器"系统。这一图景并非遥不可及。早在《2009—2047年无人驾驶飞机系统飞行计划》报告中,美空军就明确表示:"人工智能的进展将使系统能够作出战斗决定,在法律和政策的限制内行动,而不一定需要人力的投入。"[1]

---

[1] Bernd Debusmann, *More Drones, More Robots, More Wars*, January 31, 2012. http://blogs.reuters.com/bernddebusmann/2012/01/31/more-drones-more-robots-more-wars/

智能化武器系统取代"人—武器"战斗系统的实质,与其说是替代,不如说是淘汰,是系统性的超越与否定。在 2016 年 3 月人机大战中,谷歌阿尔法狗大胜人类顶级棋手李世石,并在第二局创造性地下出了专业棋手不曾下过的一手棋;人眼对图像识别的错误率约为 5.1%,而微软亚洲研究院 2015 年推出的"深度残差网络"Resnet 的错误率仅有 3.57%;2016 年 8 月,IBM 的"沃森"系统仅用 10 分钟即诊断出一例很难判断的罕见白血病;人类沟通协调一般需要数秒或几分钟,智能系统间仅需几毫秒,交流效率是人的数万倍;人类在一年中能进行数百次比赛,而智能系统,如阿尔法狗,一天能进行上百万次比赛,学习与积累经验的速度是人类的上万倍;有人驾驶战斗机最多只能飞行 10 小时左右,无人机可以持续飞行几十个小时甚至几天;有人操作系统只能在空间大于人的区域行动,智能化武器可以在任何比自己形体大的地方如孔洞、缝隙内行动,等等。这些超越人类或"人—武器"系统的新成就仅仅只是智能化革命初期的一些成果。智能化的深入推进将进一步从功能、范围等各个方面实现超越,并且实现各种智能的衔接与融合,形成真正的智能系统。

此前,自动化及一些对人类智能实现初步模拟的信息活动在一些工序、环节替代了人,但比例很小。以制造业为例,工业机器人生产效率很高,但只能做一些简单重复的工作,零星布署在几个工序上,并被安置在防护笼中,对人工替代率仅有 5%。而人工智能使机器人具备认知、决策和行动能力,对环境的适应性及应变能力使其能完成多样化任务和复杂工作,并与人类和其他智能机器人协同作业,对人工替代率因此达到 60% 以上。① 这一革命性变化体现在军事领域,就是智能化武器对原有"人—武器"系统的淘汰。不是某一功能、某一环节的替代,而是从各单项功能到整个系统的全方位超越淘汰。智能化武器成为战场基本战斗单元,作战力量基础从"人—武器"系统转移至智能化武器。

智能化武器单独成为基本战斗单元,是人类军事史上前所未有的大革命。

---

① 参见 i 黑马:《人工智能专家刘芳德:现实版"机器纪元"将在 3—5 年内发生》,2015 年 5 月 20 日。http://www.iheima.com/space/2015/0421/149869.shtml

用《战争连线——机器人技术革命与 21 世纪的战争》作者彼得·辛格的话来说:"这是历史上人类第一次失去了对战争的垄断权。"它将开创真正的"机器战争纪元"。战争方式与战争文化将在这一演变进程中被重塑。在未来,那些主要由机器进行的战争,更像是一场场战争游戏。人类仍将重视这些战争,但已不是切肤般关切,而是像看客般欣赏——犹如古罗马斗兽场中的观众。

智能化武器装备

喜新厌旧是战争的本性。一旦技术进步在军事上结出硕果,战争需求就会强制性地推动军事技术体系创新变革。受智能化无人系统在阿富汗和伊拉克战争成功运用的鼓舞,一场以智能化为核心的新军事革命已拉开帷幕。发展运用智能化武器装备,占领未来军事制高点,日益成为世界各主要国家军队的共识。

空中智能化无人系统

空中无人系统是智能化无人系统发展的首要领域,各国最为重视,投入最大,竞争也最为激烈。

进入 21 世纪,在美国防部支持下,美海军着眼未来高强度战争需要,大力发展以 X-47B 为代表的未来无人空战系统。目前,该验证机已具备在航母上起降、空中飞行、空中加油等有人驾驶战斗机才具备的关键能力,以及较高的自主操作能力。操作员只需通过键盘和鼠标发出指令,具体动作均由飞机自主完成。此外,美海、空军"全球鹰"系列(RQ-4B/C)的高空无人侦察机、"火力侦察兵"(MQ-8B/C)无人侦察直升机等,均能自主完成起飞、飞行、着陆等一系列动作,并已装备使用,其技术水平领先其他诸国。美空军的远程打击轰炸机 B-21 可在高威胁环境中实施作战,其无人化机型同样具有世界领先水平。

面对美国压力,英国、法国、俄罗斯等国为缩小技术差距,加紧开发类似系统或对抗性武器装备,军事技术领域竞争已形成新高潮。

自 2013 年首飞以来,英国的"雷神"无人驾驶战斗机原型机已完成多轮飞行测试。在 2014 年 3 月第二轮飞行测试中,"雷神"展示出以下能力:自动滑行至跑道以准备起飞,航行至目标搜索区域探测目标,制订飞往目标的计划、搜索目标并最终返回基地,执行一次模拟攻击并进行受损评估,随后练习自动降落等,具有了可与 X-47B 相媲美的智能化操作水平。

法国牵头研制的"神经元"无人驾驶战斗机原型机,同样是一款集侦察、监视、攻击于一体的多功能无人作战平台。该机在 2012 年底完成首飞,2014 年与有人驾驶战斗机完成编队飞行测试,并在 2015 年进行了挂弹试飞。"神经元"运用人工智能领域的先进技术,具有自动捕获和自主识别目标能力。并且,由于解决了编队控制、信息融合、机间数据通信以及战术决策等技术,"神经元"实现了自主编队飞行,数架"神经元"可同时接受 1 架法国"阵风"战斗机的指挥控制,智能化程度在有些方面并不逊于 X-47B,其成功试飞打破了美国在无人作战飞机领域一家独大的局面。

俄罗斯近年来在空中无人系统方面不断加大投入,无人机发展取得明显进步。目前,除一些小型近程无人机外,同时还有多个中型以上在研无人机项目,主要包括:预期性能接近美国"捕食者"的"溜蹄马"中空战役战术无人机;预期性能接近美"死神"的"牵牛星"中空长航时无人机,该机已于 2016 年 8 月完成组装,在 2017 年初完成试飞并进入小批量生产阶段;采用独特空气动力学设计的新型雅克-133"突破"无人机,可执行侦察任务,并在必要时攻击摧毁敌方目标,已于 2016 年 9 月开始接受测试;以及在米格公司"鳐"项目基础之上的新项目——"猎人"重型打击无人机,该机已于 2015 年完成初步设计。俄还另辟蹊径,研发能发现美国隐形战机的无人机。智能化无人系统的国际竞争因此越来越呈现出对抗性。

中国军用无人驾驶飞行器正经历"井喷式"发展。种类繁多的中小型战术无人机不断涌现,大型战略无人机研发加速推进。其中,"彩虹 4"和"翼龙"中空(中低空)无人机均具有较强的自主飞行控制能力,可对目标进行远距离长航时侦察,并在必要时实施空中打击。2015 年 1 月,"翼龙"无人机实现首次编队飞行。目前,以"彩虹4"和"翼龙"为基础开发的"彩虹5"和"翼龙2"中空长航时多用途无人机正加速推进,载荷、飞行速度和航时均有较大提高。其中,"彩虹5"可挂载250千克级的中程攻击弹,该机于2016年8月完成首飞。曾在2006年珠海航展上展示过模型的"翔龙"高空长航时无人机的研制工作也不断取得重要进展。据美国《大众科学》杂志2016年7月报道,"翔龙"无人机已开始大批量生产。除此之外,中航工业沈飞设计研究所型号总师张子军负责的无人机验证项目,以全面达标的优异成绩通过验收。该项目采用非常规气动布局和全新进气道,突破了无人机领域多项关键技术,标志着中国在某领域取得里程碑式重大突破。该项目被媒体解读为中国的新一代大型隐身无人作战飞机"利剑",与美国的X-47B、法国的"神经元"、英国的"雷神"处于同一级别。

水面/水下智能化无人系统

水面/水下无人系统发展相对缓慢,但近年来连续取得重要成果,国际竞争态势日渐形成。

在水面无人舰艇研发方面,以色列优势明显。以色列拉斐尔公司、埃尔比特系统公司和航空航天工业公司均出口水面无人艇。其中,拉斐尔公司的"保护者"无人艇在以色列海岸、波斯湾和新加坡等地已使用10余年。经过不断改进,该艇已基本具备自主执行任务的能力,包括海上兵力保护,情报、监视和侦察,反水雷战以及电子战和精确打击等多项任务,是一个以自主遥控水面艇为基础的海上综合战斗系统。以航空航天工业公司2014年初推出名为"KATANA"的新一代无人水面艇。该艇装备自动导航和自动防撞系统,可全自主操作,也可由人遥控操作。能对远近目标进行辨识、追踪和分类,提供实时图像并根据指令对目标实施攻击。主要用于在大范围内执行保护海上边界、港口安全,浅水巡逻和电子战等多种任务。

美国曾研发使用"斯巴达侦察兵"等水面无人艇。近年来,一些项目取得重要突破。其中,美国防部反潜持续跟踪无人舰艇项目(ACTUV)的重要成果——"海上猎手"号无人反潜军舰,已于2016年4月正式入役。该舰是世界上最大的无人驾驶水面舰艇,智能化程度较高。在远程监控模式下,可自主持续航行3个月,最大航程可达1万海里。"海上猎手"不但能自主遵守海上法规和国际公约,自主进行系统管理,自主导航、识别并自动避开其他船只和目标,而且可自主执行主动与被动搜索、探测鱼雷、分析威胁、定位追踪潜艇、过滤小目标等任务。

英国的长航时无人水面艇"C-Enduro"独具特色。该艇集成了太阳能电池板、风力发电机和轻柴油发电机,采用高效动力管理和指控系统,具有较强的自主航行能力,能在复杂天气航行,抗倾覆能力强,航时可达3个月之久。该艇于2015年8月下水展开科研任务。2016年9月,英国皇家海军还对最新型的无人水面快艇"MAST"进行了首次下水试航。该艇能在无人驾驶情况下高速航行,既可遥控操作,也可完全自动驾驶,先进的躲避算法能使其在复杂拥挤水面自动行进,主要可用于执行巡逻侦察或观测等任务。除此之外,德国、日本、瑞典、新加坡、意大利、中国等国也在积极研发无人水面艇。

在发展水面无人舰艇的同时,各国对水下无人系统的研发兴趣也日渐浓厚,无人潜航装备呈快速发展态势。

美国防部近年来大幅增加水下无人系统经费,不断推出新项目,包括无人潜艇,以及装载无人潜艇和其他多种水中发射无人航行器的舱体等。在浅水区航行的无人潜艇是美投资重点。投资项目包括多种规格,具有不同有效载荷的新型无人潜艇。其中,"雷穆斯-600"(Remus 600)自主式无人潜航器已于2013年开始大批量生产,并于2015年首次部署到"弗吉尼亚"级攻击型核潜艇上;"幽灵游泳者"(Ghost Swimmer)无人水下航行器已于2014年完成测试;美海军于2015年秋又推出10英尺长的半自动无人潜艇;大排水量无人潜航器(LDUUV)项目完成前期论证等。除此之外,美国防部"九头蛇"水下无人母艇项目(Hydra)正加紧推进。该航行器能装载无人潜艇和无人航行器,可在海底长期待命,一旦接到命令就向水面或水下部署各种载荷。

瑞典近年来在无人潜航器研发方面也取得了多项成果。主要有:AUV62-MR型自主水下航行器,具有水雷探测、反水雷、远程作业与高阶自主能力,采用模块化设计,可执行多重任务;SUBROV多功能水下潜航器,可以被潜艇运载发射,具有侦察/干扰、扫雷、通信/监视、自主水下潜航器的恢复等功能。

为避免落后,俄罗斯也加大了水下无人系统的研发。据《华盛顿时报》2015年9月披露,俄正在建造一种可携带核武器的自动化无人攻击潜艇,可装备爆炸威力达数百万吨级的核弹。俄在研的还有用于第五代潜艇的水下机器人。执行任务时,可脱离潜艇监视周边环境,并携带鱼雷进行攻击。此外,俄还在开发名为"滑翔机"的自动水下无人潜航器。该艇主要用于水下侦察,并能在自动控制状态下连续工作数月。

日本在民用水下无人系统发展方面处于世界领先水平。近年来,随着日本军事战略的调整,日本已将无人潜航器等作为关键技术创新的重点。2014年8月,日本防卫省与美军决定,将联合研发无人潜艇,可连续一个月实施警戒监视任务。

地面智能化无人系统

陆地环境最为复杂,障碍物也最多,地面智能化无人系统的研发难度很大,但这并未能阻挡各国前进的步伐。

以色列在智能化无人车的研发与使用方面走在世界前列。早在2008年,以色列的"守卫者"(Guardium)无人巡逻车即正式入役,至今已经过多个版本的升级,是迄今世界上在一线服役数量最多的军用无人巡逻车。"守卫者"使用了大量人工智能技术,具备一定自主决策能力,在发现动态目标时能进行自动识别和追踪并向操作人员发出提示。既可远程遥控操作,也可以半自主或全自主模式行进。2016年7月中旬,以军在最危险的加沙边界实战部署了全自主无人驾驶军用汽车——"边境保护者"无人地面车。该车具备躲避障碍物功能,其全自动驾驶系统套件可安装在任何车辆上。在未来,1名操作员可操控数辆安装套件的车辆。

受战争需求刺激,美军近年来发展了多个地面无人系统项目。其中,在阿富汗战争和伊拉克战争期间,美军部署了大量以"派克波特"(Packbot)小型无人车为基础研制的各型作战保障车辆。这些车辆是美军城市战和危险、复杂地域战场态势感知的关键装备。多功能通用/后勤机器人车辆（MULE）是美陆军无人地面车辆发展的重点。该车具有三种类型：运输型、扫雷型和突击型，能在瓦砾和复杂地形中穿行，执行战斗、后勤保障等多项任务。洛克希德·马丁公司研制的班组任务支援系统（SMSS）于2011年部署至阿富汗接受军事效用评估，是美步兵部署的最大型无人地面系统。该系统采用自主导航或有人操控两种操作方式，能进行全地形分析，自动评估并预测应向哪个方向前进，并实时自主发现和侦察到危险和障碍物，具备全地形行动能力，可为轻型部队或早期进入作战状态的步兵班承担运输、后勤和战术保障。2013年，该系统通过卫星成功进行了超视距操控。除此之外，美陆军已对"粗齿锯"无人驾驶坦克进行了多轮测试。该坦克采用远程操控方式，能够行驶在不同类型的编队前面并与之保持1千米的距离，行进速度和灵活性均能适应作战节奏，而且只需按一个键，就可以重新装填弹药或变换武器。

俄罗斯地面无人系统近年来发展很快，其着力点主要是突破以爆炸物处置和小型工程车为主的产品结构，努力向大型无人车领域迈进。2013年，俄乌拉尔车辆厂推出了MRC-002-BG-57履带式样车。该车能在5千米距离操控，可执行情报、侦察、监视任务及战斗任务。除此之外，还有可在全地形条件下行驶的RTK-AM无人车，能在自主工作模式下执行运送部队和物资、医疗后送或侦察的MARSA-800无人车，可在2千米距离遥控操作的武装型"蚂蚁"1000-P无人车等。2016年9月，俄宣布已展开新型T-14"阿玛塔"主战坦克无人驾驶型的研制工作，并预计于2018年制成。

英国的"黑骑士"无人装甲车则体现了目前无人地面战斗机动平台技术的最高水准。该平台可自主导航，拥有全地形通过能力，并配备速射火力系统、先进的全频谱传感系统等，还能加装通用导弹发射装置等重型武器，具有世界一流的实战化能力。法国、西班牙等国也研制出用于排爆、执行化学和放射性物质检测、扫雷等功能的地面无人车。

与此同时，作为新概念地面无人系统，机器人士兵近年来也成为各国发展的热点。2013年7月，美国波士顿动力公司制造的"阿特拉斯"人形机器人样机正式亮相。它是全球第一款开发和验证机器人士兵技术的平台。经过几年快速发展,该机器人已研发出第三代。它具有较强的自主平衡能力,可以在户外行走、搬动重物、自主稳定和自主站立等。2015年9月,美国海军陆战队对"斑点狗"(Spot)四足机器人进行了外场试验。试验中,"斑点狗"穿越了丘陵、林地、城区环境等不同地形,并执行了携带负载和建筑物内侦察等任务。除美国外,其他一些国家也在积极开展机器人士兵的研究。如俄罗斯的"恐怖分子杀手"机器人,印度的高级智能"机器人士兵"。在美国防部2015年"机器人挑战赛"中,韩国的DRC-Hubo机器人获得冠军。该机器人完成了比赛全部8项任务,包括驾驶车辆、下车、开门进入建筑物、定位并关闭阀门、穿过墙壁、完成指定任务、移除碎石或通过特定地形、爬楼梯,表现出较高的智能水平。

此外,美国等还在大力开发空天无人系统,如X-37B。

总之,随着智能无人系统优异性能的不断显现,世界各主要国家已将智能化武器视作新的战略制高点,不断加大研发投入,以智能化为核心的新一轮国际军事竞争格局已经形成。而智能化武器研发也从非传统战争领域开始向传统战争领域拓展,陆、海、空、天各领域智能无人系统的研发已全面展开,武器装备的智能化风暴正加速到来。

智能弹药

在早先的信息化浪潮中,激情的学者将计算机比作"潜在的利箭",预言"装上翅膀的芯片将是最好的武器"。今天,在以智能化为核心的新一轮军事革命中,这些预言正前所未有地加速实现。

与此前精确制导弹药主要是传统弹药加装制导装置不同,智能弹药以人工智能特性为核心设计弹药。智能优势能否充分发挥是第一标准,人工智能软件与芯片构成的智能组件是核心要素,其他部分,如战斗部、动力组件的选择或创新均围绕这一核心展开,有什么样的芯片和什么功能的智能软件,就相应地有什么类型的弹药。

从发展进程看,智能弹药与精确制导弹药之间没有清晰的分界线。智能弹药本就是在精确制导弹药的基础上发展而来,而精确制导弹药也是具有初级智能的先进武器。但人工智能技术进步赋予了弹药前所未有的自主、动态行动能力和超精确打击与控制能力。主要呈现出以下趋势:

全智能攻击

精确制导弹药常常被称作灵巧弹药或智能弹药,但实际上智能程度很低,只是简单的智能模拟。激光制导炸弹使用半自动制导方式,主要是通过激光制导装置,接收目标表面持续反射的激光束,并控制引导炸弹飞向目标。GPS制导炸弹,如美军的联合制导攻击武器(JDAM),采用自主式卫星定位/惯性导航组合制导,主要是通过接收全球卫星定位系统信号引导炸弹攻击指定目标。远程巡航导弹多采用惯性—地形匹配制导,通过预先的程序设定实现飞行控制。这些典型精确制导弹药均高度依赖稳定的引导信号或预编程序,大都只能对事先确定的目标或固定目标进行攻击,灵活应变性较差。

以深度学习为代表的人工智能新技术的创新应用,将从全过程改变传统弹药,包括精确制导弹药的攻击方式。在接受概略任务后,授权攻击的智能弹药将自主机动(飞行或以其他方式运动)至任务区域,对任务目标进行视觉识别,自主选取最佳攻击时机及部位实施攻击;或在到达任务区域后,在巡弋中自主辨识符合打击条件的目标实施攻击;或在任务区,对目标特别是人类目标施以非致命性攻击,包括昏迷性、控制性攻击等。人工智能将贯穿于弹药攻击的各个环节,弹药攻击由此成为一种类人、细腻的精准化行动。美国防部高级研究项目局和美海军研究处 2013 年推出的新型全自动远程反舰导弹,在飞行中能根据探测出的新情况重新规划路线,在目标区域的 3 艘船中找到预定目标船,并对运动中的目标船实施有效攻击。[①] 中国航天科工集团第三研究院在

[①] Valerie Insinna, *New Autonomous Anti-Ship Missile Hits Its First Target*, September 5, 2013. http://www.nationaldefensemagazine.org/articles/2013/9/5/new-autonomous-antiship-missile-hits-its-first-target

研的新一代巡航导弹同样将具有较高的人工智能。它不但可以接受实时控制命令或使用自动制导模式,而且能在飞行期间添加更多任务。①

"弹药—平台"一体化

智能化革命是一场平台革命。传统战斗平台成为智能平台,非平台的战斗工具日益平台化。在这一进程中,弹药大幅突破原来"动力装置+战斗部+制导装置"结构和直接攻击目标的单一功能,越来越具有战斗平台特征。包括:搭载侦察监视设备与智能控制装置,自主机动至目标附近,对目标进行一定时间的持续监视、识别,以及以一定的战术动作,如俯冲等实施攻击。弹药实际上成为智能化无人平台与战斗部的结合体。新型的一体化弹药不但模糊了弹药与平台之间的界线,而且使弹药功能超越传统的爆炸毁伤,形成了以平台为中心的多功能武器。已装备美军的"弹簧小折刀"自杀式无人机可被看作是新型一体化弹药的雏形。从技术上讲,"弹簧小折刀"是微型巡航导弹,被作为美军"致命微型空中弹药系统"(LMAMS)计划的首个成果。但它也可被用作侦察工具,研发者因此更喜欢将其称之为无人机。在发射后,"弹簧小折刀"将实时影像和GPS坐标传回发射者的手持式操纵装置中。在目标区域,"弹簧小折刀"可在空中盘旋20分钟左右。一旦操作者确认和锁定目标,他们便下达攻击指令,"弹簧小折刀"将急速俯冲,以撞击爆炸方式对固定或移动目标实施攻击。该型武器在阿富汗大获成功,美陆军已要求制造商生产2.0版的"弹簧小折刀"。类似的武器还有美国德事隆系统公司(Textron System)的"战鹰"无人机、以色列"英雄"无人机等。与此前弹药相比较,新型一体化智能弹药具有在不确定环境下待机攻击、任务目标可随机调整、侦察监视目标区域、精准打击运动目标或人员目标等优势,发展集"弹药—平台"于一体的智能化弹药已是大势所趋。

---

① Zhao Lei, *Nation's Next Generation Of Missiles To Be Highly Flexible*, August 19, 2016. http://www.chinadaily.com.cn/china/2016-08/19/content_26530461.html

模块化组合

人工智能创新应用为弹药带来前所未有的灵活性。除上述两方面外，性能可调、升级简便的模块化构建方式是人工智能赋予弹药的又一新特性。在 2015 年第 51 届巴黎国际航空航天展览会上，欧洲导弹系统公司（MBDA）公布了最新在研的 CVW102 Flexis 全模块化空射导弹概念。该概念的一个突出特点是模块化。在执行任务时，不是直接使用成品导弹，而是根据任务、目标需求与特点，按照模块化原则，将各个导弹模块，如动力装置、制导部和战斗部搭配组装成待用导弹。根据该概念，空射导弹不再固定分成不同型号的空地导弹和空空导弹，而且导弹射程与速度、打击功能均可临机调整。该公司甚至认为全模块化空射导弹实现了"质的飞跃"。[①] 中国航天科工集团第三研究院在研的新一代巡航导弹同样瞄准了模块化设计。该院总设计部主任王长青披露："在研新型巡航导弹计划采用'即插即用'方式，以便军事指挥员根据战斗环境和他们的具体要求订制导弹。"[②] 从研发前景看，模块化弹药打破了传统弹药只能是一种弹药对应单一目的的旧模式，使原来一经制成就固定不变的弹药发展成在结构、性能等方面能灵活调整、快速升级的活系统，新型模块化弹药因此在保持技术先进性、有效应对潜在冲突类型的不确定性、以最小数量和类型设备应对变局、简便维修保障等方面具有明显优势。这些优势既充分利用了人工智能发展应用所带来的便利，又适应了智能革命时代技术进步日新月异的形势，还在较高层次满足了成本控制需求。在未来，采用模块化设计将越来越成为弹药发展的重要选择。

以智能为核心的军事技术体系

工业革命以来，科技发展进入自我催化的蓬勃发展期。在科学研究的有力

[①] 参见闫娟：《2015 巴黎航展：MBDA 揭示 FlexiS 全模块化导弹概念》，2015 年 6 月 16 日。http://www.dsti.net/Information/News/94778

[②] Zhao Lei, *Nation's Next Generation Of Missiles To Be Highly Flexible*, August 19, 2016. http://www.chinadaily.com.cn/china/2016-08/19/content_26530461.html

支持下,技术的种类快速增长,技术交叉融合不断加剧,多种军事创新技术并存成为一种常态。尤其在军事变革时期,各种新技术不断涌现,技术间不但相互交杂形成新的技术和武器装备,而且呈现出相互间激烈较量的竞争态势。谁主导新军事技术革命并成为新军事技术体系核心,是技术间竞争的恒久主题。这一局面既是技术发展演变的自组织行为,也是各利益集团交锋的结果,其形成不可避免。

当前世界新军事革命正处于这样一种态势:信息与网络技术日渐成熟,而各种新技术,包括以云计算、大数据、物联网等为代表的新一代信息技术,人工智能,以激光为代表的定向能技术,以电磁炮为代表的动能技术,以及生物技术之间激烈竞逐。竞争造成混沌,但引领军事技术群发展的主导技术日益清晰可辨。

从历次军事革命的基本经验看,主导技术脱颖而出并非偶然,关键在于其满足了三个条件:一是从根本上提升了技术性战斗力。技术性战斗力要素主要有三项:杀伤力、机动力与信息能力。以新机理促使其中任一要素发生革命性增长,都会导致军事革命。青铜技术、铁技术、火药技术、核技术等革命性地提高了武器的杀伤力,战车技术、骑射技术、机械与蒸汽技术、内燃机技术等革命性地提高了军事力量的机动作战能力,信息技术则革命性地提高了军事力量的信息能力。这些革命性发展,打破了原来的战斗力生成结构,引发围绕新技术作战效能最佳发挥为核心的军事革命。一项技术成为主导性技术首先应具有促使技术性战斗力要素产生革命性增长的潜力。二是技术条件基本成熟。既包括关键技术实现突破、支撑性技术齐备,还包括经济上具有可行性。三是主导技术更替时机契合。也就是既有主导技术已经成熟,而潜在主导技术效能已经显现之时(参见第一章"战争形态更替的时机、条件与周期"一节)。同时达到上述三项必要条件的技术,将在竞争中不可避免地成为主导技术。

在当前诸多新军事技术当中,能够达到这三项条件的仅有人工智能技术。其他技术或非技术性战斗力要素,或运用领域过于狭窄,或技术条件不够成熟,都无法成为本轮军事技术演变的主导力量。

就云计算而言,与其说是一种技术,毋宁说是一种服务。其实质是基于互联网络的计算。它通过将计算分散部署在大量分布式计算机上,为接入互联网的用户提供计算服务。与由大型计算机向客户端—服务器提供计算能力的传统方式相比,云计算有如从古老的单台发电机模式转向电厂集中供电模式,只不过它提供的是计算能力。也就是说,云计算可为战场各用户提供更强大、更便捷、更廉价的计算能力,但并未提供新质战斗力,仍是原来计算能力基础上的一种量变,不具备主导一场军事革命的基本条件。

近年来兴起的大数据、物联网技术正加速改变人类社会的各个方面。但无论是数据挖掘,还是物联网的数据处理与管理控制,这些核心问题主要依赖于智能算法或人工智能技术,均受后者支配。

生物技术的发展使大脑植入设备、安装机器人假肢、人体基因与蛋白质改造等越来越成为可能,作战人员的生理、心理机能将因此得到改良和增强。但与日益强大完善的智能化无人系统、机器人,以及使用便携式智能助手的作战人员相比,生物化的人体机能改良并无决定性优势,难以成为技术性战斗力革命性跃迁的推动力。基于生物技术的武器,如运用生物受体、酶、细胞等与电子装置合成的生化探测器,只吞噬计算机芯片材料或能快速腐蚀一些合金的特种微生物弹药,会成为重要的手段,但受其特性限制,很难成为主战兵器。基因武器威力巨大,但它严重反人道,会导致种族群体的普遍性伤害甚至灭绝。一旦使用,很可能导致对称性的基因武器反击或非对称的核反击,很难作为有效的国家政策工具使用。在未来,进行防御性研究,或针对战略对手基因武器发展状况,研发储备威慑性基因武器,可能会成为大国安全战略的一种选择,但基因武器发展将受到国际条约严格限制,其成为主要作战武器的可能性很小。

10多年来,被称作"星球大战技术"的电磁(轨道)炮再次迎来一个发展热潮。不过,尽管在一些重要方面取得了进展,但轨道发射器难以在高导电率与高强度方面同时达到实用化需求,储能装置难以小型化,连续发射状态下轨道散热问题难解决,以及弹丸抗高初速带来的高过载能力不足等难题,始终是电磁炮武器化所无法逾越的障碍。2016年5月,美国防部开始为电磁炮项目降温,并将发展重点转向开发电磁炮的防御能力,以及通过常规火炮发射电磁炮的超高速弹丸。这一决策是在美海军对电磁炮正式研发11年、投资累计达5

亿多美元、美海军已接收首门工程样炮的情况下作出的。① 它再次表明，在目前条件下，电磁炮武器化的技术条件仍不成熟，其前景仍不明朗。这是基本物理原理简单而实际工作机理复杂且难以实战化应用的又一实例。而且，即使电磁炮的关键技术在今后 10~20 年实现突破，它所提供的作战能力，主要是数百千米距离上的廉价快速打击能力——美国防部最初即是将电磁炮视为导弹的廉价替代武器，既不能替代更为智能化、射程更远的弹道导弹、巡航导弹，也不能如智能化武器平台一样提供前所未有的机动作战能力，而其精确打击能力、智能化攻击能力的实现还得依靠信息—智能技术。受这些因素制约，电磁炮在未来更多地将配合主战武器装备实施作战。

激光技术成长为主导技术的可能性较高。首先，激光的应用，使以光速对目标进行实时打击成为可能，这一新质杀伤能力提升了技术性战斗力；其次，制造激光武器的大部分基础技术都接近成熟；第三，激光武器崭露头角是在既有主导技术成熟期，仅比智能化武器装备晚 10 年左右，与主导技术更替时机相契合。问题在于，激光武器存在一些难以解决的先天不足。不但寻常的大气沉降、霾、雨雪、沙尘、烟雾等会影响激光武器的杀伤力，而且它只能摧毁可视目标，对于视野之外或被遮挡的目标难以奏效。也就是说，激光武器不具备全天候作战能力和远程作战能力，其使用的范围、空间因此受到诸多限制。以色列经过实战选择"铁穹"防御系统就说明了这一点。为抵御从黎巴嫩飞来的"喀秋莎"火箭弹，以色列曾引入美国"阿尔法"激光器项目，并成功将之改造为尺寸较小的 THEL 系统。该系统曾在 2001—2002 年击落过 28 枚"喀秋莎"火箭弹。但以色列最终选择了以拦截导弹为主要武器的"铁穹"防御系统。根本原因就在于，尽管"铁穹"每次发射成本是 THEL 的 10 倍，但它能够全天候运行，而激光遇到云层和雨天就百无一用。② 就激光武器运用而言，目

---

① 参见 Patrick Tucker, *Can The Navy's Electric Cannon Be Saved?* June 2, 2016. http://www.defenseone.com/technology/2016/06/can-navys-electric-cannon-be-saved/128793/
② 安杰洛·科德维拉：《封存已久的"星球大战"激光器有望考验中国的太空霸权》，2017 年 4 月 11 日香港《亚洲时报》在线网站。转引自 2017 年 4 月 14 日《参考消息》网：《美专家鼓吹中国太空霸权即将到手：美需搬出"星战"技术》。http://www.cankaoxiaoxi.com/mil/20170414/1884013.shtml

前可想象的进攻性场景比较少,可能是太空战,或隐形作战飞机携带激光武器飞临目标上空实施激光攻击。在近中期,激光武器更多将运用于防卫作战。近年来激光武器的发展状况和测试结果表明了这一点。无论是 2014 年美军首次实战测试的激光武器系统(LaWS),还是中国工程物理研究院公布的对 30 多架次无人机击落率高达 100% 的新型激光炮,均是用于防卫或安保,主要是对付"低、慢、小、近"目标,它们只是对付小船和无人飞行器的理想武器。在未来,技术进步将使激光武器的功率增大、体积减小、对天气适应性更强,但其先天不足很难得到根本性解决。激光武器无疑会成为新军事技术体系的重要组成部分,但它无法在本轮技术变革中发挥主导性、决定性作用。当然不能排除激光武器关键技术在近 10~20 年出现重大突破,但也不能过于乐观。毕竟,激光武器"从实验室到走向战场总隔着'五年的距离'"。[①] 这既是行业玩笑,也是人们对近半个世纪以来激光武器发展的基本总结。

在汹涌的新一轮世界新军事革命中,尽管新技术如雨后春笋般竞相涌现,但各种新技术的发展程度、在军事技术体系的地位和作用各有差异,契合主导技术必要条件,且能为军事领域各个方面,无论是武器装备、指挥决策、作战人员智能增强还是后勤装备保障等提供普遍性新动力、新能力的只有人工智能,尚无一种新技术能对人工智能构成实质性挑战。发展智能化武器装备,构建以智能化为核心的军事技术体系,既是战斗力增长的基本要求,也是智能时代的必然趋势。

全能武士

随着智能化深入推进,战斗员退出"人—武器"基本战斗单元已不可避免。但无论是从技术进步程度看,还是出于战争法、战争伦理考虑,智能化战场仍将由人类主宰。智能化武器无须直接操作甚至远程遥控操作,但它必须由战

[①] 《五角大楼对激光武器谨慎乐观》,2016 年 7 月 3 日美国《国防》月刊网站。转引自 2016 年 7 月 5 日《参考消息》网:《前途未卜!美媒揭秘美军最野心勃勃的激光武器》。http://www.cankaoxiaoxi.com/mil/20160705/1217997.shtml

斗员掌控。这一人与武器的新型关系从单元层面减少了人的职能,又从战术层面拓展了人的职能,赋予了战斗员新角色。战斗员已不是原来的"蓝领"战士,它正日益演变为"白领"的全能武士。

规划者

战争是受难平民的严冬,却也是军工勃发的阳春。受阿富汗-伊拉克战争刺激,在 21 世纪初 10 多年,美军武器装备发展突飞猛进,以无人机为代表的智能无人系统取得重大进展。其中,X-47B 的成功研发是一个里程碑。在短短数年间,X-47B 即实现了在航母上自主起飞与降落、空中自主飞行及自主加油等关键项目测试。与通过操纵杆实施远程控制或预先编程自动控制的无人机不同,X-47B 由操作员通过键盘和鼠标发出指令来操作,即远程操作员指定数字地图上的任务点,X-47B 通过自主飞行抵达,实际飞行情况由机载计算机处理,操作员控制其方向和任务。显然,智能程度的提高,已使操作员摆脱单调、繁琐、时刻不间断的具体操作。身处智能化战斗单元自主运转回路之外,但又可随时介入的操作员,可以集中精力理解上级作战意图,并将其转化为任务或规划,然后通过鼠标、键盘向智能无人系统下达指令。X-47B 带来的变化仅是一个开始。人工智能的不断进步将使无人系统全面自主化。智能作战系统不但可以自主运动、自主调整路线(航线)、自主搜索、自主瞄准(锁定)、自主发射,而且能多系统自主协同战斗。在此过程中,虽然操作员或战斗员在技能和智能上日益解放,但其任务并不轻松。如何对"麾下"数个,甚至更多智能无人系统进行目标、任务和战斗区域规划,并在特殊情况下进行干预性操作,越来越成为操作员需要面对和完成的首要任务。在朝鲜战争中,我们将驾驶米格-15 战斗机痛击美机的志愿军飞行员称为战斗员;在越战中,遥控操作"闪电虫"式无人驾驶飞机的美国空军战士被称作操作员;在未来,控制高智能无人作战平台的军人则必须被称之为规划员。

决策者

决策权是军队核心权力。为打赢战争,军队围绕决策权划分建立起指挥决策体制。然而无论如何,一种体制的形成只是对当时代力量发展变化及战争问题解决的顺应,其成功关键在于决策权分配适当,赋予需要者与其职能作用相一致的决策权。在智能化浪潮中,智能无人系统对环境的适应性和自主行动能力不断增强,一名操作员能够操控的无人平台数量不断增多,从数个到数十个甚至更多,其对战局的影响力前所未有。这一力量要素及要素间关系的新变化,动摇了既有权力结构基础。赋予操作员相应的战术决策权,以确保在瞬息万变战场上掌握主动,成为智能时代的基本要求。技术层面也是如此。尽管智能化水平提高不断降低操作员介入武器自主行动的必要性,但在涉及人类大脑特性的创造性、局势意识,以及牵涉战争伦理的武器自主打击等问题方面,仅靠技术进步很难实现重大突破。未来很长一段时间里,在许多重要问题上,如执行一项任务需要多少数量无人系统,如何战斗编组,选择何种战术,是否及在什么时机实施火力打击等,无人系统(集群)将不得不依赖操作员的判断、灵感、直觉和战斗决心。在未来战场,智能化武器操作员——无论是士兵还是军官,成为战术与战略的连接点。他们决定无人系统(集群)的行动,直接影响战场形势发展。

生产者

军工(或兵器工匠)生产武器,战士使用武器,是数千年来社会分工的基本格局。进入信息时代,计算机互联网在构建新社会空间的同时,催生出在网络空间战斗的网络战士。与传统战士不同,网络战士自己生产并使用网络武器,如黑客程序、计算机病毒,与对手进行网络攻防。这一武器生产与战斗一体化新模式,为军事力量演进开辟了新道路,其势头将在智能时代延续并形成发展高潮。一方面,随着人工智能不断发展,易用、开放、功能强大的新型智能工具不断涌现,不但专门从事开发的工程师,或者说智能战士,可以研发各种基于互联网、物联网的智能算法、软件和网络机器人,并以类似于网络战的方式运用于作战行动,而且具有较好技术基础的操作员,也可以根据战场实际对智能无人系统进行修改、优化或增加新功能,创新智能作战系统将在各个可能层面和领域展开。另一方面,以三维打印(增材制造)为代表的制造工具革命使战场实地制造成为可能。利用三维打印平台,作战人员单独或与技术专家一起,可以根据战场需要制造新的功能组件或新武器,战斗员生产武器自此从软件开发拓展至硬件制造。在上述两方面因素支持下,智能战士将拥有前所未有的生产能力,其战斗参与性、灵活性因此得到极大提高。以前,"以什么方式生产就以什么方式作战"是从社会分工之间的联系角度讲,未来,它将在生产领域与军事领域的交汇点——智能战士身上实现,战斗者生产武器将成为智能时代的一种时尚。

战斗员角色转变是一个不断加速的过程,受"莫拉维克悖论"影响,其实现在各个领域不会平衡。技术含量越高的作战能力和作战武器,越容易被智能化和替代,而技术含量越低、越依靠人的运动和技能的越难以被替代和智能化。这与各个领域智能化实际进展相一致,即空中力量智能化发展最快、程度最高、操作员退出"人—武器"基本战斗单元最早,海上力量次之,陆上力量较为缓慢,特别是取代陆战士兵的机器人出现会很晚。与之相适应,最先向规划者、决策者、生产者角色过渡的将是智能无人飞行器操作员。目前,地面站操作员或战斗机飞行员控制小型无人机机群的研究已在多个国家展开,智能算法的发展改进已展示出由一个战斗员控制上百架无人机的前景。在信息化浪潮中,士兵变成了传感器。在智能化浪潮中,士兵正加速向指挥官、制造业工程师转变,并日益成为集干预性操作、规划、决策、生产于一身的全能武士。未来战场上,战争将成为少量全能武士的对决。人类由此可能进入一个荷马史诗般的新英雄时代。

谁是专家?

3年前,如果有人问"业界有哪些专家",我们会掰着指头将专业领域的专家一一数给他。3年后,如果有同样的问题,我们必须审慎地询问一下:"你指的是什么?专业领域的专家,还是数据科学家?"如此回应并非故弄玄虚。一个必须正视的现实是,技术进步正戏剧性地改变"专家"这一称谓的内涵和群体结构。

一直以来,只有精通一学科,或技艺方面有较高造诣的专业人士才被称之为专家。成为专家往往需要长期的知识或技艺训练,"隔行如隔山"是对各领域,也是对专家专业性的真实描述。进入 2010 年代,人工智能与大数据的崛起开始颠覆这些传统认知。

谷歌公司在机器翻译方面的成功是一个典型事例。2016 年 9 月,谷歌推出采用神经网络机器翻译(NMT)技术的机器翻译系统(GNMT)。在多种主要语言翻译中,该系统将平均错误率一举减少 60%。其中,英语翻译为西班牙语的准确率最高达 87%,英语法语互译方面几乎跟人类水平无异。如此程度的提高在谷歌翻译 10 年发展历程中前所未有。更令人震撼的是,该项目团队中的工程师都不会说他们翻译出的语言。在专业性很强的自然语言翻译领域,外行研发的翻译工具达到甚至在未来必定超过内行,不得不说这是一个奇迹。其关键在于,与之前基于词组的机器翻译必须有语言学家支持不同,神经网络机器翻译的要诀是深度学习。语言学家主要关注语言分类、动词形态、关系从句、一致性等问题,强调运用语法规则、语义规则解决问题。神经网络机器翻译则通过大规模数据训练改进翻译算法,主要从神经网络架构、参数更新、学习规则和推理算法等方面提升翻译准确率。二者在实现路径上有根本区别。也就是说,神经网络机器翻译的力量或者说成效主要来源于算法和数据训练,其团队中有无语言学专家对机器翻译效果没有实质性影响。微软研发实践也证明了这一点。在微软机器翻译部门,统计学家们的一个重要话题,就是每次一有语言学家离开团队,翻译质量就会变好一点。① 在机器翻译方面,语言学家仍会在一些问题上发挥一定作用,但专家团队的主体和主导力量是研发神经网络机器翻译系统的人工智能科学家、数据科学家和统计学家。

机器翻译领域专家结构的变化只是一个缩影。在智能化浪潮中,深度学习应用的各个领域都发生着类似改变。谷歌阿尔法狗近 20 人的研发团队中

---

① 参见[英]维克托·迈尔-舍恩伯格、肯尼思·库克耶:《大数据时代:生活、工作与思维的大变革》,盛杨燕、周涛译,杭州:浙江人民出版社 2013 年版,第 181 页。

仅有极个别会下围棋,而棋力最高者也不过业余6段——实在算不上是围棋大师;2015年发表《挖掘因果关系:对"伊斯兰国"的数据驱动研究》一文的萨卡利亚(参见第四章"数据就是力量"一节),早年曾作为美国陆军军官在伊拉克服役2年,但他更是计算机科学专家,等等。一个显见的事实是,人工智能与大数据的发展正在颠覆专业力量的地位和作用。

此前,受可获取数据和信息的数量、多样性、及时性等因素限制,人类极难把握事物的全面。学习掌握前辈经验、专业知识与技术,运用各种实验或思维工具探索事物规律,就成为人们深刻理解事物、准确判断形势、正确作出选择(决策)及精通技艺的基本方法。在此背景下,经过长期知识或技艺训练的专家格外重要。然而,随着智能时代的到来,传统专家开始面临前所未有的挑战。对习惯于处理少量信息、结构化数据的传统专家而言,大数据简直就是灾难。他们根本无力应付来自各种信息采集和获取渠道的数据洪流,更遑论从中提取和整合各种价值信息。

时代呼唤新的解决方法。在数据价值挖掘强大需求的牵引下,以人工智能算法为核心的大数据技术应运而生。大数据技术不但能有效处理规模巨大、形式多样的各种结构化、非结构化数据,而且能快速有效揭示事物间的相关关系,为认知和决策提供高价值参考,其在数据处理和知识创造方面的效率、实用价值远超传统专家,后者被边缘化甚至淘汰也因此无可避免。

世界著名科技杂志《连线》创始主编凯文·凯利曾谈到颠覆性技术通常有三个规则,其中第一个是"在行业里最主要的颠覆性不是来自你自己的行业,而是来自外界"。[①] 这一规律性论断同样适用于各领域的专家队伍。智能化从横向上打通了各个领域,各专业领域包括军事领域依靠人工智能和大数据提高产出效率,开发相关智能系统的科学家、工程师由此成为主导力量。传统行业专家仍然重要,他们不会消亡,但逐渐会被边缘化,沦为前者的附庸。

在未来,国家安全顾问、军事专家的主体将是能够驾驭大数据的科技专

[①] 凯文·凯利在"2015产业中国年会"上的演讲《未来20年科技的必然走向》,i黑马译,2015年10月25日。http://tech.163.com/15/1025/20/B6Q2C0HE000915BF.html

家。他们没有偏见和成见，不受陈旧军事思想影响，他们的判断建立在全量大数据基础之上，他们发现与国家安全、军事斗争相关诸事物间前所未有的相关关系，他们为战略决策者和战场指挥官提供独到见解，他们是维护国家安全与打赢战争的中坚"智囊"。

人人都有超级助手

2015年4月迪拜国际象棋公开赛期间，发生了一件令棋界倍感惊诧的事件。对局中，亚美尼亚棋手彼得罗森发现，他的对手格鲁吉亚国际象棋大师盖奥兹·尼古拉泽在走棋前频繁如厕。彼得罗森随即将这一疑点报告给比赛监督。结果，比赛监督在厕所还真发现了一部隐藏的智能手机。尽管尼古拉泽极力否认作弊，但手机里的社交媒体账号是他本人的，而且手机上安装的棋局分析应用软件也正在分析他当时的比赛。赛会据此认定尼古拉泽作弊，并将他逐出比赛。

利用智能手机在比赛中作弊显然不是什么光彩事，而这一事件还给人以启示：如果智能分析软件已强大到连国际象棋大师都无法抵御其诱惑的话，那在无类似比赛规则限制的对抗性活动中，包括军事对抗，是否应该引入人工智能认知—决策支持系统以获得优势？

答案是肯定的。人类大脑具有意识，创造力强，擅长在复杂情境下研判宏观局势和决策，以及进行目的性把控，但在复杂计算、大量数据处理方面能力较弱。在现代竞争对抗活动中，人类大脑很容易湮没在巨量信息和复杂态势当中。许多情况下，都是处于一种勉强应付的状态，创造力强等优势得不到有效发挥。而人工智能则不同。尽管它没有意识，并且只能在算法框架下模拟人类智能，但它在计算能力、高效处理信息数据方面的能力远非人脑所能及，能为使用者提供无尽的知识、经验，以及迅捷的大数据分析判断结论。引入人工智能以解放、增强、拓展人脑，显然既是大数据时代的基本要求，也是获取竞争对抗优势的客观需要。

相关的探索很早就已经展开。在1997年被国际商业机器公司的"深蓝"计算机击败后不久,国际象棋大师加里·卡斯帕罗夫(Garry Kasparov)就意识到可以用人工智能增强国际象棋选手水平。在他看来,如果能像"深蓝"一样即时访问棋局数据库并得到棋局分析建议的话,那么棋手在对局中应该能表现得更好。为此,卡斯帕罗夫率先提出"人加机器"(man-plus-machine)比赛概念。后来的实践表明,这一设想很有价值。自"深蓝"战胜卡斯帕罗夫以来,在人工智能帮助下,国际象棋棋手棋艺得到普遍提升,现在达到国际象棋大师等级的人数已是当时的2倍多。2014年,在接受任何模式选手参赛的自由式国际象棋对抗锦标赛上,纯人工智能国际象棋引擎赢得42场比赛,而半人半机选手赢得了53场。目前最优秀的国际象棋选手也是半人半机选手Intagrand,它是一个由多人和多个不同国际象棋程序组合而成的小组。① 在国际象棋领域,人工智能国际象棋引擎已成为国际象棋选手不折不扣的专家型陪练。

国际象棋棋手对人工智能助手的使用很有代表性。在智能化浪潮中,人工智能正被越来越多的领域用于改善人的认知和决策,各种人工智能应用已日益成为人们不可或缺的助手。智能手机的发展清楚地表明了这一点。对于拥有强大计算能力,集成陀螺仪、加速计、压力传感器、摄像头等诸多传感器的智能手机而言,一切皆有可能。安装什么软件,就拥有什么功能。新增什么软件,就新添什么助手,持有者就拥有相对应的能力。在各种硬件和智能算法支持下,智能手机现在已成为我们的随身秘书、翻译、数据库、出行向导、健康专家、股票分析师等。凭借装有各种人工智能应用软件的手机,我们的智能,特别是认知—决策能力在多个方面得到增强和拓展。

经济社会领域如此,安全与战争领域亦如此。在战场上,持有一部联网的智能终端,就拥有了一个集专家型陪练(或学习机)、专家型参谋、中西方军事思想与战争战例咨询顾问、战场地理与环境科学家、数学家、战场大数据工程师、战场向导等各种助手于一体的微型、便携式超级"参谋部",就拥有了在战场对抗中的认知、决策和行动优势。为作战人员装备类似智能手机的智能终

---

① 参见 Kevin Kelly, *The Three Breakthroughs That Have Finally Unleashed AI On The World*, October 27, 2014. https://www.wired.com/2014/10/future-of-artificial-intelligence

端,已成为军事创新的一个重点。

2011年下半年,美军开始测试基于智能手机的"奈特勇士"(Nett Warrior)单兵穿戴式态势感知系统。该系统主要由"奈特勇士"软件系统,以及通过USB连接的智能手机和通用数字战术无线电台等部分组成。其中,无线电台主要用于联网通信,与之相连并安装"奈特勇士"软件系统的智能手机则是各种功能实现的核心设备。通过智能手机,美军士兵可以获取关于敌人、路边炸弹和友军的照片,地图及各种重要作战信息,并且可以实时分享并上传。分队指挥官可以利用手机标注敌军和平民的方位,查找通往目的地的最佳路线,以及利用手机汇集的信息作出战术决定,进行战斗协调等。在测试中,"奈特勇士"系统在美军部队好评如潮。2013年,美军决定采用三星GALAXY NOTEII智能手机作为"奈特勇士"的用户终端,并计划在5年内装备到陆军30个旅级战斗部队。该系统的运用将大幅提高单兵信息融合能力和移动中的战场态势感知能力,并为美军分队指挥官提供良好的辅助决策支持。美陆军"奈特勇士"项目产品经理贾森·雷尼尔甚至认为:"智能手机以商业化的速度使作战人员获得了革命性的改变战局的能力。"[1]

美军"奈特勇士"计划是军事智能化革命初期的一次成功尝试。随着革命浪潮的深入推进,安装各种先进智能软件的智能终端将成为战场上各类人员必需的标准装备。它们或装配在指挥、战斗平台上,或成为单兵的可穿戴装备,战略战术对抗将体现为"人—机"综合智能之间更为高级的激烈交锋。

一个日益明晰的事实是,智能终端不是可有可无的一般装备,它的出现事实上重新定义了战斗员和指挥员。在以前,判断战士的必要条件是有没有枪;在未来,判断的必要条件是有没有军用智能终端。拥有超级智能助手的人,才是完整意义的战士。战场上,虽然智能化无人系统的广泛运用会使军人越来越少,但参与战争的军人都将是由强大人工智能认知—决策系统提供支持的高智能战士。

---

[1] Seth Robson, *Smartphone Upgrade Keeps Troops Plugged In On The Battlefield*, April 12, 2013. https://www.stripes.com/news/smartphone-upgrade-keeps-troops-plugged-in-on-the-battlefield-1.216407#.WcpUR_MjGJA

第五章 力量的转移

无网而无胜

2014年7月8日夜。加沙地带北部。

5名准备实施两栖攻击的哈马斯（Hamas,巴勒斯坦伊斯兰抵抗运动）蛙人向以色列军事基地接近。

这一隐蔽行动未能逃过以色列海军的沿海传感器。

传感器通过以陆军的新指挥控制网络，将目标数据传送给海陆空诸战斗平台，包括在边境地区随时待命的1辆"梅卡瓦"主战坦克、空军的无人机，以及海军的1艘近海巡逻舰。

紧接着，战区纳哈尔步兵营指挥官一声令下，共享同一画面的海、陆、空诸"射手"同时射击，蛙人被迅速消灭……

这是2014年以军"护刃行动"第一天的一个实战场面。尽管战斗规模很小，但意义重大。它是以军网络化联合作战能力的首次展示，标志着以军以网络为中心的联合作战能力真正形成。在"护刃行动"中，以军"猎手"数字指挥控制网络将最高指挥层同所有传感器和下至营级，甚至常常到连级的"射手"联结在一起。机动地面部队居于支配地位，并通过网络，与以空军、海军、情报部门和特种部队相联系，形成了一个基于网络的联合作战力量体系，为以军打击哈马斯提供了坚实的力量基础。以国防军自动化指挥系统官员埃亚勒·泽林格准将甚至认为，"护刃行动"是"历史上一支现代军队首次通过完全网络化调遣参加的战争"，以军"在此展示的是世界上首次大规模应用的网络化作战"。[①]

以军网络化联合作战能力的形成并非偶然。这是其10余年来信息化、网络化建设成果的集中体现，也是世界军事信息化革命的又一里程碑。

自20世纪90年代以来，特别是经过阿富汗-伊拉克战争实战运用后，网

[①] 芭芭拉·奥帕尔-罗姆：《以色列称赞在加沙的新作战能力》，2014年8月16日美国《防务新闻》周刊网站。转引自2014年8月18日《参考消息》网：《"护刃行动"展示以色列军队网络化作战成效》。http://mil.cankaoxiaoxi.com/2014/0818/465381.shtml

络的战略战术价值已为世界各国军队所认知和高度重视。发展和运用一体化战场网络,利用国际互联网,以网络为中心组织作战已成为普遍共识。

就信息化的引领者美国而言,为充分发挥网络作用,美军在20世纪90年代末就率先提出网络中心战理论。其核心是利用计算机网络,把地理上分散的部队、各种传感器和武器系统联结在一起,实现信息共享,实时掌握战场态势,缩短决策时间,提高指挥速度和协同作战能力。为此,美军大力推动"全球信息栅格"(GIG)计划,力图集成美国防部分布在全球的所有信息系统、服务及应用,形成一个无缝、可靠和安全的栅格化信息网络体系,为全球任意点和不同需求间的信息沟通提供环境条件,以确保美军的信息优势和决策优势。该计划已完成第二阶段建设,在各军种内部实现了所计划的功能。目前建设重点是整合各组成部分和关键技术,实现各军种信息系统的互连、互通、互操作,并计划在2020年全面完成。

与此同时,美军战术互联网建设不断取得重要进展。以美陆军为例。在经过2年测试后,美陆军已于2015年开始部署综合通信系统"能力集13"(CS13)。该系统是美陆军新一代战术互联网,其运用使美军成为世界上第一支具有高机动宽频网络的作战力量。在阿富汗战场的测试中,该系统证明适于在恶劣环境中使用。

经过长期发展,美军已构建起以全球信息栅格为骨干,以战术互联网为支撑的战争互联网体系,联合力量可以在很大程度上不受地理区域、战斗任务、武装力量编成和结构等限制,在任一层级(战术、战役、战略)实施网络中心战行动。这与伊拉克战争前期战略网络与战术网络自成一体有根本不同,是质的飞跃。横向、纵向日益一体化的互联网络提供了前所未有的快速通信和信息交互能力,美军情报信息、人员、后勤物资的流动,全谱军事行动的指挥与控制,均高度依赖网络进行运转,互联网络已成为美军完成使命不折不扣的关键赋能器。[1]

---

[1] 参见美国国防部《网络空间行动战略》(*Department Of Defense Strategy For Operating In Cyberspace*, July, 2011). http://www.bibliotecapleyades.net/archivos_pdf/dod-operating-cyberspace.pdf

第五章　力量的转移

理解、运用网络的不止是国家,非国家行为体,既包括老牌的恐怖组织"基地"组织,也包括近年来崛起的"伊斯兰国",都将网络作为其组织运作和活动的基本平台。在无力建立有效战场互联网情况下,它们充分利用国际互联网,通过推特、脸书、Telegram 和 WhatsApp 等网站、网络社交媒体或即时通讯软件,散布信息、进行通信联络、招募成员、募集资金,以及组织协调暴力恐怖活动。[1] 其中,在网络社交媒体影响下,2011 年至 2015 年 9 月,有多达 3 万名外国武装分子试图去伊拉克和叙利亚,许多人致力于加入"伊斯兰国"。[2] 网络对于"伊斯兰国"等极端组织的野蛮生长可谓"功不可没"。这也是美国 2016 年首次公开实施网络战,并将"伊斯兰国"的在线通信网络作为第一个攻击对象的一个主要原因。

无论是走在互联网络建设前列的美国、以色列,加速追赶的俄罗斯、中国,还是"伊斯兰国"等非国家行为体,它们对网络高度一致的重视与运用,既是追求更强战斗力的需要,又是对主流趋势的适应与追随。在信息化、网络化、智能化时代,网络使用优势及其普遍性运用形成一个无法回避的格局:网络优势一方更易占据战场优势。运用网络者未必能胜,但不运用者一定不能胜。一体化网络已经成为一切军事活动不可或缺的基础设施,且这一格局将长期存在。尽管在技术发展周期规律支配下,网络技术的日益成熟与人工智能的蓬勃发展正导致网络对战斗力生成的边际效益不断下降,但技术进步与技术间的交叉融合,也在使互联网络不断创新发展,并以新形态,如云计算主导的互联网、物物相连的物联网等支持军事活动,网络仍将发挥不可替代的支撑性作用,并将作为基础性的战争赋能要素长期存在。未来军事技术体系将以人工智能为主导,但将是基于网络,特别是物联网的智能化武器装备体系。

---

[1] 参见 Cara McGoogan,*US Government Declares Cyber War On Islamic State*,April 7,2016. http://www.telegraph.co.uk/technology/2016/04/07/us-government-declares-cyber-war-on-isil
[2] Morgan Chalfant,*ISIS Is Winning the Twitter War*,August 16,2016. http://freebeacon.com/national-security/isis-winning-twitter-war

▶ 第六章

改变游戏规则

技术依赖使技术支配不可避免。

"一旦技术上的进步可以用于军事目的并且已经用于军事目的,它们便立刻几乎强制地、而且往往是违反指挥官的意志而引起作战方式上的改变甚至变革。"①恩格斯 100 多年前的论断至今仍振聋发聩。在汹涌的智能化浪潮中,随着战争对人工智能创新应用依赖的加重,人工智能的技术逻辑将逐渐支配战场各要素,战争游戏规则在这一进程中变革重塑。

以智能力发挥为核心组织作战

战争赢家总是那些发现新技术使用奥秘并有效运用的军队。在第二次世界大战中,充分发挥坦克、飞机机动突击能力,运用闪击战方式作战的军队主导战场。在阿富汗-伊拉克战争,充分发挥精确制导武器、C⁴ISR 信息作战能力,运用精确打击-信息网络作战的军队主导战场。在智能时代,以智能化武器装备性能最佳发挥为核心组织作战的军队将主导战场。

以智能化武器为核心组织作战是作战方式的质变。这并不意味着在数量上超过传统武器装备,而是强调后者作用发挥将以前者性能最佳发挥为前提,

---

① 中国人民解放军军事科学院编:《马克思恩格斯军事文集》(第一卷),北京:战士出版社 1981 年版,第 17 页。

其实质是以新质战斗力为核心重组战斗力。数千年战争史表明,认识到军事革命,并率先运用新武器和新作战方式的军队很容易达成战术突然性,进而掌握战场主动权。在战争实践中,由于新武器新战术形成的新质战斗力在战场上没有"天敌",哪怕只有一部分运用新作战方式的新型力量,都会产生超出想象的震撼性战果。"二战"初期,德军在入侵荷兰、比利时和法国时,仅有10个装甲师和4个摩托化步兵师,占它总兵力148个师的10%不到。[1] 但德军以这14个精锐师为骨干进行的"闪击战",5天征服荷兰,18天征服比利时,42天征服欧洲公认的第一强国法国。其关键就在于,德军对新武器新战术的运用,轻易就打破了它与法军等军事力量间的既有技术战术平衡,导致战场形势出现秋风扫落叶般的一边倒局面。类似战局在历次军事革命中反复出现。可以说,在新军事革命浪潮中,能否洞察新技术发展创新,探索运用与之相适应的作战方法,是一支军队能否成为拥有决定性战场优势的革命先行者,或者至少立于不败之地的关键。

在军事智能化革命加速推进的今天,曾经的战斗力引擎——信息技术日益成熟,后来者与先行者之间的技术、战术差距已大幅缩小并趋于平衡;新的战斗力引擎——人工智能正蓬勃发展,技术创新与应用层出不穷,国际军事竞逐激烈进行。如何充分发挥智能化武器装备性能,并构建与之相配套的作战体系,成为新军事革命深入推进,以及夺取未来战争制高点的枢纽。

从技术性战斗力角度看,人工智能成为新力量源泉的关键在于它提供了杀伤力、机动、信息三要素之外的第四要素——智能。智能从来都是战斗力形成不可或缺的基本要素,但此前的智能主要由直接参战的人类战斗员提供。而人工智能的发展应用,使人类智能以一定方式物化到武器装备和指挥控制系统。新型智能化系统由此具备了在无作战人员直接操作(使用)情况下的半自主或自主认知与行动能力,并衍生出诸多既有军事系统所没有或不可企及的新性能。这些新性能是新质战斗力形成的基础,它们为军事行动创新提供

---

[1] 参见 J. F. C. 富勒,《西洋世界军事史》(第三卷),钮先钟译,北京:中国人民解放军战士出版社1981年版,第390页。

了前所未有的可能性,是作战方式变革的切入点和指引。这主要包括:

长时间持续工作能力。智能化使武器装备持续工作时间上限从人类生理极限大幅提升至动力系统持续工作极限。只要燃料充足,在检修或发生故障之前,武器装备可以一直持续运行。空中作战飞行器执行任务时间因此从原来的以"小时"计拓展至以"天"计,海上航行器特别是核动力军舰则从原来的以"月"计拓展至以"年"计。这一新变化使作战力量连续无间歇地长时间遂行作战任务成为可能。在进攻作战中,可运用智能化武器系统实施纵贯敌防御纵深的连续突防行动,使防御方难以从最初的震撼中恢复。在防御作战中,可运用智能化无人系统对敌动向实施长时间侦察监视,在较大程度上消除进攻方作战行动的突然性。长时间遂行作战任务能力还使实施远距离区域控制,特别是在非传统战争行动中的区域控制作战行动成为可能。

长期待机战备能力。智能化武器系统无需人员直接操作,且具有半自主或自主行动能力,这一特性使其可在无人随伴值守情况下长期处于待机或关机状态,并在时机到来时,被激活信号唤醒遂行任务。这一独特能力使无预兆伏击战、偷袭战成为可能。智能化武器系统可事先部署在陆地、海洋、太空的各交通要道、战略要地或预设战场,以及电磁网络空间。潜伏时间可以是数月,也可以是数年。一旦需要,即可在激活后或伏击途经目标,或袭击附近重要目标。由于不是在行动近期部署,潜伏的智能化武器系统很难被发现,容易达成行动突然性。与之前武器装备预置不同,智能化武器系统的预先部署是力量预置、战术预置。

小微化形体。将战斗员直接操作(使用)的武器系统无人化不是智能化革命。发挥人工智能优势,如在武器设计上突破人的形体限制,制造与传统武器装备形态相异的武器,特别是小微型无人系统,更反映智能化本质。由于形体非常小,又多使用复合材料,小微型智能化系统,无论是无人机、无人艇(包括潜航器)还是地面机器人,都很难被传统雷达或声呐等侦察装备探测到。这使它们能够从各种可能的连通处,如通道、缝隙、洞穴、出入口、通风口、下水道、窗口、墙壁以及传统舰艇不可航行水域等人类难以接近或无法通过的地方,进入对方设防的阵地、建筑物以及战略要地、要点或重要目标,以前所未有的方式实施渗透作战,突破敌防御体系。这一新方式打破了渗透作战一般只作配合之用的老传统,使之跃升为重要作战阶段,甚至一种独立的作战样式。

小微化形体还导致作战平台"母舰化"。一方面,形体小意味着机动距离近,要发挥小微型智能无人系统的行动优势,就必须使用能进行较远距离机动的投送工具。另一方面,形体小意味着可将多个小微型智能无人系统装载至传统武器平台大小的作战平台中,既包括航空母舰、大型运输机,也包括中等尺寸的舰艇、飞机、装甲车、太空飞行器等。这两大因素,也就是需求与可能性的契合,将使母舰类武器系统的运用既从水面拓展到水下母舰,从大型航空母舰拓展到多类型的水面舰艇母舰,又超越海洋,拓展到空中的航空母机、太空的航天母舰,以及陆上的无人机/机器人母车等,形成四维物理性作战空间普遍运用新局面。在未来,以母舰类作战平台运载小微型智能化无人系统并在作战地域大量部署,将成为一种基本的武器运用方式。

群协同能力。人工智能研究不仅是对人类智能活动的模拟拓展,而且包括对一些自然生物群体行为的模拟拓展。在自然界,昆虫等动物群体常以集体的力量觅食和生存。尽管其中每一个体的智能并不高,但通过相互间的信息交互与合作,它们能够表现出较高水平的整体智能行为,即群集智能(Swarm Intelligence)。近年来,群集智能研究已取得不少重要成果,其深化与应用正使大批量小微型智能化无人系统协同作战成为可能。受群集智能算法支配的空中、陆地、水面/水下、太空无人系统群在协同机动、侦察与攻击等方面将具有前所未有的系统性优势,它将对仍以传统作战思想因应的对手构成难以招架的威胁。

非生命性特征。军事智能化系统是在智能算法框架内完成人类赋予任务的机器。由于没有人类心理和精神活动的羁绊,且其损失造成的政治影响较小,在最危险的地域或作战阶段运用智能化无人系统冲锋陷阵就成为一种必然选择。事实上,无人机最初运用的三个主要任务领域即是"枯燥任务领域""恶劣环境任务领域"和"危险任务领域"(The dull, the dirty, and the dangerous)。这一运用倾向将随着智能化武器装备自主性的提高而不断得到加强,并拓展到作战的各个方面,成为构建作战力量体系、任务体系和组织协同的基本原则和方式。

在军事智能化革命加速推进的今天,人工智能不断显现出前所未有的优异性能,以智能运用为核心的新质战斗力日益形成,智能渐趋成为军队威势所在的主要因素。抓住这一战斗力生成新引擎,围绕智能力最佳配置与运用组织作战,争夺智能优势,已成为国际军事竞争的关键。

实质——全面创新对抗

数千年来,受技术条件限制,在人类战争演变的大部分时间里,为数不多的军事创新大都集中在战争准备阶段,战场创新一般多局限在认知思维层面的战法创新、谋略创新。无论是兵圣孙武所讲的"攻其无备,出其不意",[1]还是西方军事思想杰出代表克劳塞维茨指出的"一切行动都无例外地要以出敌不意为基础",[2]都主要是强调战法与谋略创新。

进入 21 世纪,信息网络的发达、人工智能的崛起,以及三维打印技术的快速发展,极大地改变了各种作战条件和环境,战场创新开始突破原来局限,进入全域、全程、全员创新的新阶段,敌对双方军事斗争也越来越体现为一种全面的创新对抗。主要体现在四个方面:

首先,信息网络的发达削弱了军事创新的前后方界线。在激烈的军事对抗中,意料之外的各种新情况、新挑战层出不穷,其中除一部分可在战场现地解决外,许多都依靠战场外力量的支持。在此前没有信息网络的情况下,基本上都是由战场作战力量提出军事需求,后方军工制造商、科研机构根据需求,或改进武器,或开发新型武器装备、系统,或研究应对解决之道。由于前后方

---

[1] 杨义主编:《孙子兵法评注》,长沙:岳麓书社 2006 年版,第 5 页。
[2] [德]克劳塞维茨:《战争论》(第一卷),中国人民解放军军事科学院译,北京:商务印书馆 1982 年版,第 210 页。

信息沟通较困难,军事创新周期长,这一方式只能在长期战争中发挥有效作用,但它难以满足对及时性要求很高的速决战,以及首战即决战的现代局部战争的需要。20世纪90年代以来,信息网络技术的发展与广泛应用为这一问题的解决创造了条件。在战场互联网、国际互联网支持下,前后方可就任何一个问题和细节随时进行沟通探讨,战场一线指挥官、战斗员和技术人员可将新变化、新需求、新调整在第一时间传递给后方,并参与或者主导各种军事研发创新活动。共同创新取代了前方提需求后方来落实的旧模式,前后方创新界线因此被打破,战场创新作用日渐凸显。

其次,智能化武器装备广泛运用形成作战人员普遍创新局面。人工智能的发展应用使武器装备具有了自主半自主的认知和行动能力,作战人员,无论是指挥官、参谋人员还是战斗员,在体力、技术和脑力等各方面都因此获得空前解放。大多数情况下,和作战人员直接交互作用的,不再是敌人,而是信息和知识。作战人员的主要任务是在智能辅助系统对原始数据分析的基础上,对分析结论进行深度分析、综合和归纳,运用人类在非线性思维、创造性思维方面的优势,得出形势判断结论,形成融科学性与作战指挥艺术于一体的作战决心及实施方案,并经兵棋系统推演评估后执行。具体的战斗动作则主要由智能化无人系统自主或半自主地实施。在这一过程中,创新成为无论指挥官还是战斗员都必须进行的基本活动,贯穿战争始终,渗透于各个领域,其广泛性、普遍性前所未有。

再次,三维打印使武器装备的战场创新及制造成为可能。长久以来,"有什么武器打什么仗"一直是军人们的无奈选择。在战场上,情况变化经常带来新需求,但受战场装备保障能力有限,武器装备研发生产的科研机构、军事工业又远在后方等因素制约,军队大都只能从手持武器中挖潜,直到无潜可挖,由此造成的技术被动极易导致战术被动。三维打印技术的发展应用从根本上改变了这一局面。只要在战场配置三维打印机和所需原料,即可将按作战新需求设计的新部件、新武器在较短时间内打印(制造)出来,无须后方保障单位制造再前送至作战区。战场装备保障由原来应对式的维修,转变到创造性地为作战行动提供所需新武器装备,形成"打什么仗就造什么武器"的新局面,保障效率及性质均出现根本性改变。

最后,智能化军事专家系统为作战决策创新开辟新天地。在新一轮人工智能浪潮兴起之前,几乎没有人真正担心人工智能会超越人类智能。然而,从2011年国际商业机器公司的沃森机器人在智力竞猜节目"危险边缘"中大败人类选手,到2017年初谷歌阿尔法狗在围棋界称霸,再到美国科学家通过大数据挖掘发现"伊斯兰国"行动规律(见第四章"数据就是力量"一节),一系列事实表明,人工智能将在而且已经在一些方面超越人类。尽管是人类智慧的结晶,但人工智能有着与人类不同的"思维"逻辑,其运用常会突破人类思维定式,在大数据处理效率及思路上为人类分析、判断、归纳及决策辟立前所未有的新方法。借助智能化军事专家系统提升作战决策能力,势将成为智能时代军事斗争的必然选择,"兵无常势、水无常形"的军事哲理也将因此而发挥到极致。

创新向战场各要素、全进程的渗透,在改变军事创新格局的同时,也改变了传统的作战方式和方法。在以往战争中,战场作战优势大都是通过扩大兵力兵器规模或谋略运用取得。这些传统方式在智能化浪潮中已日渐褪色。依靠全域、全程、全员创新,从技术与武器、作战方式方法等多个方面形成新战斗力增长点,以出敌不意方式构成"不对称"优势和达成行动突然性,使对手不得不按己方游戏规则出牌,将成为获得作战优势的基本方法。

作战是敌对双方血与火的激烈对抗,双方力图创新以构成对敌优势,对手则想方设法予以破解。而要始终保持作战优势,就必须在作战效益递减之前实现新的创新。在这一针锋相对、你来我往的对抗中,敌对双方不断缩短创新周期、提高创新能力和效率,使战场创新极具竞争性和对抗性,创新对抗因此成为战场攻防的一条主线。这一点在现代商业领域已体现得非常明显。2002年入选英国《金融时报》"全球最受尊敬公司"的美国高技术制造商3M公司,其在众多竞争中成功的一个重要原因就是创新。该公司有一条"15%规则",即公司鼓励员工拿出自己15%的时间考虑新点子,不管这些点子是关于什么项目的。① 微软公司创始人比尔·盖茨则强调:"不创新,就会死。"②商界如此,波谲云诡、对抗最为激烈的战争领域更是如此。在阿富汗战争中,即使是拥有绝对优势的美军,也从未放松战场创新,包括探索网络中心战,派遣特种作战部队使用定位系统提供实时目标数据,将监视静态战场的联合监视目标飞机用于给"全球鹰"等平台提供信号等。美军不遗余力地创新,使它以很小代价即取得了在阿富汗山区复杂地形、复杂社情环境下的丰硕战果。2001年12月初,时任美国总统乔治·W.布什在南卡罗来纳州的城堡军事学院发表演讲时评论道,"阿富汗上空飞行的精确打击空中力量和无人驾驶飞行器每天都在改写着作战的规则。阿富汗作战使我们对未来军事思想有了更多的认识,比专家和智囊们讨论10年的收获都大。"

在军事智能化浪潮中,多元、普遍性的创新打破了传统军事创新的局限,作战力量体系的作战效能由此实现了向更高层次的跃迁。在未来战场,战斗力的重要提升,首先将取决于能否创新军事思维方法、武器装备及作战方式。创新对抗正逐渐成为贯穿战场作战始终,并决定敌对双方胜负的基本斗争形式。放弃创新就是放弃胜利。只有把信息优势、知识优势、智力优势转化为创新优势,并通过持续、快速、有效的创新,才能夺取、保持和实现对战场主动权的持续控制,并最终取得作战的胜利。

核心作战理念——直屈敌志

"战争是迫使敌人服从我们意志的一种暴力行为。"③那么,如何才能迫敌屈从呢? 最直接的方法就是对敌方意志的主体,也就是敌最高决策者采取行动,逼迫其服从己方意志。对于这一捷径,人们在早期战争实践中就有所认

---

① 汤经国:《保证人才有足够的研究时间——3M公司的15%时间定律》,《华商》2002年第Z2期。
② J.D. Meier, *Lessons Learned from Bill Gates*, January 19, 2011. http://sourcesofinsight.com/lessons-learned-from-bill-gates
③ [德]克劳塞维茨:《战争论》(第一卷),中国人民解放军军事科学院译,北京:商务印书馆1982年版,第23页。

识,所以有"射人先射马,擒贼先擒王"一说。在历史上,也确有通过直接加威于敌方首脑而使敌屈服的战例,但都是在较特殊情况下实现的。

事实上,在数千年战争史中,军队大多数情况下都是采取先野战、后攻城,先前沿、后纵深,先战术、后战役战略的方法,由外及里,层层攻坚,通过消灭敌军主力,或摧毁敌战争潜力,使敌在丧失抵抗能力的情况下最终屈从己方意志。这一严重依赖歼灭消耗的作战方式,往往要历经短则数天,长则数月、数年的长时间作战,导致敌对双方大量伤亡,甚至出现"流血千里""伏尸百万"的惨烈局面。之所以如此,并非军队不知道直接对敌首脑采取行动的好处,而是因为受技术和作战手段制约,无力实施或行动成功的可能性太小,所以不得不通过一场场战役、一次次行动来达成最终战略目的——屈服敌方意志,作战行动与屈服敌方意志之间有关联但相去甚远。在这一背景下,作战目标就是敌方生力军和城池、要地,作战核心理念就是通过一系列野战歼敌和攻城略地行动征服敌方。

进入信息时代,信息化指挥控制系统(C^{4}ISR)、隐形作战飞机、精确制导武器的应用孕育出防区外精确打击的作战方式,通过非接触、非线式、非对称的精确作战屈服敌意志成为主流作战理念。不过,精确作战并未从根本上改变以往依靠歼灭敌军、摧毁重要目标实现战略目的的基本路径。无论是科索沃战争,还是伊拉克战争均如此。当然,精确作战实现了全纵深打击,并可对敌最高决策者实施精确打击,但其后果是消灭了敌方意志的主体,而非屈服敌意志,最终仍须靠军事占领、扶植新政权实现己方意志。

而智能无人系统的发展应用,则使军队长期梦寐以求的直接屈服敌方意志成为可能。形体小且多以复合材料制造的智能无人系统很难被侦察发现,小微型系统无孔不入,而人工智能又赋予它们类人、类生物的特别能力,这些功能的融合使智能无人系统具备了前所未有的战役、战略纵深行动能力。一旦需要,具有较高智能,携带杀伤性、失能性、控制性武器的各种小微型空中、地面、水面/水下机器人,可由隐形智能化平台投送至敌最高决策者,包括最高统帅、最高决策层成员、战区司令官等核心军政要人附近,或投送至能对敌最

第六章 改变游戏规则

高决策者决策产生足够影响力的重要人士、枢要区、国家基础设施核心区等附近,尔后在适当时机,依靠自身动力接近目标,使用各种武器、工具或其他非致命性措施(包括计算机程序等),胁迫并控制目标及相关人员。在此基础上,通过智能无人系统所载信息交流系统,由无人系统自主或以远程方式进行文字、语音、视频交流,对目标施加影响,迫使其按照己方意志行事,不战或小战而屈人之志。

这一方式与以往层层推进、不断加压的方式明显不同。其最大特点是将敌方意志的主体作为直接行动目标,暴力行动或暴力威胁直指最高决策者,以直接行动屈服敌意志。由此产生以下优势:

(1) 直接、快速地达成战略目的,其高效率远非冗长、间接的传统方式可比;

(2) 行动时间缩短至数分钟至数小时,敌对双方人员伤亡很少,在国际舆论和其他国际势力干预前即达成战略目的,政治风险小;

(3) 行动规模小,经费压力小;

(4) 使用兵力少而隐蔽,令敌防不胜防,既能达成战术突然性,也容易达成战略突然性。

显然,新方式充分发挥了智能化无人系统的功能优势,为屈服敌意志提供了快捷、低风险、高效费比的实现路径,其优越性、战略价值不言而喻。尽管在实践中,受"战争迷雾"、各种战争阻力、不确定性等因素影响,作用于敌方最高决策层的行动可能会出现意外或者不成功,但这些问题并不会影响以此理念指导作战。关键在于,对敌方最高决策者的直接行动威胁,涉及其自身及与之相关的多个目标,敌方很难全面防范。而且,为防范这一潜在威胁,敌政要、指挥官将不得不采取各种隐蔽、防发现定位措施,其工作、指挥活动因此将受到严重制约,作战组织难以正常进行,导致结构性的战略缺陷,这反过来又为己方赢得战略机遇。由此可见,以直接行动屈服敌意志,与以往在特殊情况下突袭敌首脑机关有质的区别,它是作战方式和理念的一次重大突破,体现了智能化作战的精髓。在未来战争中,以"直屈敌志"思想指导作战,将成为智能化优势一方的基本选择。

多维一体智能化作战

每一种技术及在它基础上发展的武器装备都有其技术特性和运用的内在逻辑。组织作战的关键就在于高度协调各种不同武器装备的性能和运用。既以发挥战斗力引擎作用的先进武器装备为核心，构成组织作战的主线，又注重在此基础上最大限度地发挥其他武器装备的性能优势，形成一个核心战斗力突出、优势互补的行动结构。随着智能化武器装备广泛运用并逐渐成为军事技术体系的主导，既有作战方式日趋过时，围绕新质战斗力组织作战已是大势所趋，新的多维一体智能作战方式开始孕育。

超越传统军事行动空间

二战结束后的 70 年，是军事行动空间迅速拓展的 70 年。先是航天技术发展将军事行动空间拓展到太空，尔后是信息技术发展构建起信息网络空间，形成了陆、海、空、天、电磁网络五维作战空间。人工智能的发展则在此基础上，将军事行动空间进一步拓展至人类战斗员极难进入或无法活动的高警戒空间和洞隙空间。因其特殊性，为简便起见，将之称为"特种空间"。

其中，高警戒空间是指受到严密警戒守备的要地或关键目标，包括作战指挥中枢、战略要地、核心军事基地、国家和军队主要领导人活动地点、国家关键基础设施核心区域等。由于其安危直接影响作战、战局或战争胜败，高警戒空间历来为各国各军高度重视，通常配置在战场纵深或处于国家腹地并严密防范。理论上，在高警戒空间采取军事行动是屈服敌作战或战争意志的捷径，但在实战中，要穿透对手多重防线殊为不易。战争史上也有一些在高警戒空间实施特种作战的成功战例，但数量很少，一般只是作为正规作战的补充，是一种在特殊状况下的军事行动。进入信息时代后，隐形作战飞机、远程精确制导武器的运用使高警戒空间打击成为可能，但其局限性也显而易见，即它只能破坏重要建筑物或设施,并不加区分地杀伤其中人员。智能化无人武器系统的出现则从根本上改变了在高警戒空间的军事行动模式。一方面,体积小、隐身性好的智能化无人武器系统很难被发现,渗透作战能力强,可取代特种部队成为实施行动的主要力量;另一方面,智能化无人武器系统拥有一些与人类或其他生物相近的智能和行动能力,除实施攻击外,还可执行侦察监视、识别查证、信息交流、胁迫与控制等各种类人行动。也就是说,智能化无人武器系统的运用,使高警戒空间从原来难以利用,或仅局限于对其中目标打击的地域,转变成大有可为的军事行动空间。高警戒空间的价值、地位并没有改变,但针对其的作战筹划及军事行动因新武器的运用而改变。

洞隙空间是指受人类形体影响而难以进入或无法进入活动的狭窄空间,既包括地表、建筑物或其他系统、设施的洞状通道、管道,如洞穴、通风孔、下水道、高窗,也包括各种物体间(内)缝隙、难以攀爬的墙壁或物体表面,还包括人体内的各种管状通路等。简单地说,就是小型、微型智能无人系统以及纳米机器人能够到达并展开活动的空间。这些空间传统上同样难以或根本无法为人类所利用,而智能化无人系统的发展使其得以开发,成为军事行动的新空间。

高警戒空间、洞隙空间等特种空间的开辟,是人工智能对武器平台形体、机动方式改变在空间上的直接反映。它与军事历史上所有平台革命都会开拓出新军事行动空间类似。但特种空间并非陆、海、空、天、电磁网络五维空间之外的全新空间,而是在五维空间基础上,将原来难以利用的空间开发成新的军事行动空间,是对五维空间的再发掘。它增加了军事行动空间密度,拓宽了军事行动领域,使未来军事行动能在较高密度的全维空间中进行。其中,由于特种空间是新辟空间,拥有特种空间行动能力即意味着拥有不对称优势,它对作战行动成功至关重要。控制、利用对手的特种空间,同时防止己方特种空间为敌所用,成为军事行动的一个重点。

一体作战

信息网络技术的高度发达,使战场各要素通过高速、宽频、无缝连接的互联网紧密联结成有机整体,指挥控制、军事行动由此呈现出一体化①特征。这一前所未有的改变具有划时代意义,但它仅是一个开始。实际上,信息互联网所促成的一体化仅是基于信息交互革命的一体化,其战场价值在于,实时便捷的信息获取、传递和共享,极大地提高了战场指挥控制能力,使各军事力量和行动能够快速、高效地组织起来,形成一体化作战效果。但在这一过程中,军事力量、任务职能和行动本身并未改变,未在结构上实现突破并结合为一体。而随着智能化革命浪潮的到来,新一轮一体化进程正式开启,一体作战模式逐渐浮出水面。

在微观层面,智能化武器装备运用产生两大影响:其一,使武器平台集成多种战斗功能成为可能。传统武器平台大都功能单一,不同平台分别担负侦察、监视、情报、打击、投送等不同任务,实施一项军事行动通常需要协调多个武器平台完成,组织协同工作量大,实际行动中变数多。人工智能在军事领域的创新应用,从根本上终结了这一模式。智能无人平台不但拥有各类传感器、数据信息处理平台,还可挂载各型战斗武器,并能携带多个小微型智能无人武器。一个智能无人平台,就是一个要素齐备的战斗单元。其各类功能构成一个完整的"传感器—识别决策—采取行动"回路,军事行动实施就是平台内各环节、各步骤的有序推进。原来多平台的一体化协同行动因此转变成单平台的一体行动。其二,促使战斗员成为集多能于一体的超级战士。传统上,战斗员掌握一件武器(系统)的技术性能、操作使用及战术运用需要数年时间,而在培训完成后,也一般会长期担任所学武器(系统)的操作员。在此机制下,不同武器操作者、不同兵种和军种之间隔行如隔山,专业性彰显而通用性稀缺,开展任何军事行动,都不得不协调掌握不同武器(系统)的不同操作者共同完成。而在智能时代,智能化武器装备的广泛运用及其自主性的不断提高,将彻底打破这一约束。拥有较高人工智能的无人系统不但能自主向目标区域机动、自主识别并自主攻击目标,而且在多系统共同行动中能根据群集智能算法进行

---

① 一体化是指相对独立的不同事物之间不断融合为一体的趋势。在此处作形容词。

第六章 改变游戏规则

自主协同,武器(系统)操作员因此获得空前解放。在行动中,操作员只需点击鼠标和敲击键盘,就可随时赋予或改变武器(系统)任务。更为重要的是,在智能化行动规划系统帮助下,多个武器平台既可按操作员指令,也可自主进行作战协同,操作员可对多数量、不同种类的智能无人系统进行批量操作。职能相对单一的传统操作员由此跃升为集武器操控、信息分析、任务规划、行动决策、监督于一体的多能战士。

武器、操作员的多能一体,不可避免会导致作战组织中观和宏观结构的改变。由于单个武器平台即具有多重战斗功能,并且一名多能战士即可统一操控多个平台,智能化无人武器系统因此可以集中编组使用,超越以前只能由各军兵种各自掌握并协同行动的旧模式。而接受操控的各系统都是排除人为操作影响的机器战士,只要在技术上实现通讯和信息联通,其随机编组、在行动中的协调配合就不会有障碍。这意味着长期以来制约联合行动的军兵种文化障碍、复杂的协同动作,以及人为内耗将在战术层面被彻底消除。由此带来的行动优势将动摇传统的以作战空间为主的军事行动编成方式,形成以作战职能为核心的高度一体编成新模式。即打破按军种区分作战任务,并在各军种相对独立指挥下遂行任务的方式,按预警侦察、军事行动、指挥控制、后勤与装备保障四大作战职能重新编成作战力量,从结构上实现作战编成高度一体,使原来由数个(一般为2~4个)作战职能齐备、行动较为独立的军种共同实施的联合行动、一体化行动,转变为在单一作战体系内不同作战职能力量间的分工协作,重点从横向的军种协同转移至纵向的职能递进。

在连通战场各要素的信息互联网络支持下,微观、中观、宏观层面军事力量、作战职能、作战编成的高度一体,使指挥控制与作战行动高度一体成为可能。围绕统一意图和任务,分布在战场各空间的各作战力量,既以自主协同实施针对给定目标的行动,又以各自行动构成职能任务相互衔接的作战链条。作战行动不再是在一个总的任务框架下你打你的,我打我的,最终汇成一个结果,而是根据既定任务履行各自作战职能,你是我的前提,我是你的结果,形成一个向总任务不断逼近的滚动式循环行动圈,显现出强烈的关联性和互动性,

"牵一发而动全身"这一古老格言在一体作战中将得到淋漓尽致的体现。

智能化作战

随着人工智能在军事领域的全方位渗透,作战格局将呈现出日益清晰的智能化特征。主要表现在:

智能力量

智能化武器装备的应用,催生了智能化作战力量,其发展将随技术水平提高和地位作用的提升经历三个阶段:

(1) 辅助阶段。智能化武器装备作用初步显现,军事领域对其发展热情高昂但也疑虑重重。尽管在非传统战争行动中已成为不可或缺的重要力量,甚至在一些行动中担当主力,但在常规作战体系中仍只作为辅助力量使用。目前正处于这一阶段。

(2) 主导阶段。随着智能程度提高和性能改进,智能化武器装备的革命性优势日益为敏锐的军事家和决策者所认知,其运用方式及相关理论探索不断深化,数量达到一定规模,可占总兵力的10%～15%,其战斗力生成足以形成决定性的战场优势,智能化力量在常规作战体系中的主导地位得到确立。

(3) 主体阶段。经过实战检验,智能化力量的决定性优势及其主导地位得到广泛认可,在军事力量体系中的比例快速上升并成为主体部分。无论是地位作用,还是数量规模,均占据绝对优势地位。

力量智能化是智能作战的前提和基础,其发展既是数量质量的不断提高,也是智能化武器、智能化作战地位作用提升的反映。智能化作战体系形成的标志即是智能化力量发展至第二阶段,也就是主导阶段。

智能主导

要素改变导致系统变革。智能化武器装备的引入及其优势的不断展现,不可避免会导致其规模扩大及地位上升。为充分发挥作战优势,除增加规模外,军队将不得不建立一套以智能化力量战斗力生成为核心的作战组织与实施方式,以智能主导作战。

智能决策

作为通用技术,人工智能对战斗力的提升无处不在。利用智能化辅助决策系统,如智能助手、战场大数据处理系统、智能决策专家系统、智能军事行动规划系统,增强战略、战役、战术各层次指挥决策能力,已是大势所趋。政治、经济等领域智能化分析决策系统的成功运用,如选情分析与预测、经济形势判断、商品关联性规律发现等,已为军事领域的运用指明了方向。

智能保障

物联网、万物智能、智能制造所带来的直接影响就是军事行动保障模式从信息化后勤向智能化后勤转变。无论是组织计划、物资与装备输送,还是维修与战场制造,都将是在大数据、智能保障系统支持下的智能活动。

从发展趋势看,军事智能化浪潮不但会冲击既有军事技术体系,而且会在未来摧垮整个战争体系,将影响力拓展到军事领域的各个角落。智能化作战格局将在这一过程中孕育形成。在未来战争中,多能、知识化的作战人员,使用智能化武器装备,以智能运用为核心进行作战活动,将成为交战一方或双方的基本作战组织方式。这也是智能化战争区别于机械化战争、信息化战争的本质特征。

基本模式

组织作战的要义是突出核心、扬长补短。在战争空间多维、作战武器(或力量)种类繁多的智能化战场,组织作战即围绕智能化武器装备优势发挥与弱项补全构建作战行动体系。

智能化武器装备具有的作战优势,如强大的突防能力、超长持续行动时间、优良的战术机动性、执行命令不打折扣、综合成本低等,前面已有较多分析,此处不再赘述。而就其薄弱环节而言,主要有以下三个方面:

一是独立自主行动能力有限。智能化是宏大、长期的社会进程。它不可能只经过一次革命就达到人类对智能解放的一切憧憬。从当前智能化革命进展看,尽管人工智能创新应用在许多领域取得了前所未有的重大成果并实现了商业化,如机器翻译、语音识别、语言理解、图像识别、弈棋、自动驾驶等,但总体仍停留在弱人工智能(Artificial Narrow Intelligence,ANI)阶段。弱人工智能可以完成人类都无法完成的任务,但其局限性也显而易见,即一个人工智能系统只能完成一种或一类特定任务,无法通用化。从技术进步趋势看,在未来,人工智能发展很可能跃迁到强人工智能(Artificial General Intelligence,AGI)阶段,智能系统可以像人类大脑一样具有高度通用性,举一反三,适应各种不同环境,执行多样化任务。在执行类似知识推理、规划、学习,以及自然语言对话中,可以达到甚至超越人类智慧。不过,对于究竟何时能达到强人工智能的时间点目前难以确定。并且,即使进入这一阶段,发展成熟至少仍需数十年时间。在这一长期过程中,军事智能系统的智能水平和自主程度在不断提高,但在复杂多变的战场环境中仍需要人类操作员的判断、操控、监控、指挥和规划。这一现实制约了系统的自由使用,始终以一定方式与人类操作员保持联系就成为组织作战的基本要求。

二是对通信依赖程度高。通信是作战指挥与行动的必要前提,更是智能化无人系统的命脉。在通信不畅或中断情况下,人类战斗员尚可依据上级意图行事,但对于智能化无人系统而言,已无法再继续战斗。从技术角度看,智能化无人系统需要足够的通信带宽与控制站联系交流,以支持其控制系统正常运转,并根据指令行动。否则,只能按设定归队。从战争法、战争伦理角度看,智能化无人系统的攻击行动必须由人类操控员掌控,失去通信即意味着失去战斗合法性。确保通信畅通就成为智能化无人系统运用的首要考虑事项。

三是小微型系统行动时间与范围较小。小微型系统集中体现了智能化无人军事系统的优势,是智能化战斗力形成的中坚。但小微型系统也存在一些其自身难以克服的弱点,包括行动时间较短——一般为数分钟到数小时之间,行(航)程较近——数千米至数十千米之间,单个系统战斗能力弱等。受这些因素制约,小微型系统只适合在战术地域内行动,对于敌纵深配置的作战目标,无法直接展开行动。为弥补缺陷,充分发挥小微型系统作战优势和成本优势,使用运载工具将大量小微型无人机、无人地面系统或无人潜水器输送至作战地域并成批投放，形成群集作战效应，就成为智能化无人系统作战运用的必然选择。

鉴于上述弱点及运用局限，要充分发挥智能化力量体系的战斗力，其作战组织既须强调智能化无人系统性能的发挥，又应注重与其他武器装备在运用时的配合与衔接。智能化作战将呈现出全纵深持续作战的新样式，或可称作"超级闪击战"，即：对攻击方向（路线）必经的敌关键防御地域，预先实施远程精确打击和常规电磁打击，摧毁敌防区内坚固关键目标，瘫痪敌电磁网络系统。抵达作战区的各类智能化隐形无人母机、母舰（艇）随即投放各类小微型空中、地面、水面（下）无人系统，对敌主要目标实施打击或控制。随后，在有人或无人驾驶空中打击力量支援下，地面作战力量占领敌防区。与此同时，空中无人机母机经占领区直插敌纵深最高统帅部所在地，投放小微型无人系统，对区域中各类目标实施打击或控制，迫使敌最高决策层屈从己方意志。

与此前作战方式相比，全纵深持续作战的组织实施呈现出如下特点：

——作战行动在敌战役及战略纵深同时展开。

——以智能化力量为主战力量，实施突防、侦察、监视、打击、控制等主要作战行动。有人常规力量接续作战，扫清残敌并占领军事要地。

——以大、中型长航时智能化无人平台运载、投放小微型系统为进入作战的基本模式。

——持续、接力式投送。

——小微型智能化无人系统突然、迅速、出敌不意地进入敌防御体系要害、作战指挥枢纽、最高统帅部，采取监视、攻击、控制、胁迫等行动屈服敌作战指挥官、最高决策者意志。控制与胁迫是作战行动的重中之重。

全纵深持续作战是在军事智能化初级阶段，通过分析判断军事发展大趋势及智能化武器装备运用特点，以中等强国为例，对未来作战方式进行的初步设想，其局限性显而易见。事实上，在未来智能化战争中，受敌对双方作战实力、战场环境、政治背景等条件影响，多维一体智能作战在每一场战争中都会有迥异的表现形式。如对于纵深浅狭、防空配系薄弱的小国，无须预先打击，直接使用若干架(艘)装载大量小微型无人系统的空基、海基智能化运载平台即可完成任务。而对于战略纵深深厚、防御体系完备的国家,为确保行动安全以及后续保障,则需要实施两次或多次接力行动。但无论哪种情况,对目标区实施从智能化无人系统到有人系统的接力式多波次突然连续行动将是基本特征之一。在高警戒区的连续行动将使敌方始终无法从最初震撼中摆脱,作战意志、战争意志因此迅速瓦解。

主要行动样式

随着智能化革命深入推进,多维一体智能化作战日益孕育形成。作为一个作战体系,多维一体智能化作战既以智能化作战为核心,也包括多种其他类型的行动,如电子战、太空战、网络战、心理战。这些行动或多或少都将智能化,但它们仍会在较大程度上保留固有的行动逻辑。鉴于上述行动已有充分研究,此处不再赘述,这里仅对智能化作战两种较具代表性的行动作一探讨。

远程刺杀/控制战

2030年夏。深夜。W国。

一架中型无人驾驶飞机如幽灵般悄无声息地进入W国边境,飞向数百千米之外的首都L市。不大的机身、良好的隐身能力、特别的路线和高度,令飞机几乎未受任何阻拦就飞近目的地上空。此时,忠于职守的W国防空部队,正在认真接收并分析来自几个不同渠道的侦察预警信息——一切正常!

飞机在L市附近隐蔽飞行,投射出一些飞鸟大小的飞行器。这些飞行器四散飞向一些戒备森严的建筑,在低空中边游弋边寻找,其中一些穿过警卫薄弱部位,利用通风孔、窗户进入建筑物内……

远在数千千米之外的M国总统作战室内一片繁忙。根据卫星传来的信息,代号"清理"的军事行动进展基本顺利。执行任务的微型无人机均已抵近目标,除一个重要目标出现意外无法锁定外,其他均已完成辨识确认。为防止

第六章 改变游戏规则

行动暴露,战区司令在请示总统后下令:立即行动。远在 W 国的微型无人机在接到命令后迅速发射微型智能导弹,并在命中目标后启动自毁程序。

W 国总统府、国防部长官邸以及一些远处的建筑相继传出几下不大的爆炸声。

一直在数十千米外监控"清理"行动的中型无人机开始返航。

此时,L 市已乱作一团,W 国迅速成立了以副总统领导的国家紧急状态委员会,宣布全国进入紧急状态……

直到次日清晨,一头雾水,不知道究竟发生了什么的 W 国民众,才从媒体上陆续得知昨天晚间 W 国总统、国防部长和几位资深议员遇刺的消息!W 国民众的反应先是震惊,但很快就恢复了平静。近一年多来,不断有西方媒体和国内反对派爆料 W 国总统及国防部长等人的丑恶行径,他们贪污、腐败、无法无天、任人唯亲、残杀无辜,是"人民公敌"、"独裁者"、"恶魔"。对此类"妖魔化"宣传,W 国采取了不少措施予以反驳、审查、隔离,但政府的声音被淹没在各类网络社交媒体中。了解"真相"的民众对 W 国总统及当权者怒不可遏,打倒现政权的情绪四处蔓延……

在总统等政要被刺后,尽管 W 国民众认为这一刺杀方式不能接受,但他们对死者并不感到惋惜。

真凶是谁?在总统府等地现场发现了一些极端组织"圣战团"的徽章及严重损毁、难以辨识的微型无人机残留物,一切证据指向"圣战团"。对于这一指控,"圣战团"坚决予以否认。一些军事专家认为,如此缜密迅捷的行动,从技术可能性和组织上看,应该是由一直深度介入地区事务的某大国所为。但这些分析被 M 国否认。M 国还表示,此次刺杀行动虽不道德,但它帮助 W 国人民从其总统的"专制"统治中摆脱了出来。M 国将支持 W 国人民的新选择,并准备提供数亿美元援助,重振 W 国经济,使人民过上美好生活云云。

在副总统带领下,W 国成立总统遇刺真相委员会,展开了声势浩大的调查活动。但对于究竟谁是凶手,一直亲 M 国的副总统似乎并不在意,他更热衷于代行总统职权,并推动在有利时机进行大选。结果不出意料,副总统在大选中获胜,掌握了政权。刚一上任，W国新总统即首访M国，再次提升两国战略合作关系，接受M国援助，并誓言与M国永远都是最好的朋友。M国对此非常"赞赏"……

随着时间推移，W国总统等要人遇刺事件日渐被淡忘，凶手是谁也成了一个谜团。然而3年后，维基解密公布的一些文件揭开了真相。原来，M国的霸权主义、单边主义政策，长年的穷兵黩武和经济衰退，严重削弱了其自身实力及在欧亚大陆的影响力。而与此同时，W国的邻国，大国E国的实力和影响力却在不断增强。为此，W国想摆脱对M国的依赖，转而投入E国的怀抱。在进行了一系列准备工作之后，W国总统、国防部长和几位资深议员认为时机已经成熟，决定采取实质性步骤向E国靠拢。其中之一就是推动停止M国在W国继续驻军的法案。在获知这一情况后，一直把W国看作欧亚大陆地缘战略支点的M国认为，W国的做法将严重损害M国的战略利益，遂多次以政治、外交手段向W国施压，阻止这一法案通过。但W国总统及其支持者并不为之所动，仍坚持并准备加快法案的通过。最后，M国决定以武力解决问题。在行动方法上，经反复研究，M国总统决定采用新战法，即使用无人驾驶飞机将智能化微型飞行器投送至W国首都，对W国总统等核心人物实施突袭打击，并辅之以宣传战、经济援助和军事威慑等，实现W国政权更替，扶植一个能充分体现M国利益的代理人政权。军方命名该行动为"清理"行动。于是，便出现了前面的一幕！

这就是远程刺杀战。在未来，随着人工智能技术、小微型飞行器技术、微型机械技术、纳米技术的发展创新，智能无人军事系统可以设计得像飞鸟、小动物般大小，甚至像蚊虫、蜻蜓、蜜蜂、蜘蛛、甲壳虫那样小巧，且具有较高自主行动能力。一旦需要，这些无畏的"微型战士"将由智能无人载具，如无人机、无人舰艇、无人车隐蔽投送至目标区域附近，并以自身动力，从警戒薄弱部位、管道、孔穴、缝隙、窗户等各类洞隙空间接近目标，在进行识别查证后根据命令，对敌方核心人物，包括政府首脑及其他政要、作战指挥官等，进行近距离攻击，消灭其肉体，确保其不利政策或指挥活动无法继续。

远程刺杀战直接作用于政策制定者、计划执行者或军事指挥官等，能起到釜底抽薪的作用,迅速达成战略目的,并会使相关人员受到迅速而又强烈的震撼,因而极具威慑性。但这一方式也可能会引起对象国国内逆反、愤怒情绪高涨,导致其国内政策更趋激进。为防止这一不利局面出现,实施者一般会辅之以宣传舆论战,否定现政权领导人的合法性,并在其遭到民众唾弃基础上采取远程刺杀战。

与信息时代实施远程精确打击的精确制导弹药相比,实施远程刺杀战的智能化无人系统不但突防能力更强,而且拥有前所未有的应变能力。它们可以在目标区域以较长时间侦察、发现、监视和辨识确认目标,并可根据指令随时改变攻击目标,行动的自由度、灵活性空前增大。相同之处在于都是以直接打击方式作用于对方首脑要人,作战行动的性质没有根本性改变。

真正的改变将随着人工智能技术的高度发展而出现。人工智能及相关各类军事技术的发展融合,将催生出可媲美生物或人类智能,并能施行各种精细动作(行动)的小微型智能系统,甚至纳米机器人。它们不但可以通过洞隙空间进入敌枢要地区,而且拥有一定的破障通行能力、物理攻击能力、失能性或控制性药物投放(注入)能力、与作用对象的信息交互能力、连接并入侵敌信息网络能力,等等。这些先进系统的使用,将使智能化无人系统的远程运用从"打击—刺杀"拓展至目标控制。主要是通过一系列威逼利诱、精神控制等行动,屈服关键目标意志,迫其做出改变,转而奉行与行动实施方国家利益一致的政策、战略、计划等,最终达成战略目的。

在技术进步日新月异的今天,实施以控制敌方首脑意志为核心的远程控制战的前景已经显现。2013年,研究人员研制出体积比人体细胞更小的微型机器人,用来治疗脑疾和眼疾,该型机器人体型微小,可被无创注入体内,并通过电磁场无线操纵;2016年5月,英国剑桥大学科学家发表论文,称已成功研制出能驱动纳米机器人的引擎(纳米换能器),能够驱动在人体内行进的医疗机器人;[1]同年6月,以色列通用机器人制造公司在"2016欧洲

---

[1] Tim Maverick, *Fantasy to Reality: Scientists Create the First Nano-Engine*, May 18, 2016. https://www.wallstreetdaily.com/2016/05/18/actuating-nano-transducer-ant

国际防务展"上推出的"多戈"机器人能携带 9 毫米口径手枪,并可配备胡椒粉喷雾剂或者其他非致命武器,还可转播双向声音指令,进行远程人质谈判;[1]同月,美国麻省理工学院研究人员推出的机器学习系统,通过运用深度学习方法,能够制造出十分逼真,以至于能骗过人类耳朵的声音,[2]等等。在未来,接近敌方政要、指挥官或其他关键目标的小微型无人系统,可以通过展示能产生足够影响力的声音、图片、视频,威胁使用攻击性武器,施以失能或精神控制类药物等方式,对目标对象形成其难以承受的精神压力,迫使其服从己方意志。

群集作战

2016 年 10 月,美国防部战略能力办公室(SCO)与海军航空系统司令部在加利福尼亚州进行"蜂群"测试,3 架 F/A-18"超级大黄蜂"战斗机成功释放多达 103 架"山鹑"(Perdix)微型无人机。机群展示了集体决策、自适应编队飞行和航线恢复等群体智能行为,是小微型无人机研发运用的一次重大进展,意味着美军向"群集"作战又跨出了一大步。

早在 20 世纪 90 年代中期,美军就试图组织小规模的无人驾驶飞机编队飞行,但在当时,受技术水平局限,只要天空中同一时间有超过 2 架或 3 架无人机时,情况就会复杂得让人难以想象。美国空军的"4 对 4"试验(用 4 架有人驾驶战斗机向 4 架无人驾驶飞机发射导弹)用了一年半时间才完成,协调该试验的美空军作战司令部司令迈克·洛上将对此评论道,"要想让 4 架 QF-106 无人驾驶飞机在低空形成编队,释放金属干扰片和发出电子干扰信号,实施起来的难度相当于多次航天飞机的发射"。[3]

---

[1] Cheyenne Macdonald, *The Tiny Drone Tank Packing A Pisto*, June 6, 2016. http://www.dailymail.co.uk/sciencetech/article-3628176/The-tiny-drone-tank-packing-pistol-Israeli-combat-robot-remote-controlled-Glock-shoot-enemies.html
[2] Tim Moynihan, *Mit's New AI Can (Sort Of) Fool Humans With Sound Effects*, June 16, 2016.
[3] David A. Fulghum, *Aircraft, UCAVs: An Uneasy Mix*, Aviation Week & Space Technology, August 3, 1998, p69.

第六章 改变游戏规则

而近年来,随着群集智能、①视觉感知、网络通信、三维打印等技术的快速发展,许多技术障碍逐渐被扫清,无人机编队甚至大规模编队行动日益可能。在上述"蜂群"测试中,"山鹑"微型无人机既未预先编程,也不由人类遥控操作,而是根据群集智能算法自主行动。每个"山鹑"无人机都具备较高人工智能并能相互通信。同时,所有"山鹑"又是一个有机整体,它们共享一个分布式"大脑"的决策,并不断适应对方动态,自主形成群体行为,如集体任务呼应和自适应飞行、航线恢复等。正是在这些新技术的支撑下,智能化无人系统编队行动或"群"活动能力突飞猛进,群组规模从原来的3~4架跃升至数十架甚至上百架,作战运用前景日益显现。

在这一过程中,结合军事需要,军事智能化的引领者美军率先提出"蜂群"作战概念,并通过项目、计划和概念驱动,进行了大量相关研究、试验和演示验证。除"山鹑"微型无人机外,其他主要项目包括:

"小精灵"(Gremins)项目。由美国国防部高级研究项目局(DARPA)2015年9月正式启动。该项目旨在研发一种低成本、部署方便的小型智能化无人驾驶飞机,以集群方式执行情报监视侦察(ISR)、破坏敌通信与信息网络系统、实施空中打击等任务,可由重型军用运输机如C-130等作为空中航母进行大量部署和回收。在2017年3月完成第一阶段"部署与空中回收"研发任务后,已进入第二阶段,即完成全面技术示范系统的初步设计,以及开发和执行单独系统组件的评估测试。

"低成本无人机蜂群技术"(LOCUST)项目。由美国海军研究局(ONR)开发,于2016年4月完成连续发射30架无人机,以及无人机群编组和机动飞行试验。该项目采用陆基或舰基多管发射装置,可以每秒1架的速度发射上百架小型无人机。这些无人机可搭载多种有效载荷,并以编队飞行方式在特定区域执行掩护、巡逻、情报搜集、通讯干扰等任务,还可发展为对地攻击

---

① 群集智能(swarm intelligence),是指从许多个体的合作与竞争中涌现出来的一种共享的或者群体的智能。参见维基百科。其特点是,最小智能但自主的个体利用个体与个体、个体与环境的交互作用,实现完全分布式控制,并具有自主性、反应性、学习性和自适应性。

力量。

"蜂群"作战概念的开发,反映出美军对智能化无人系统特性的深刻理解及对其作战运用的敏锐把握。从作战效能看,"蜂群"战术所独具的优势将成就其智能时代主要行动样式的地位。

首先,"蜂群"可轻易穿透传统防御体系。"蜂群"作战一般以小微型无人系统作为主要武器。微小的体型——大小在1米左右或几十厘米,复合材料结构,再加上飞行速度快和特别的飞行高度,令对方很难侦察发现。即使被发现,也很难有效应对。因为传统武器在设计上,无论是侦察监视,还是跟踪打击,都主要是应对数量有限但个体战斗能力强的大目标,如坦克、飞机、舰艇等作战平台。大量出现的小微型无人系统将导致当前任何防空反导系统的探测、跟踪和拦截能力迅速饱和。除一小部分被摧毁外,大部分或者至少相当一部分小微型无人系统将穿透敌方防御体系,对防区内重要目标展开行动。其关键在于,数量的规模化导致质变,并由此形成新质战斗力,它使进攻一方与防御一方的作战成本不成比例。

其次,"蜂群"很难被传统武器摧毁。"蜂群"采用"非中心化"结构。在集群中,没有领导者,也没有关键节点,每一个体的地位都是平等的。它们就像自然界里的蜂群一样,个体听从于整体的意志。一旦脱离发射装置,个体能够相互发现并形成集群队形。如果有部分系统被摧毁,其他个体会根据群集智能算法调整形成新的集群,部分个体的加入或离开(损失)不会妨碍整体的运作。也就是说,"蜂群"中的个体可以被摧毁,但"蜂群"很难被消灭。更进一步讲,"蜂群"的"非中心化"结构甚至会带来无人系统技术构架模式的变革。与以往将大量任务载荷都集成在一个作战平台上不同,利用"蜂群"的分布式结构,可将任务载荷拆分成数个小系统,分散安装在多个小微型无人系统上。这一新结构抗摧毁能力强,单个节点损失不影响系统安全,也不影响整个系统完成任务,使用传统武器和技术的对手将因此陷入束手无策的险境。

再次,"蜂群"无人系统可大批量使用。与动辄数百万美元、数亿美元的传统武器平台相比,仅需数千、数万美元的小微型无人系统可被当作"消耗品"使用。无论是攻击、防御,还是侦察、监视、干扰、通信等各种行动,均可大量使用。或以数量规模优势压垮对方的防御体系,或大量消耗对方的高价值攻击武器,或以前所未有的"蜂群"行动完成各种作战保障任务。这一方式使传统的武器平台使用模式迅速过时。

很明显,与传统作战相比,"蜂群"战术充分利用了智能化武器平台的性能和低成本特点,具有功能分布化、体系生存率高、可大量使用等优势,是对军事智能化革命的顺应。其开发应用颠覆了之前的战场游戏规则,它不是对传统作战方式的补充,而是一场影响深远的作战方式变革。

从发展趋势看,除以智能化无人飞行器运用为重点开发"蜂群"战术外,世界各强国已将群集作战概念拓展至陆地、水面和水下,发展各型地面、水上和水下小微型无人系统及投送工具。在未来,各类大中型平台搭载、释放大量小微型无人系统,并根据智能算法编成战斗集群,实现态势感知、目标分配、智能决策和自主协同,以"群"的整体战斗力应对高复杂、高强度、不确定的战场环境,将成为一种常态。群集作战将在多维物理空间展开,并贯穿战争全过程。

第七章

重构军队

没有组织变革,就没有战斗力。

体制编制是战斗力发展演变的产物,它反映战斗力生成与运用所需的组织关系、机制和力量编成结构。一旦战斗力生成模式改变,体制编制也要随之改变,否则就会成为战斗力桎梏。在智能化浪潮汹涌,新质战斗力加速形成的革命年代,破旧立新,探索建立能充分发挥智能化力量优势的体制编制,日益成为军队不得不直面的重大问题。

"金字塔"的坍塌

工业革命以来,等级严格、专业细化、自上而下层层授权、基本战斗单元下延至班的金字塔型现代军事组织体系逐步确立。这一组织形式为机械化战争战斗力形成与运用提供了坚强保证。然而,随着军队规模扩大、专业技术体系膨胀以及组织形态的高度完善,层级过多、协同困难、大机构病等问题日益突出,现代军事体系已变得笨拙、不合时宜和僵化腐朽。进入20世纪90年代后,现代军事组织体系又连番遭遇全球化、信息网络化以及智能化浪潮冲击,体系根基削弱动摇,存在合理性备受质疑和挑战,纵向多层、横向细分的组织结构愈发难以为继,军事"金字塔"在新军事革命的号角声中日益坍塌。

第七章 重构军队

从传统威胁到多元威胁

"冷战"结束后,经济全球化、信息化、网络化加速推进,国家间联系与相互依赖空前紧密,和平与发展主题彰显,世界进入一个相对稳定繁荣的发展期。然而,总体的和平稳定并不等于国家不受到安全威胁。在新历史时期,两次世界大战和"冷战"期间敌我泾渭分明的情形不复存在,但传统威胁没有消失,新的安全威胁仍不断涌现。这些新威胁对以应对传统大规模战争为主要着眼点的现代军事组织体系构成严重挑战。

1999年2月,一个黑客团体控制了英国"天网"系统4颗军事卫星中的1颗,改变其航向,并切断它和英国航空航天部的联系,还向英国政府发出勒索威胁,扬言只有拿到钱才会停止干扰卫星,否则就把卫星变成废铁。

2000年2月,美国东北大学计算机学院28岁的学生伊肯纳·伊菲因进入军方和政府的计算机系统,控制了美国航天局的一个系统并中断了一个因特网服务提供者的服务。

2001年9月11日,恐怖分子劫持多架民航飞机分别撞击美国世界贸易中心大楼、国防部五角大楼等重要建筑,造成2 996人遇难。该事件对全球造成的经济损失高达约1万亿美元。

2008年11月26日,一群极端分子在印度最大城市孟买发动恐怖袭击。恐怖分子持AK-47步枪和手榴弹,分成数个小组在不同地点实施爆炸、武装袭击和人质劫持,攻击规模和复杂程度前所未有。事件持续时间长达59小时,造成至少195人死亡,300多人受伤。

2010年前后,计算机蠕虫病毒"震网"(Stuxnet)爆发,导致伊朗核电站大量离心机严重故障,其损害程度堪比武器攻击。伊朗核计划因此遭遇严重挫折。此次网络攻击被广泛认为是美国和以色列发起。

2015年1月20日,一架无人机飞过法国总统府爱丽舍宫上空;26日凌晨,一架来历不明的无人机进入美国白宫并坠毁在南草坪;4月22日,日本首相官邸遭不明无人机闯入。这些无人机未采取攻击性行动,但其潜在威胁显而易见。

……

面对这些小型、分散的网络化组织,以及恐怖主义、网络袭击、无人武器渗透攻击等新威胁,传统的大规模军队还能有效应对吗?答案是否定的。截至2014年底奥巴马政府宣布战争正式结束,美军历时13年、投入10余万部队、死亡逾2 000名军人的阿富汗战争并未彻底消灭"基地"组织,反倒使世界陷入"越反越恐"的困境。这一事实清楚表明,传统军队、传统手段已无法应对新型威胁。

以前,金字塔型的大规模军队是适应战争消耗不断增大、规模不断扩大需要的结果,信奉的战争哲学是"锤子越大,效果越好"。而现在,信息网络技术、人工智能技术的扩散,使较小的组织甚至个人,包括黑客小组,各种非国家行为体,如国际恐怖组织、宗教极端组织、民族分裂组织等,都有可能成为威胁国家安全的敌人。这些基于信息网络技术、智能技术的多元化组织具有极强的适应性和灵活性。它们是互联网络中的分散节点,没有传统军队的"重心"。依赖信息网络技术,它们可以从世界各地协同行动,灵活应对形势变化。而等级众多、官僚体系庞大的传统军队在这些新威胁面前显得极其迟钝和笨拙,根本无法像以往一样集中优势兵力摧毁这种无"重心"的行动网络。面对不知来自何方,非常规的多种类、分散式攻击,昔日在沙场纵横驰骋的铁甲雄师只能是"拔剑四顾心茫然"。金字塔型的现代军事组织体系已越来越无法满足国家安全维护的现实需要。

从中层革命到底层革命

阵战时期,密集排列的军阵在不大的一片地域交战,将帅凭借金鼓、旗帜、传令兵实施战场指挥,作战行动控制与信息通讯需求基本平衡。进入火药时代,尤其是随着线膛枪炮出现,古典军阵瓦解,散兵作战成为基本交战方式,作战地幅急剧增大,作战行动控制与信息通讯能力不足的矛盾逐渐凸显。为确保指挥控制顺利开展,军队不得不下移战术单位,减少指挥对象数量(幅度),

其结果是原来高度扁平的指挥结构日益金字塔化。坦克、装甲车等机械化力量及空中力量的出现,形成大阵面、大纵深作战样式,更加剧了这一趋势——即使电报电话出现也未能扭转,现代军队由此发展成立体多层的"金字塔"型组织。

信息网络技术的发展应用遏止并逆转了金字塔化趋势。一方面,数字化、信息化、网络化从根本上改变了战场信息通讯能力匮缺的局面。战场互联网、各类信息终端、宽带通信卫星等犹如神经网络一般,将战场各要素、战场与战区司令部或最高统帅部紧密联结在一起,关键战场数据与信息、指挥控制指令全球实时传递,各级指挥官、分散配置的作战平台甚至单兵共享一个战场态势图。这意味着战情可以实时上传、共享至战场网络,战区司令部可以实时掌握战场动态并将命令越级下达给战役、战术指挥官甚至班组,指挥控制的幅度、深度均得到前所未有的拓展,分散部署行动与信息通讯能力不足导致的指挥控制难题从根本上得到解决,军队组织结构金字塔化的一大前提因此不复存在。另一方面,政治舆论环境迫使高级指挥官强化对军事行动的控制。在信息化浪潮中,人类社会进入大众信息时代,民众发现信息、民众分享信息、民众消费信息。对军事行动的关注评论不再是少数精英的专利,它们必须接受全世界舆论的即时监督和评判,军事行动的政治性敏感性急剧上升。为避免行动中出现政治问题或其他易导致舆论被动的情况,高级指挥官一般更倾向于亲自决策指挥并亲自控制军事行动。这两方面因素,即技术可能与政治压力的结合,颠覆了传统指挥控制方式,越过中间层次,对战术部队或任务末端进行直接指挥控制成为高级指挥官的基本指挥方式。

在1999年科索沃战争中,北约欧洲盟军最高司令、美国陆军上将韦斯利·克拉克控制着日常作战行动。他常常绕开直属下级——北约南欧盟军司令,直接向战术指挥官下达命令。他甚至亲自选择目标,规定攻击方法,下令中止正在进行目标打击行动等。在2001年阿富汗战争期间,美军中央司令部司令汤米·弗兰克斯上将则是从位于美国佛罗里达州的迈克迪尔空军基地对阿富汗部队进行直接指挥,经常同意或拒绝批准在阿富汗实施轰炸等具体战术任务，并在事后点评下级指挥官的一举一动。在这些行动中，信息革命早期的一些预期，如联网预示着分散指挥与控制，下级将被赋予更多自主权等情况并未出现。相反，战区指挥官越来越多利用互联网络在通常应属于战术指挥官的职权范围内作出决策，而中级指挥官则被越过，降格为信息管理员。

这一指控方式显然会抑制下级指挥官的积极性，导致他们不愿或不能独立行动并对其行动负责等问题，但高级指挥官并未因此而放弃对战术行动的直接干预。这一有悖于传统指挥理念的"不当"做法，可能更代表作战指挥方式的发展方向。

就对指挥控制的影响而言，信息网络革命的关键作用就在于它消除了通讯的物质成本以及由此产生的距离感。在高级指挥官与战术指挥官共享战场态势图，且随时可进行直接信息交流的情况下，还有必要再通过中间指挥层次一级一级地上传下达信息或指令吗？作战力量还需要编配那些处于中间层次的指挥机构吗？

一个极具启发性的现象是交响乐团表演。根据科层制组织方式，多达上百名演奏家的交响乐团应该有几个"副总指挥"、几个中间指挥以及10个左右的"小组指挥"，但实际上，乐团只有一个指挥，每位演奏家都直接受其指挥，不通过任何中间环节。这一演奏模式形成的关键在于：乐团共享一个统一乐谱，且乐团指挥与各演奏家间实现了无障碍的实时信息交流。在演奏过程中，所有演奏家都在乐团指挥视野、听觉范围之内，乐团指挥通过指挥棒、神情和动作传递的信息为每一位演奏家所直接感知，最终演奏出高度协调的恢宏乐章。

作战指挥较交响乐团复杂得多且不确定性更大，无法如交响乐团般以一个指挥层次，即一人指挥所有人的方式实施指挥，但在信息流纵向到底——直接通达至每一基本战斗单元，横向到边——贯通各个层次指挥对象的情况下，指挥深度与跨度均得到前所未有的拓展。实施"中层革命"，大幅削减中间层次，扩增指挥对象（作战力量），以最简链路、最大跨度统辖指挥作战力量就成为发挥信息网络优势、提高指挥效益的必然选择。20世纪90年代以来，美军、

第七章 重构军队

俄军及我军等世界强国军队进行的以力量结构"扁平化"为基本特征的军事变革,正是对这一趋势的顺应。在这一中层革命进程中,军队科层化被反转,传统军事体系的层级遭削减,高耸的"金字塔"矮缩变形。

中层革命只是第一波冲击。进入2010年代,蓬勃兴起的智能化革命对军事"金字塔"形成新一轮冲击。与信息网络化主要对传统军事组织体系纵向层级造成冲击不同,智能化直击体系的基石——基本战斗单元,军事"金字塔"的根基因此而动摇。

在现代军事组织体系中,庞大的战斗层是最底层,也是体系赖以存在的根基。在数量巨大的单兵战斗员、坦克装甲车、作战飞机、作战舰艇及其他武器装备支撑下,一级一级上下承接、底阔顶尖的金字塔型军事组织得以建构,任何作战行动的实施都是将作战命令逐级下达分解至基本战斗单元,并由战斗员予以执行。体系中,战斗员及其直接操作武器构成的"人—机"系统,既是作战链的末端,又是指挥链的末端。

智能化无人系统的应用打破了这一格局。智能程度较高、可自主行动的地面机器人、无人作战飞机、无人舰艇等,在人类战斗员远程遥控或监控下履行作战任务,半自主或自主承担起大部分原来必须由"人—机"系统完成的任务,替代原有基本战斗单元而成为最底层的基本战斗单元,其直接影响是导致作战链与指挥链在末端的分离。无人武器系统操作员成为作战命令的最终受领者,无人武器系统则独立成为战斗任务执行者。无人武器系统操作员承担起早先直接操作有人作战系统(平台)的单兵或数十数百人作战团队(如舰艇操作部队)所承担的任务,原来的有人作战系统(平台)内部的指挥环节被减省,指挥链末端因此上移。

特别是随着无人系统自主性和群集智能的发展,一名操作员即可操控或监控数个、数十个,甚至成百上千个无人作战系统,完成原来由一支部(分)队、机群、舰队完成的任务,部(分)队指挥官对所属武器系统的多层指挥环节也被减省。多个层级的指挥官职责被一个或少数几个无人作战群操作员和智能指控算法所替代,指挥链末端进一步上移,指挥链路最终大幅缩短。在这一过程中，原来一个武器系统配备一个操作小组或一个团队的编配方式被打破，一人或多人控制一个或多个无人系统作战群的新编配模式日益形成。无人系统的数量规模急剧增大，而操作员的数量大幅下降。可以说，无论是基本战斗单元的结构、无人武器系统的编配方式，还是官兵编制方式和指挥控制模式都在酝酿根本性变革，原来按相近比例层层递增数量、按级层层指挥的金字塔型组织结构正面临来自底层、"釜底抽薪"式的严重冲击。

从信息横向一体到武器操控横向一体

信息网络革命对军队信息流通的影响是全向度的。它不但从纵向上打通了各层级间的信息传递，而且从横向上穿透了各军兵种间信息交流的藩篱。在1991年海湾战争中，由于海军通信系统与空军不配套，美军不得不派专人乘飞机，把空中任务指令的复印件从联合空战指挥中心带到航空母舰。而进入21世纪，在阿富汗-伊拉克战争中，信息网络技术的发展应用已将美军各军兵种紧密联系在一起。通过网络，分散配置的各军种指挥机构可实时获取战场信息，一对一的无线电通信或电话通信在信息传递方面的局限性被带有特定接入的网页、电子邮件和即时通讯软件消除，各作战单元能够跨越层级和军种界线接触到各种信息，军兵种间信息交互从有限的无线电通信上升到宽带信息互联网，实现了数据信息横向一体化，协同行动能力和效率因此得到根本性提升。在战争中，"军种间的互动不仅范围广、程度深，而且影响深远。主要表现在近距离空中支援与地面部队行动的密切配合，陆军后勤力量支援海军陆战队的内陆行动，海军飞机支援陆军特种部队，空军空中加油机为海军飞机加油，以及由三军联合小组负责行动计划制订和实施等"。[①] 自1986年《戈德华特-尼科尔斯国防部改组法》通过以来，美军第一次实现了真正的联合作战。各军种间的信息网络互联，以及高容量的数据、信息高速流动居功甚伟。

---

① Biddle Stephen, *Toppling Saddam: Iraq and American Military Transformation*. Carlisle, Penn.: Strategic Studies Institute, U.S. Army War College, April, 2004, p.35.

第七章 重构军队

信息横向一体构建起军兵种间高效、畅通的信息高速公路,并促成战役、战术各级无缝隙联合行动,金字塔型军事体系中的垂直条块分割因此被削弱。而智能化革命的到来,智能化武器装备的大量应用,则进一步威胁到各军兵种自成体系的纵向力量结构和运用方式。

智能化武器装备不同以往的一个基本特征是非直接操作。通过信息网络和数据链,作战人员对智能化无人系统进行远程操控。而且随着智能程度和自主性增强,智能化无人系统对遥控操作或干预的需要不断降低,操控员技能性的实操能力在这一过程中渐无用武之地,操作方式从人在武器操作"回路中"(human-in-the-loop)的操控,转变为"人在回路之上"(human-on-the-loop)的监控。这一非直接操控方式是数千年战争史中"人—武器"关系的一次大革命。它既解放了武器操作者,又解放了武器。操作者不必专事单一武器,武器不必操控于单一战斗员。武器操控跨度及灵活性由此得到根本性提升。

进入21世纪,军事强国纷纷采取措施,加强以通用性为重点的无人系统综合集成。这既是统筹发展需求使然,也是因为智能化无人系统的非直接操控特性提供了技术可能。以先行者美军为例。早在20世纪80年代,无人机系统种类型号增多所导致的管理困难、作战使用难协调、指挥控制复杂等问题即引起美军关注。1997年,美军启动战术控制系统(Tactical Control System,TCS)项目,希望通过发展通用任务控制系统、制定统一信息与控制接口等措施,解决不同任务载荷、无人机平台和地面站间互操作问题。2001年,美军成立联合无人机办公室,负责制定无人机的技术标准、作战标准、战术标准、程序标准等各种标准。在美国防部《无人机发展路线图(2002—2027)》中,无人机的标准制定被作为一个主要目标。在《无人系统路线图(2007—2032)》中,互操作性和标准首次作为重点内容单独阐述。2009年,美国防部公布采购决定备忘录,要求无人机系统立项项目采用公共的互操作开放结构(IOA),等等。

经过20年的发展建设,对于无人机的通用控制、互操作性问题,美军、工业部门、科学界已达成高度共识,并形成一系列重要成果,如北约在战术控制系统(TCS)基础上研制的无人机控制系统标准接口 STANAG-4586,雷神公司的通用控制站(UCS),通用原子航空系统公司的通用任务控制站(OGCS),代理航空系统公司的"天空力量"分布式管理系统(DMS)等。这些系统的开发应用,极大地提高了无人机系统的互操作性,使单个任务控制站即可有效操控多个不同型号无人机。原来每一种无人机系统都必须使用专用软件和专用控制站的情况得到根本改善。军种内部以及军种之间,至少在技术层面,已具备互操作无人机的基本条件。

无人机实现互操作是智能化无人系统通用控制进程的第一步。作战效益提升需求与技术可能的结合,将不可避免地导致通用控制向更广范围、更多领域的武器系统拓展。既包括向同一空间的全谱系无人系统,如在空中行动的远、中、近程各型无人机拓展,也包括各军种对其所属所有无人系统实现互操作,还包括对各军种各类无人系统,如无人机、无人车辆、无人水面/水下舰艇的通用控制。

美国陆军的"未来作战系统"(FCS)就曾试图开发通用的便携式控制单元,实现系统中的无人机、无人车辆的统一指挥控制。而美海军与美国防部长办公厅联合研制的通用控制系统(CCS)已经取得一系列重大进展。CCS是一种具备通用架构、用户接口和组件的软件系统,可被集成到一系列无人系统平台上。根据美海军作战部长办公室无人系统项目办公室(OPNAV N99)的路线图,CCS可适应空中、水面/水下和地面的各类无人平台,为海军无人系统群提供通用管理、任务规划、任务管理等能力。2012年的试验表明,CCS的"无人航空系统控制段"模型可成功控制不同种类的无人机。2015年12月,美海军又成功进行了CCS对"大排水量无人潜航器"(LDUUV)进行指挥控制的系列测试。对于其意义,CCS项目经理拉尔夫·李上校认为:"这些测试证明了操作人员能够利用某个全球操作中心的 CCS 系统来对全球任意位置的无人潜航器进行任务规划、指挥和监视。测试成功同时还向我们展示了 CCS 可适应从无人机到无人潜航器等各类无人平台。"[①]2017年4月,美海军又成功验证了基于CCS的首个航母无人航空任务控制系统(UMCS)。该测试表明,第三方软件(无人系统应用)可与CCS框架共存,并在新环境——如航母系统中实现其功能。它也意味着美海军有能力实现无人系统互操作,并将许多其他海军平台上现有的技术和能力集成在一起。[②]

除美国外,其他一些军事强国,如俄罗斯、以色列、英国也大力发展智能化无人系统通用控制能力。尽管不同国家、不同军种的认识、关注、投入及发展程度不尽相同,但提升互操作性、统合各类各型无人系统的指挥控制已是大势所趋。而武器装备的通用操控,必将且已经使军事力量从信息横向一体向物质与能量的横向一体跃迁。在此进程中,通用控制站的运用,从平台和单元层面打破了兵种、军种之间的条块分割,以专业分工为基础,从上至下细化的金字塔型军事体系因此再度遭到严重的横向冲击,军兵种纵向排列所形成的军事体系支柱被削弱破坏。

总之,在信息化、智能化革命浪潮中,中层革命以及继之而起的底层革命,信息横向一体及随之而来的武器操控横向一体,已经从纵向到横向,对现代军事组织体系构成一波又一波的严重冲击。军事体系正遭遇线膛枪炮时代以来最深刻、最彻底的革命,军事"金字塔"正加速坍塌,适应智能化战争的新型军事组织模式日益孕育成型。

军兵种的消亡

军种是战斗力之源,军种是内耗之源。这是20世纪以来军种发展历程的基本事实。

---

① Megan Eckstein, *Navy Successfully Tests Common Control System On Unmanned Underwater Vehicle*, January 29, 2016. https://news.usni.org/2016/01/29/navy-successfully-tests-common-control-system-on-unmanned-underwater-vehicle
② Katherine Owens, *Navy tests first aircraft carrier drone control system*, May 2, 2017. https://defensesystems.com/articles/2017/05/02/mq25.aspx

作为战争力量的一种组织形式,军种并不是新事物。它因人类社会空间的开辟和相互冲突而产生,并随空间的拓展而发展。最古老的军种——陆军和海军(水军),已在人类历史上存在了数千年。长期以来,受信息传递困难、军队机动能力低、时间不确定性大等因素制约,陆军与海军(水军)之间大都是在各自作战空间——陆地和海上(江河湖泊)独立作战,最多是在最高统帅部的意图下,进行宏观层面的战略协同,难以组织中观层面的作战协同。各军种在各自空间各司其职,相互之间的矛盾对立并不严重。

工业革命爆发后,蒸汽机特别是内燃机的出现,开创了一个军种蓬勃发展的新时代。在革命浪潮中,新武器平台、新兵种不断涌现,战争空间不断拓展和开辟,陆军、海军等传统军种蜕变新生,空军、火箭军等新军种相继诞生。再加上工业化带来的规模化和专业细化,各军种日益发展成分工明确、门类齐全、层级众多、规模庞大的复杂军事体系。与此同时,无线电的发展及武器平台机动性的提高,使军种间协同向下延伸至中观的作战层面。各军种参战力量根据战役(战区)司令部的协同方案(计划),在涉及多个作战空间的同一战场,在规定的时间、空间或任务范围内行动,并在整体上形成作战合力。战斗力形成遵循的基本原理与大规模工业生产相一致,即细化专业和各种力量,层层向下分解作战职能与任务,并依靠各力量各履战责完成任务。分解是战斗力生成流程中的关键。这一时期是军种发展的"黄金时代"。军种有较为独立的作战空间、独当一面的作战能力以及对称的作战对象,是各自空间的主宰。

毫无疑问,军种的新发展为战争提供了新工具、新空间、新质战斗力,改变了战场面貌和战争形态,但军种独立成军及对特定作战空间的主宰也带来诸多问题。特别是,各军种互不统属、各有一套相对封闭完整的编制和作战体制的组织形式,导致军队内部多个行政体系和作战系统平行并立,山头主义、本位主义盛行,军种之间的矛盾和内耗因此日益凸显。在平时,为满足发展需求,各军种围绕军事资源分配展开激烈博弈;在战时,为突出本军种地位作用和战场利益,各军种各行其是、相互掣肘、争功诿过、拈轻怕重的情况时有发生,作战需求与利益割据之间的矛盾突出。在这一过程中,军种发展为军队建

第七章 重构军队

设带来的"红利"不断减少。

进入20世纪70年代,信息化革命的兴起,推动军种发展向相背离的两个方向发展。一方面,远程精确制导武器助长了军种自主倾向。无论是地对空、地对舰打击,舰对地、舰对空打击,还是空对地、空对舰打击,远程精确制导武器的广泛使用,使各军种都拥有了对各自传统作战空间以外空间的作战能力,普遍实现了跨空间作战。原有的军种力量结构、作战空间以及作战任务界限被打破,各军种发展日益超越自我,侵入其他军种的"传统势力范围"。这一新格局使军种在更多情况下,较少或只依靠自身力量即可达成作战目的,对其他军种的协同需求下降,军种的自信心、自主完成任务的意识进一步上升,发展成为囊括其他各空间作战能力的超级军种的意愿也随之上升。其后果是,"各军种的作战空间发生重叠,并在重叠区各自进行大量投入,导致各军种为争夺共同的作战空间、作战资源而陷入恶性竞争之中"。[1] 这一状况在引领军事信息化革命的美军中尤为突出。对此,美国学者麦格雷戈尖锐批评道,"(美国)空军高唱'空中制胜'和海军畅谈的'由海向陆'实际上是军种竞争的最新例子。因为各军种通常在不同的环境中作战,单一军种理论就变成了自我保护的工具,经常会强化各军种的离心趋向"。[2]

另一方面,信息化开启军种一体化进程。拓展是发展,而相互拓展意味着融合。军种之间,在作战力量、作战能力及作战空间等多个方面的相互拓展,既是一种自我发展,也埋下了被整合的种子。因为交叉发展引发的重复建设、战场协调困难及恶性竞争等问题,显然不利于整体合力形成,它必将导致对军种的整合。无论是美国1986年《戈德华特-尼科尔斯国防部改组法》,还是其他各国在军种统筹发展和联合作战方面的努力,均将矛头指向打破军种壁垒、避免恶性竞争、优化资源配置以及加强协同作战上。军种协调、军种联合在这一过程中得到加强。也就是说,远程精确制导弹药等武器的使用,在跨越军种

---

[1] 林东:《超越军种时代——关于新军事变革的系统科学思维》,北京:解放军出版社2007年版,第54页。
[2] 道格拉斯·A.麦格雷戈:《打破方阵》,军事科学院世界军事研究部译,北京:军事科学出版社2005年版,第226页。

界限的同时,也模糊了军种界限。与此同时,信息化、网络化的深入发展,更是将军种发展带入一体化融合的新阶段。通过连通各级司令部、各军种参战力量甚至各平台、各信息终端的战场互联网络,各作战力量分享各自采集的战场信息,共享战场态势图,军种间微观层面的战术级协同,甚至平台级的协同成为可能。军种联合作战在信息流领域实现获取、流通、使用一体,"发现—决策—打击"周期大幅缩短,作战行动效率大幅提高,军种融合成为战斗力生成流程中的关键,军队组织结构演变方向因此而改变。战场因为信息空间的存在和连通第一次实现一体化,早先在各自空间独立作战,以及后来依靠无线电间或联系协调的联合作战,演进为以网络为中心的一体化联合作战。信息流作战效能得以充分发挥,各军种力量在信息层面,如指挥控制、信息情报方面实现实质性融合,军种一体化进程正式开启。

智能化革命浪潮的到来,进一步将军种一体化进程从信息融合推向平台融合。如前所述,在武器发展、管理、作战运用效益提升需求拉动下,智能化无人系统操控的通用化进程已经开启,且其程度随武器自主性的提高而不断提高。这将不可避免地加速军兵种间融合,甚至导致军兵种的消亡。

一方面,通用操控削弱了军兵种赖以存在的前提。军兵种发展的实质是专业分工。兵种是武器装备按种类划分的产物,军种则基于更宏观层面的空间划分。武器装备的创新分化,随之而来的专业细化分工,以及为充分发挥武器最佳效能所形成的军事体系,包括人与武器的编制比例和结构、组织人事、领导指挥、训练方法与规范、战术、后勤与装备保障方法等,共同构成了一个个武器装备与人员专业分工明确,且相对独立的兵种和军种。而智能化无人系统创新应用及其所引发的平台操控通用一体化,则使上述诸多要素存在的意义大幅下降甚至消失。主要包括:

智能化无人系统既可由本军兵种操控,又可由其他力量操控,军兵种对系统的所有感下降;操控员既能操控本军兵种和其他军兵种系统,又能操控在不同作战空间行动的各类各型系统,对军兵种的归属感下降。

随着一个操作员(群)对战场上各类各型无人系统操控的实现,原来以武器为中心的战斗单元编配方式明显过时,新型智能化武器再配备到各军种并配套形成新兵种的必要性不复存在。

长期专业训练是军兵种掌握所属武器的基本途径,也是军兵种界限难以跨越的一个主要障碍。而智能化、自主性日益提高的无人系统越来越把武器操控变得如打电脑游戏般简单。许多小微型系统的操控目前只需数天、数小时甚至数分钟的学习即可掌握。中大型系统的操控训练也只需数月即可完成。在未来,这一时间可能缩短至一个季度、一个月甚至几周。也就是说,在原来一个完整训练周期内,一个操作员可以掌握数十数百甚至更多不同武器的操控(监控)使用。经此训练的操作员无法也无必要归于一个军种。这种超军种的"全能"战士从人员层面摧毁了专业兵种和军种结构。

受控于一名操作员的智能化无人系统作战群,无论是由单一类型系统组成还是由多型多类系统组成,均直接接受操作员操控,在一个意志下形成一体作战,无须像以前一样通过复杂的军兵种间协同。或者,在操作员监控、决策下,各型各类无人系统根据智能算法形成的指令自主协同,无须其他人员或军兵种介入。军兵种在战术和作战协同方面的独特性逐渐被"全能"战士和智能算法取代,等等。

另一方面,通用操控改变了依靠专门化生成战斗力的旧模式。军兵种新生、发展的内因在于,在工业化、机械化时代,专门化是战斗力之源。专业分工使军事力量各组成部分、战斗单元或精通于一种武器装备(系统)的操作使用,或精通于一种军事技能(工作),由此挖掘出作战体系中每一个基本单元的潜能,并通过协作聚合形成整体战斗力。这一模式不断强化兵种、军种的精专和独立意识,孕育出不同的军兵种文化,但同时,也在各军兵种之间竖起了藩篱。而智能化无人系统应用所引发的平台操控通用一体化,则对该模式构成了直接、根本性挑战。从发展演变看,跨空间、跨军种的武器平台互操作,是继信息化拉开军种一体化序幕之后的二次革命。在智能化战场,各类各型新无人系统如以往军事革命一样不断涌现,但它们越来越受控于一个数量很小的操作员群。这些操作员既是作战任务的受领者,也是无人系统群的直接操控者、监控者、指挥者。战斗力的形成仍需依赖各种力量，但基于"人—武器"系统并经由长期训练而成的专业力量——军兵种，已为更具优势的自主、智能化无人武器系统所替代。这些系统不经专业训练，作战能力即达到武器设计性能指标，因为专业技能都已以计算机指令、模型或算法的形式，物化至武器控制系统之中，武器一出厂即能发挥其最佳性能，而无须借助于人的操作。它们之间的配合也不过是操作员或智能算法直接控制下的按指令行事。以往费时费力的专业化问题，以及复杂难行的军兵种协同问题因此迎刃而解，作战效率、效益大幅提升，作战方式、战争形态也演进至新的更高形态。在这里，战斗力形成的重点已不是通过专门化，也就是将新型武器配套形成新军兵种，而是通过一体化，将各型各类无人系统的使用融为一体，依靠由此形成的最优资源配置、最佳战术或行动方法、最短"决策—反应"周期等提升战斗力。整体战斗力形成的枢纽因此从军兵种间协同，转移至各作战流程间的无缝衔接，即"发现—决策—打击"各个环节之间的实时全面承接。

总之，智能化无人系统及其通用化，不但改变了基本战斗单元，改变了武器的运用方式，也从根本上改变了以军兵种并立为主要内容的军队组织形式。各类各型武器装备仍是战争的基本工具，但原来依此建立或维持军兵种的必要性不断下降，军兵种趋于消亡，新的军事组织形式不断酝酿形成。

组织革命

在新技术浪潮中，破与立始终是一个硬币的两面。人工智能在施予金字塔型军事体系最后致命一击的同时，也孕育能充分发挥智能化武器优势及适应智能化作战方式的新组织形式。按作战空间划分军种的传统军队，正向按职能划分力量的职能军队过渡。

"武库式"特混编成

技术可能，是组织演进的方向标。一旦技术条件具备，以此为基础建立新

第七章　重构军队

组织、形成新型战斗力的诱惑（或压力）将急剧增长，而技术对作战方式的重构则为此指明方向。在军事智能化革命浪潮中，智能化无人系统运用所引发的武器操控通用一体，以及先前信息化导致的信息一体，既日益削弱、摧毁传统金字塔型军事体系，又为新型力量建立提供了技术可能。这首先体现在基本战术单位的重塑上。

与此前基本战术单位由相对独立的兵种（或军种力量）编成不同，如拿破仑战争时期将步兵、骑兵、炮兵编成为师，机械化战争时期将坦克兵、直升机分队、炮兵、机械化步兵编成为师（旅），信息化战争时期将跨军种力量编成一体化联合特遣部队等，智能化无人系统及其互操作性的提升、训练周期的大幅缩短等，为不同类别、型号武器装备的混合编成提供了可能。既然操作者不但能操控无人驾驶飞行器，还能操控无人驾驶地面车、机器人，以及水面/水下无人舰艇，那就没必要再根据武器系统分类组建兵种或军种。而应根据任务，以最具效率的混编方式编成基本战术单位，即将满足特定任务需求的各类智能无人系统集中部署在一个基本战术单位，武器系统的种类、数量根据各系统功能、自主程度以及操作员操控能力提高而动态调整，具有多种武器复合操作能力的操作员与智能化无人系统不再建立固定归属关系，只在需要时，按任务将一定数量各类各型无人系统和操作员编组成作战部队即可。

这一编制不固定、武器不固定、作战编成不固定的新组织方式，从武器装备层面打破了军兵种间分立，消除了传统军兵种协同作战的需求前提，终结了以军兵种为主体的战术单位编组形式，基本战术单位因此成为真正的一体力量。其组织结构从原来的多兵种（或多军种力量）纵向条块分割，转变为更优的横向按力量类别划分的两大力量区块：操作员区块和武器装备区块。操作员区块主要由无人系统操作员及相关领导管理者组成，负责操作使用无人系统，是一个高度扁平的组织，它随智能化无人系统自主性、互操作性的提高渐趋缩小；武器装备区块主要由各类各型智能化无人系统，以及相关管理、保养和维修保障力量构成，主要负责提供处于良好状态的无人系统，该区块随智能化无人系统自主性、互操作性提高而趋于扩大。

操作员队伍缩小与智能化无人系统数量规模扩大带来一个直接后果——战斗人员与武器编配比例出现历史性逆转。原来一人一支枪,或几人共同操作一个武器系统的传统格局被打破,一名战斗员(操作员)同时操控数个、数十个甚至数百个多类多型无人作战平台成为普遍现象。战斗人员比例因此大幅下降,而武器系统比例大幅上升。这在数千年军事史上前所未有。军队体制编制关注的重点,也将随之转向各类智能化武器的编组搭配。在这一进程中,基本战术单位越来越演变成"武器库"式的特混部队。其进行(参与)训练和作战的方式就是数量不多的操作员根据作战需要调用"库"中无人系统,训练或战斗结束再交还"武器库"维修、保养和补充能源。操作员区块与武器装备区块之间是武器使用者与保障者之间的关系,无所谓主次,没有专业藩篱,只有不同职能的顺次衔接。

显然,智能化无人系统及其互操作的实现,使跨作战空间、跨领域的各类武器能够部署于一个基本战术单位且真正实现通用一体操控。这在人类军事史上还是第一次,它使"兵不杂则不利"[①]这一战斗力形成要义在新的更深层次得到实践。由此,"金字塔"困境从根本上得以消除,长期困扰作战行动的军兵种协同不再是问题,军队的快速反应能力、灵活性以及各基本组成单元的独立作战能力得到大幅提高,基本战术单位在革命浪潮中浴火重生。

2007年,美国空军将原来分散编制的多个"捕食者""死神"无人机中队整合组建成第432无人机联队。这是全球第一支成建制的无人机作战部队,其组建反映出无人武器系统集中编成为基本战术单位的大趋势。而随着智能化无人系统通用操控技术的不断成熟,在激烈的军事智能化竞争中,组建更具革命性的无人系统特混部队将是大势所趋。美国陆军、海军在无人系统通用操控方面的努力已为此指明方向。

---

① 《中国军事史》编写组:《武经七书注译·司马法·天子之义第二》,北京:解放军出版社1986年版,第93页。此句意为"各种兵器不配合使用就不能发挥威力"。

第七章　重构军队

两型作战力量

组织结构是战争需求与技术可能的调和物。技术进步在满足战争需求上的不平衡性，决定了军事组织体系的基本架构。

在新技术革命浪潮中，智能化无人系统的创新应用及互操作性的发展，不断削弱、摧毁多层级、军兵种并立的金字塔型军事组织结构，并将构建起融各类跨领域、跨空间无人系统于一体的"武库式"特混部队。这一新型力量结构有利于智能武器优势充分发挥，也有利于消除传统军兵种协同难题。由其组成的机器军团，是新质战斗力形成的源泉和军事力量重心所在，人类战争也因此被推向全新的机器战争时代。不过，智能化无人系统的这些影响主要集中在军队间中高强度战争上，也就是提高应对正规战能力上。对于其他的非正规挑战，智能化很难提供类似的力量支撑。

必须看到，21世纪军队应对的非正规力量、非传统威胁，主要属于政治性挑战。无论是敌对的叛乱武装，还是恐怖（极端）组织，不但在性质上，而且在数量规模、行动方式上，均与正规军事力量相去甚远。非正规敌对力量有其武装，但主要是使用轻武器进行低强度行动，如游击、袭击、恐怖活动。它们无力与正规军抗衡，行动的主要目的是扩大政治影响力，如显示存在、制造舆论或恐怖气氛、争取支持力量等，其力量更多来源于利用民族、宗教、价值观等各种问题对民众的蛊惑、煽动与聚合。对于这些力量，着眼正规战组织起来的传统军队难以有效应对。世界第一军事强国美国在海湾战争中完胜号称"世界第四军事强国"的伊拉克，却在阿富汗战争和伊拉克战争中折戟沉沙，即是这一"需求—能力"矛盾凸显的最新注脚。

总体而言，使用以技术见长的现代化正规军应对以政治见长的非正规力量犹如铁锤击水，看似一拍四散，实则不得要领。智能化革命确实为打击非正规力量提供了更多更先进的技术手段，但如前两次军事革命一样，它并不能对非正规战的政治特性和力量来源构成有力影响。近一个世纪的战争实践表明，应对非正规力量的关键，在于消除其滋生的土壤。而消除非正规力量滋生的土壤,关键则在于部署大量地面力量,通过部队与地方官员、民众的良好沟通和合作,以及必要的军事行动,实现地区占领(控制),维持社会稳定,确保经济发展和建立秩序。显然,此类任务的大部分是智能化武器装备,无论是先进的空中无人系统,还是地面无人车辆、机器人所难以胜任的。主要是因为,受"莫拉维克悖论"制约,智能化武器装备很难如人一样做好具有较强政治、民族、宗教、文化背景的工作。

"莫拉维克悖论"(参见第二章"关键技术突破"一小节)的基本含义是:就人工智能和机器人而言,高层次的推理几乎不需要计算,但低层次的感觉运动技能却需要大量计算。这一发现的重大意义在于,它颠覆了人工智能和机器人研究领域的传统假设,揭示出人工智能的短板所在。运用人工智能的武器装备,可以在性能,如机动性、反应速度、专注力、耐久性、精确性、数据处理诸多方面超越人类,但对于那些对技术(作战武器)要求不高、不确定性大、行动空间与人文环境复杂、需要与人交流沟通的任务,如打击叛乱武装、恐怖(极端)组织等方面,即使是一些简单工作,智能化无人系统也难以有效完成。它们可以辅助人类,为作战人员提供更好的感知、防护和行动能力,但难以成为主体力量。

由此可见,尽管智能化革命影响战争的各个方面,但它对不同性质战争活动的影响并不相同。这种非平衡性加剧了战争样式发展的分离趋势。一方面,智能化武器运用使军队间正规战演进跃迁至更高阶段,其胜败越来越取决于技术因素;另一方面,智能化武器运用只在技术层面改善了非正规战,未对其发展进程构成足够冲击,非正规战仍按固有逻辑缓慢演变。这种分离格局使原来单一的作战力量编成模式难以为继,它迫使作战力量做出适应性调整,也就是形成二元化组织(或称之为两型作战力量)结构,即作战力量分化成打击部队和控制(稳定)部队。前者由"武库式"特混部队组成,装备适用于常规作战的各类先进智能化武器,主要用于应对敌对国家(势力)的正规军事力量,实施中高强度作战;后者由能适应复杂环境、执行多样化任务的多功能地面作战单元组成,装备适应于占领、控制行动所用的智能化无人系统,但作战人员

第七章　重构军队

无论从数量还是地位作用而言都是主体,主要用于应对叛乱武装、恐怖(极端)组织等非正规力量,进行低强度军事行动。

两型作战力量是应时而变、按需编成的军事组织结构。一个明确的事实和趋势是,21世纪军队应对的多元威胁,从恐怖分子到叛乱武装,再到强国军队,各种现实与潜在对手构成一个大跨度的威胁谱系。要想有效应对这些复杂威胁和挑战,在战争样式发展加剧分离的情况下,不能依靠以打中高强度正规战力量为主,兼顾发展少量非正规战力量的传统军队,也不能寄希望于打造一支单一结构的万能作战力量,而应根据威胁和挑战的性质大致归类,按任务段构建起两型作战力量结构。从发展演变角度看,二元结构相对传统多军种作战力量结构是一次划时代革命。科技密集型的空军、海军和部分地面力量融合为一体部队,原来的军兵种结构不复存在;人力密集、技术程度相对较低的地面力量得到较多保留,但转型为控制(稳定)部队。两种类型作战力量执行不同性质任务,并在必要时衔接作战,即打击部队消灭敌主要作战力量后,由控制(稳定)部队接管战争后续阶段任务,形成一个能有效覆盖全威胁谱系的力量结构。

职能军队

革命"多米诺骨牌"的第一块一旦被推倒,其余骨牌就会产生连锁反应,依次倒下,直至最后一块。在智能化革命浪潮中,随着"武库式"特混编成方式、两型作战力量组织结构的形成,最后一块"骨牌"——传统军队组织编制将不可避免地被"推倒"。以新型智能化作战力量为核心,重新构架军队组织结构,形成能充分发挥智能化力量战斗力、与智能化作战方式相契合的智能化军队,成为军事革命最后的关键任务。

从发展进程看,智能化革命在摧毁金字塔型军兵种组织结构的同时,建立起基于职能任务划分的新部队——打击部队和控制(稳定)部队。这一新型军事组织形式超越了专业分工模式,既利于智能化力量战斗力发挥,又能从根本上解决军兵种协同困境,军事行动由此成为一体力量内部作战流程、环节的衔接，作战效益和整体性大幅提升。以此为基准，重新构建军队组织编制结构，是顺应智能化革命潮流的合理选择。

总体而言，经智能化的大多数军事力量都可以纳入打击部队和控制（稳定）部队，但核力量、战略网络战力量和太空战力量因其战略特性难以做类似处理。

核力量是实施战略威慑的核心力量，是维护国家安全和确保大国战略稳定的基石，其管理训练自成一体，使用则由各国最高统帅部直接掌控。这样一支力量更适于独立成军。

战略网络战力量是信息网络时代兴起的新型力量，主要以国家基础设施为攻防目标。尽管其行动是在虚拟的网络空间进行，但却会严重影响现实世界，其运用同样具有明显的战略性。2009—2010 年，伊朗核设施遭"震网"（Stuxnet）病毒袭击即清楚地表明了这一点。在这场据信是美国和以色列发动的计算机病毒攻击中，伊朗有 3 万多台电脑受感染，超过 1 000 台用于铀浓缩的高速气体离心机被摧毁，伊朗核进程被扰乱。这一事件令世界震惊。绝密且系统与外部网络世界隔绝的伊核计划都遭到计算机病毒入侵破坏，那防护有限、事关国计民生的国家基础设施又当如何？事实上，在经历 20 多年高速发展后，信息网络已渗透至几乎所有的国家基础设施，包括电力、电信、金融、交通、能源、医疗保健、水利、国防等，通过国际互联网络向关键基础设施实施攻击，不但在技术上可行，而且会对目标国造成严重后果。高度依赖网络的美国对此类威胁尤为敏感：

2009 年，奥巴马政府在《网络空间政策评估》中指出："网络安全的风险构成了 21 世纪最严峻的经济挑战和国家安全挑战。"[1]

前白宫反恐顾问理查德·克拉克在其 2010 年出版的《网络战争》一书中描述了一次大规模网络袭击：在短短 15 分钟内，计算机病毒使军事电子邮件

---

[1] *Cyberspace Policy Review: Assuring a Trusted and Resilient Information and Communications Infrastructure*, May 29, 2009. http://www.whitehouse.gov/assets/documents/Cyberspace_Policy_Review_final.pdf

第七章 重构军队

系统瘫痪,炼油厂和输油管道发生爆炸,空中交通控制系统崩溃,货运列车和城际列车脱轨,金融数据被打乱,美国东部电网出现故障,在轨卫星失控,社会将因食物短缺和资金枯竭而很快瘫痪等。①

2012年10月,时任国防部长利昂·帕内塔警告道,对美国水电供应网之类关键基础设施的网络袭击"相当于网络珍珠港——这种攻击能引发结构破坏和生命损失。实际上,它能震惊美国并使全美陷入瘫痪,并造成新的、深深的挫败感"。②

2013年3月,在提交给国会的《世界威胁评估》中,时任国家情报总监詹姆斯·克拉珀将网络威胁排在第一位;③前国家情报总监迈克尔·麦康奈尔甚至认为,全面爆发的网络战争与核攻击类似。④

而为应对网络威胁,美国已从政策、战略和力量建设等多个方面着手准备。其中:

奥巴马政府于2009年将网络基础设施界定为"战略性国家设施",作为国家安全的优先课题。⑤

2011年5月,奥巴马政府发布《网络空间国际战略》,指出"美国将确保攻击或利用我方网络所带来的风险远远超出潜在的收益",必要时,"将像应对我们国家受到的其他任何威胁那样应对网络空间的敌对行为"。⑥

同月,美国防部在首个正式网络战略中明确,"来自另一国家的电脑破坏行为可构成战争行为",如果网络攻击造成的破坏达到传统军事活动所能造成

---

① *War in the Fifth Domain*, The Economist, July 3, 2010, p.20.
② Mark Clayton, '*Cyber Pearl Harbor*': *Could Future Cyber-Attack Really Be That Devastating?* December 7, 2012. https://www.csmonitor.com/USA/2012/1207/Cyber-Pearl-Harbor-Could-future-cyberattack-really-be-that-devastating
③ Director of National Intelligence, James R. Clapper, testimony, *Worldwide Threat Assessment of the US Intelligence Community*, US Senate, March 12, 2013. http://www.intelligence.senate.gov/130312/clapper.pdf
④ *War in the Fifth Domain*, The Economist, July 3, 2010, p.20.
⑤ Barack Obama, *Securing U. S. Cyber Infrastructure*, May 29, 2009. http://www.americanrhetoric.com/speeches/barackobama/barackobamacybersecurity.html
⑥ The White House, *International Strategy for Cyberspace: Prosperity, Security, and Openness in a Networked World*, May, 2011. http://www.whitehouse.gov/sites/default/files/rss_viewer/international_strategy_for_cyberspace.pdf

的严重程度,就会被认定为"使用武力",并予以报复。①

2013年,美国防部国防科学委员会在《弹性军事系统与高级网络威胁》报告中,更是建议使用核武器来回应最严重的网络袭击。②

美国对待网络攻击的严肃态度,是其对信息网络广泛应用所产生的新国家安全问题的自然反应。既然发射导弹、派遣战斗机或突击队袭击国家重要基础设施不被容忍,同样的逻辑当然也适用于网络攻击。对网络依赖日深的其他各国,也越来越面临或者已经面临同样的问题。毕竟,没有哪个国家愿意或可以承受大规模网络攻击所导致的关键基础设施中断、事故,以及由此引发的连锁反应,如设施损毁、财产损失、人员伤亡、社会混乱和动荡等。从战略层面看待和运筹针对国家基础设施的大规模网络攻防战,也因此成为各主要国家共识。而无论是网络攻击发起方,还是对发起者采取不排除核反击在内报复的反应方,因为事关重大且后果难料,都不得不将大规模网络攻防战的实施置于国家最高统帅部直接掌控之下。战略网络战力量由此在性质、影响、指挥控制等方面具备了与核力量类似的特性,从网络战力量中脱离出来单独建设和运用,显然更符合战略网络战实际需要。

太空战力量是在新战争空间——太空行动的独特力量,其使用同样具有战略性。自1957年第一颗人造卫星被送入轨道以来,人类对太空的探索利用已经历60年,对太空的依赖也已达到前所未有的程度。各类航天器提供的全球范围内的全天候通信、定位、监控和侦察能力,不但为经济活动,如各种交通工具的准确定位、金融交易的有序进行、电视节目传送、数据传输、全球长途通讯的顺利开展提供了基本保证,而且为军事行动,如侦察监视、情报获取、指挥控制与通信、精确打击提供了基本支撑。在当代社会,已无法想象没有太空基础设施的景象。如果太空资产遭到恶意破坏,将对国家经济、社会及国家安全

---

① The Wall Street Journal, *Pentagon: Cyber Attacks Can Count as Acts of War*, May 31, 2011.
② Defense Science Board, Department of Defense, *Task Force Report: Resilient Military Systems and the Advanced Cyber Threat*, Published by Createspace, United States, 2014. https://fas.org/irp/agency/dod/dsb/resilient.pdf

造成严重影响和威胁。至少体现在以下几个方面：

社会经济生活无法正常进行。如移动电话无法使用，电视信号接收不到，自动柜员机（ATM）故障，国际互联网速度变慢、堵塞甚至中断，全球金融网络陷于瘫痪，股市交易无法正常进行，对时间和定位要求高的交通工具停运等。更为严重的是，太空攻击所产生的大量碎片，将对在拥挤的太空轨道飞行的航天器（截至2025年将新增轨道飞行器约4 000～9 000个）①造成严重且长期的安全威胁。对于这一风险，美国2010年《国家太空政策报告》写道，"太空能力无处不在并相互关联的现状及世界对之依赖程度的不断加深，意味着不负责任的太空行为将给全世界带来破坏性后果。"②

军事能力受到严重削弱。军事行动对太空的依赖性更高，尤其是对于强军而言。在1999年科索沃战争中，美军80%的通讯业务依靠商业卫星传输。2003年伊拉克战争"震慑行动"中，美军初期攻击使用的武器中有70%通过太空军事卫星确定目标。战略侦察、监视、定位、通信等方面更是如此。对与军事行动相关卫星的攻击，无疑将导致对手军队行动能力的大幅下降，甚至可能倒退几十年。

核战争风险急剧上升。太空和核领域无法割裂。核武器的瞄准依靠卫星，对战略对手核武器制造、部署、发射的侦察、监视、预警也要依靠卫星，卫星在核攻防中不可或缺。如果采取行动破坏对方核预警卫星和战略通信卫星，很容易被视作或者误判为核打击的前奏，由此引发先发制人核攻击或模糊状况下核反击的可能性大幅增加。冷战期间，美俄之间限制战略武器会谈达成的条约，以及随后缔结的协定均包括保护监控卫星的条款。冷战结束后，美俄双方也一直小心翼翼地避免干扰对方卫星，一个主要原因就在于此。

面对这些远超一般作战范围的战略性影响和威胁，世界大国不约而同地将威慑报复，包括核报复，作为应对太空攻击的基本战略。这一战略选择给无

---

① 参见 Stew Magnuson, *Space: Links to Earth to Make The 'Ultimate High Ground' a Battle Zone*, National Defense, November 2016, p34.
② *National Space Policy of the United States of America*, June 28, 2010. https://obamawhitehouse.archives.gov/sites/default/files/national_space_policy_6-28-10.pdf

论是太空攻击还是防御报复都划设了极高的决策门槛,除最高统帅部外,没有哪个机构可以拥有如此之大的指挥决策权。

由此可见,尽管也会受到智能化冲击,但核力量、战略网络战力量和太空战力量的战略特性决定了它们并不适合与常规力量混建混用。或各自单独成军,或成立统辖三支力量的战略部队,与打击部队、控制(稳定)部队并列,显然更符合智能化军队的建设实际和战略需要。

除此之外,智能化的推进还为后勤力量的一体编制和一体运用提供了可能,与智能化作战力量相适应的独立后勤保障力量在这一过程中日趋形成(详见第八章)。军队结构由此从基于专业分工的四大军种,转变为按职能分工排列的四支或六支部队,即战略部队、打击部队、控制(稳定)部队与后勤部队,或核部队、战略网络战部队、太空战部队、打击部队、控制(稳定)部队与后勤部队。新型智能化军队自此成型。

智能型司令部

智能化是一场席卷整个军事领域的风暴,不但以"蓝领"士兵为主体的一线部队受到其冲击,而且军队的核心堡垒——以"白领"参谋人员为主体的各级指挥机关也遭到其严重冲击,以大数据、智能协作决策为特征的小型司令部在革命浪潮中加速孕育。

参谋危机

作为军队大脑——司令部的主体力量,参谋人员一般由具有较好知识结构、专业素养、一定部队工作经验的军官担任,是军队中不折不扣的"白领"。为保障指挥官定下决心和实现决心,参谋人员担负着广泛而繁重的职责,包括搜集研究情况,提出报告建议,拟制军用文书,传达命令和指示,组织协调行动,监督、检查执行情况等,是作战指挥和其他各项军事工作开展不可或缺的重要力量。这些职责及工作性质决定了参谋人员是指挥官的智囊和重要助手,从事高层次的脑力劳动,在军队指挥与组织协调链条中发挥着不可替代的作用。这既是近2个世纪以来司令部工作的事实,也是军事领域长期以来的基本看法。然而随着智能化革命的到来,参谋人员的职能、作用正发生历史性改变。不但工作方式面临调整改变压力,而且许多参谋工作面临被智能机器替代的新局面。经济与社会领域的改变预示了这一点。

英国牛津大学与日本野村综合研究所于2015年联合实施的研究表明,大数据加人工智能日益超越白领的知识和经验。人工智能不仅可以更多地胜任工厂工作,而且能代替白领工作。既包括办公室一般事务性工作,也包括会计师、专利代理人等专业性较强工作。在10~20年内,日本劳动者中49%的人可由智能系统代替。其中,从业人数在270万人左右的"综合办事员"被人工智能代替的概率为100%,"会计事务从业者"为95%,"杂务、人事办事员"为60%,秘书、行政办事员、诊疗信息管理员、国际公务员等"其他一般事务从业员"为50%,"法务从业者"、"专利代理人"、"司法代笔人"以及制订业务计划等工作被替代的可能性也比较大。①

2015年11月,美林银行发布《关于机器人革命可能带来的影响》报告预测,包括白领工作在内的大量工作将被机器人取代甚至消失。其中,英国将有35%的工作被机器人取代,而美国则可能高达47%。②

2017年1月,麦肯锡全球研究院在题为《未来产业:自动化、就业与生产力》的报告中指出,预计在2055年,全球经济体下的有薪工作中,49%将借由改善现有科技而实现自动化,最易受到自动化影响的工作类别既包括重复性的体力劳动,也包括资料处理及资料收集等。③

2017年2月,英国"改革"智库发布报告预测,基于人工智能技术的进步,

---

① 参见寺田知太:《消失的100项工作和不会消失的100项工作》,日本《中央公论》月刊2016年4月号。
② 李宓等:《人机大战演绎人工智能新飞跃》,2016年3月7日新华网。http://news.xinhuanet.com/2016-03/07/c_1118254991.html
③ Steve Lohr, *Robots Will Take Jobs, but Not as Fast as Some Fear, New Report Says*, January 12, 2017. https://www.nytimes.com/2017/01/12/technology/robots-will-take-jobs-but-not-as-fast-as-some-fear-new-report-says.html

到 2030 年，机器人未来将有可能取代英国公共部门（包括行政机关、医疗、教育、公共安全等）近 25 万个岗位。其中，政府中将有高达 13 万名行政人员被取代。英国政府将因此节省运营成本并提高工作效率。①

2017 年 5 月，通过对 352 位曾在 2015 年神经信息处理系统大会或国际机器学习大会上发表过文章的人工智能研究人员调查，英国牛津大学和美国耶鲁大学的研究人员认为，人工智能到 2024 年将能够比人类更出色地翻译语言，到 2026 年能够撰写高中水平的文章，到 2027 年能够驾驶卡车，到 2031 年能够就职于零售业，到 2049 年能够著书，到 2053 年能够实施外科手术。②

这一系列研究所论及的是未来之事，但却是基于近年来人工智能蓬勃发展和实际应用前景日益明朗基础之上的科学预测，其密集实施本身已表明一种时代浪潮的来临。其中反映的趋势确凿无疑："白领"工作正遭遇前所未有的挑战，人工智能对其替代或者至少部分替代已是大势所趋。而在军事领域，"白领"的参谋人员也不得不面对同样的问题。

各类态势感知系统在各军兵种、各支援保障力量中的应用，改变了参谋人员的数据信息搜集方式。战场上，"我部在哪里？友邻在哪里？敌人在哪里？"一直是困扰作战指挥的难题。为掌握敌我友情况，司令部不得不投入大量参谋力量，与各部（分）队、友邻及侦察情报力量反复进行联络沟通。海湾战争期间，有关地理定位的询问和通知在总通信次数中的占比高达 70％。③ 而态势感知系统，如美军的"蓝军跟踪"系统、"机动跟踪"系统等的装备应用，使参谋人员在较大程度上解脱出来。基于卫星通信、互联网络、全球定位系统（GPS）的态势感知系统终端，实时向网络发送所搭载作战平台的位置、状态信息。所

---

① Damien Gayle, *Robots 'Could Replace 250,000 UK Public Sector Workers'*, February 6, 2017. https://www.theguardian.com/technology/2017/feb/06/robots-could-replace-250000-uk-public-sector-workers

② Ryan Bort, *Will AI Take Over? Artificial Intelligence Will Best Humans At Everything By 2060*, *Experts Say*, May 31, 2017. http://www.newsweek.com/artificial-intelligence-will-take-our-jobs-2060-618259

③ 参见林东：《超越军种时代——关于新军事变革的系统科学思维》，北京：解放军出版社 2007 年版，第 149 页。

有联网平台、指挥机构均能接收其他已装备同样系统部队的位置信息,掌握本部队与友邻准确位置,形成一个共用的实时更新的态势图。在这一过程中,绝大多数己方平台、部队的综合态势信息经由感知系统自动发送更新,即使是敌方部署与状态,也由接敌部队、侦察力量等标注在系统当中,参谋人员省却了大量位置和态势询问、报告、通报工作。伊拉克战争经验表明,使用"蓝军跟踪"系统的美军前线指挥官,可将80%时间和精力用于战斗准备,部队调动只需20%时间,而此前的比例正好相反。[①]

信息数据的自动化融合,大幅减省参谋人员信息数据整合工作。信息技术的发展应用,并未导致"战争迷雾"消散。信息化战场仍充斥大量残缺、失真、错误甚至欺骗信息,伴随信息技术而来的各类传感器更使各类信息庞杂繁乱。处理、核实、整合各类信息,形成一个准确、简明、完整的战场态势认知以提供给指挥官,是参谋人员一项重要且繁重的工作。多源情报信息数据自动化融合技术的发展改变了这一局面。该技术将来自不同类型、不同功能传感器和信息源的数据关联、融合于一体,进而获得目标位置、身份的唯一信息。其关键在于,大部分信息数据融合由数据模型、软件程序自动运行完成,如传感器推送数据被系统直接利用,图像、音频、视频数据经相关算法模型处理提取,两类数据在统一数据结构、标准下,由系统进行比对校准后自动融合。只有一些系统无法处理的数据才需要参谋人员介入,数据信息整合的工作量因此大幅下降。

写作机器人的发展应用,在较大程度上消除了参谋人员起草军用文书需求。军用文书起草是参谋人员主要职能之一,经常耗费后者大量的时间和精力。智能化写作机器人的出现,为参谋人员从繁重的文书起草中解放出来提供了现实可能。2014年7月,美国最大的通讯社美联社开始使用自动化洞察力公司(Automated Insights,AI)的写稿软件,自动撰写有关美国公司收益的稿件。该软件利用智能算法搜寻数据中的事实和关键趋势,并以叙事方式描

[①] 孟凡俊、刘润然:《蓝军跟踪系统:美军获取战场优势的关键技术》,2005年2月2日《解放军报》。

写,可在瞬间完成写作。① 起初,由此生成的稿件需经记者润色,但从当年 10 月起,相关稿件实现全自动化,不经人工干预即可直接发稿。目前,全球已有多家从事类似业务的公司,其服务对象拓展至新闻媒体、银行、金融服务、保险等多个领域,为客户公司提供各种材料、报告、总结、产品描述或演示等书面工作。尽管这些机器人写手处理定性信息仍有困难,但在涉及数据、计算、汇总或较程式化的写作方面已相当成熟,而且发展非常迅速。就军事领域而言,引入类似系统,并发展应用能自动生成计划、方案的智能化参谋业务系统,将使参谋人员从大量文书,如预先号令、铁路输送计划、行军(开进)计划、作战命令、协同计划、综合作战保障指示、战况通报、作战要报的文书草拟中解脱出来。除此之外,一些人—机接口系统,如指挥官助手等能自动感知指挥官的手绘草图、语音、表情等,并直接转换为行动方案。随着这些系统的不断应用和完善,大多数军用文书的写作都将被写作机器人接管,参谋人员只负责修改把关,或处理那些机器所无法完成的写作。

智能化无人系统的装备运用,使诸多军兵种类部门失去存在前提。武器装备智能化对原来各军兵种部门垂直分管各自力量模式造成根本性冲击。特别是随着"武库式"特混部队的建立,智能化武器系统的管理、训练均可由复合职能的装备管理部门统一负责,而无须传统的军兵种部门分管。整合、精简、转型为复合型的智能化系统管理部门成为大势所趋。

以上四点仅是参谋人员受到冲击的几个重要方面。事实上,在智能化全面发展渗透的浪潮中,参谋工作在各个方面都面临挑战和转型。通用战场态势图的发展使用清楚地预示了这一变化。20 世纪 90 年代初,美军提出通用作战图(Common Operational Picture,COP)②概念,将其作为实现共享战场态势感知、协同规划、夺取信息优势的重要途径与手段。经过 20 多年发展,特别

---

① Roger Yu, *How Robots Will Write Earnings Stories For The AP*, June 30, 2014. https://www.usatoday.com/story/money/business/2014/06/30/ap-automated-stories/11799077
② 通用作战图是指被一个以上的指挥部所共享的相关信息的统一显示,旨在帮助各层次作战部队实现态势感知和协同规划。见华一新等编著:《通用作战图原理与技术》,解放军出版社 2007 年版,第 21 页。

是随着近年来数据挖掘、大数据、人工智能等高新技术的应用,通用作战图已发展成为基于网络化和知识共享环境,融合战场火力、情报、监视、侦察、后勤和机动信息数据于一体,为指挥控制、实时兵力部署、辅助决策提供可视化图景的初级智能化信息平台。它不但在技术层面为各级指挥机构提供共同的战场信息数据库和一致的战场态势感知,而且在作战层面为司令部计划、执行、监视作战任务以及协同作战提供了工具,其发展运用改变了指挥官、司令部的工作方式。参谋人员的工作内容和重点,以及人员数量和结构因此都受到影响。许多工作,如不间断地搜集敌军、所属部(分)队、友邻部队情况,分析汇总来自各种传感器、雷达及其他侦察装备获取的信息数据,信息数据的分发,标绘首长决心图并根据战场形势变化标绘敌我态势图、作战(战斗)经过图、协同纠偏,军用文书写作等,都越来越多地被智能系统替代或消除。参谋人员在被解放的同时也面临被淘汰或转型的新问题,传统司令部结构因此受到侵蚀削弱。2010 年,美国空军首席科学家 J.A.达姆就曾警告道,"你们有没有想过,在空军作战指挥中心的各种行动中,需要大批人员承担大量的任务,或者一个任务分解成各个小任务,由不同人承担?许多任务如今都可以交给自动化系统完成了"。"技术进步和空军作战指挥中心的人员改革一样,都是十分实际的问题"。[1]

大数据中心

进入 21 世纪,随着各类战场传感器、智能终端以及互联网络的广泛应用,海量数据的产生与流动成为一种常态,人类战争开始步入数据密集型的大数据时代。大数据的出现及其概念的形成,不仅代表数据数量的增加,更意味着数据规模、体量、结构都已达到一种传统概念无法囊括的新形态。这一质变在军事情报领域正掀起一场转型风暴,促使信息情报生成模式加速嬗变。

在以往,受信息获取、传递、存储技术和手段限制,情报工作大都只能依靠

---

[1] Michael Hoffman, *Chief Scientist of The US Air Force Hope to Change Game*, Defense News, January 18, 2010.

人力,对很有限的信息,如间谍或侦察员的情报、信号侦察信息、航空照片等进行分析处理。依据这些数量少、覆盖面小且时效性不足的信息,情报部门许多时候难以作出高确定性判断,只能进行多重假设或推断,情报价值因此大打折扣。在此背景下,少量、精准且至关重要成为情报搜集的基本标准。大数据的出现从根本上颠覆了这一局面。

传统信息情报工作方式无法承受数据"洪流"。在高度数字化、网络化、集成化的现代战场,无所不在的战场传感器、雷达等各种主动式探测装备,以及包含军事和战争相关信息的移动网络、云端存储、社交网络、物联网等的发展应用,导致战争信息数据呈指数级迅猛增长,"信息过载"问题日益凸显。2009年,美国空军无人侦察机获得的视频情报是2007年的近3倍。为避免情报中心瘫痪,空军只能选取一部分情报给地面部队。为应付急剧增长的数据,美空军甚至加派了2 500名分析员。空军情报主管德普图拉中将抱怨道,空军很快就会"泡在传感器里,被数据淹死"。[①] 2010年11月,时任美军参谋长联席会议副主席的海军陆战队上将卡特赖特(James E. Cartwright)指出,仅仅1架"捕食者"无人机1天内搜集的视频数据就需要19名情报分析人员来处理。而随着下一代传感器的装备,1架"捕食者"将需要2 000名分析员。[②] 一个显见的趋势是,在现代化军队中,情报搜集和分析能力之间的落差在迅速扩大,传统的以人工为主的情报处理方式已无法应对汹涌的数据巨浪。

大数据为情报分析的全面客观提供了必要条件。量变引起质变。数据规模的爆炸式增长、数据种类的急剧增多,在给数据处理带来挑战的同时也带来改善的可能。各类数据所产生的印证补全效应(参见第四章"数据就是力量"一节),将在较高程度上避免以往因信息不足而导致的情报分析片面、误判和错误。在各类来自不同渠道的大数据支撑下,全局分析是基于数据事实的全局,局部分析是把握全局基础上的局部。情报分析处理不再为信息不准确、涉

---

① 参见 Christopher Drew, *Military Is Awash in Data From Drones*, January 10, 2010. http://www.nytimes.com/2010/01/11/business/11drone.html
② Eli Lake, *Drone Footage Overwhelms Analysts*, November 9, 2010. http://www.washingtontimes.com/news/2010/nov/9/drone-footage-overwhelming-analysts

第七章 重构军队

及面少所困扰,也不再为分析人员的思维定式所局限,情报分析的全面客观程度因此出现质的飞跃。

大数据挖掘促使情报产品重心向预测偏移。早在2008年,《连线》杂志主编克里斯·安德森(Chris Anderson)就敏锐地发现:"数据爆炸使得科学的研究方法都落伍了。"[①]对于同样需要搜集信息、提出假设并进行验证的情报分析而言也面临类似的问题。此前,为从少量、不全面的信息中得出准确判断,情报分析往往强调线性的因果关系,也就是事件与判断之间的必然联系,由此得出的确定性结论较少,且许多情报线索因为无法推论出必然结论或无法找到相互间因果关系而被弃用浪费,情报部门更倾向于将情报产品的重心放在情况描述说明方面。大数据的出现改变了这一局面。大数据的核心是预测。一旦样本足够大、数据足够多,通过智能算法模型,就可以从大数据中挖掘出许多以前不曾注意到或无法理解的相关关系(参见第四章"数据就是力量"一节)。这些相关关系不揭示事件的内部运作机制和因果关系,但它们能从浩瀚的数据中识别出大量有用的非线性关联事件。对于一个事件的预测和把握,即使无法直接测量或观察,也可以通过捕捉与之始终一起发生的其他事件来进行。这一新方式使情报分析判断的广度、深度、准确性和全面性得到根本提升,为情报处理辟立了前所未有的新天地。基于假设、以因果关系探索为主的线性情报分析模式,由此演变为基于大数据、以相关关系挖掘为主的非线性情报分析模式,情报产品的重心在这一过程中向预测转移,为指挥官提供从大数据中发现的相关关系、规律性结论及趋势判断成为情报任务的重点。2012年,美国统计学家西尔弗(Nate Silver)依靠大数据分析,准确预测出全美所有50个州11月的总统选举结果。[②] 考虑到影响大选结果因素的多样性、复杂性,西尔弗的成功清楚地表明,运用大数据,对战略、战役(作战)、战术各层面的形势、态势、趋势作出较为准确的分析判断是可能的。

---

① 参见[英]维克托·迈尔-舍恩伯格、肯尼思·库克耶:《大数据时代:生活、工作与思维的大变革》,盛杨燕、周涛译,杭州:浙江人民出版社2013年版,第92页。
② Kurt Wagner, *Nate Silver: What Big Data can't predict*, April 26, 2013. http://fortune.com/2013/04/26/nate-silver-what-big-data-cant-predict

很明显,大数据对军事情报的影响和塑造具有革命性。发展大数据、利用大数据,因此成为司令部必须予以高度关注和重点投入的新领域。问题在于,大数据不是拿来就能用的现成工具或产品,它只是待开发的"原矿"。要从数量巨大、价值密度低、多源异构、非结构化数据多的大数据中挖掘出有用的情报产品,不但需要强大的计算能力,更需要有力、适当、多样化的智能算法,以及能把各种情报问题转化成数学模型和智能算法的人。萨卡利亚团队对极端组织"伊斯兰国"在叙利亚和伊拉克军事行动关联性的把握,帕兰提尔公司对本·拉登藏匿地点的发现确认,关键就在于他们将情报需求有效转化成大数据问题,通过挖掘大数据得到高价值的情报产品。可以说,大数据利用更像是沙里淘金,成果如何在很大程度上取决于使用和挖掘数据的能力和水平,取决于在数学模型、智能算法方面的投入和积累。在谷歌公司,至少有四成的工程师每天在处理数据。[①] 显然,无论是数量结构还是能力素质,传统情报部门、情报力量均难以胜任基于大数据的情报工作。面对数据海洋,情报机构亟须向基于大数据的情报分析中心转型。除加强硬件和数据库建设外,更要引进能够驾驭大数据的专业力量,形成集数据科学家、统计分析专家、人工智能专家、军事情报专家和其他技术人员于一体,相互协作开展大数据情报处理的综合性机构。

基于大数据的情报分析中心的主要职能是情报生产,但其中揭示相关关系和军事行动规律的情报产品已超越情报的一般内涵,对于提升指挥官战场认知、战局预测及作战筹划均有重要作用。更重要的是,与以往每一数据只用于一个专有目的或特定应用不同,大数据是多种途径搜集而来数据的集合,是数据"原矿",不但完备性好,而且维度极高——通常来讲都是亿级,可解决问题的数量、性质均取决于数据挖掘者的需求和能力,其应用具有前所未有的广泛性。既可用于情报分析,也能用于机器学习,还可用于作战筹划等。在这一过程中,基于大数据的情报分析中心的职能不断拓展,并日益转变为向司令部

[①] 吴军:《大数据和机器智能对未来社会的影响》,《电信科学》2015 年第 2 期。

提供基础数据、情报支持、智力支持的综合性机构——大数据中心。

大数据中心的形成,是司令部转型的重要标志,它意味着大数据的获取与处理成为司令部的一项关键性、基础性工作,对于司令部主要职能实现不可或缺。而大数据地位作用的上升,将不可避免地对司令部既有结构造成冲击。这首先表现在大数据工作人员,包括各类专家、工程师或技术人员、项目(需求)主管等数量的迅速扩大,及履行类似职能的传统参谋人员、情报处理人员数量的减少。不过,大数据工作的业务性质、硬件及系统的配置需求决定了大数据中心更适宜与司令部的职能部门分散部署,作为一个相对独立的业务部门存在。在实践中,可根据战争(作战)需求、带宽富缺程度及大数据处理能力,确定大数据中心在本土、战区及战术级地域的部署结构。

三位一体指挥决策核心

2017年5月27日。中国乌镇·围棋峰会。

围棋世界第一人柯洁以0∶3落败谷歌机器人阿尔法狗。

对于这一重要历史性事件,无论是围棋界还是社会舆论,均波澜未惊。而相比这场几无悬念的比赛,向来高调张扬不服输的柯洁对阿尔法狗的心悦诚服更值得体味。在赛后记者发布会上,柯洁哽咽道,"很抱歉我输了""我只能猜到它(阿尔法狗)一半的棋。这就是我们的差距,太大了""超越它这辈子都不可能了"。[①]

柯洁的沮丧无助,是在阿尔法狗2016年3月大败李世石、2017年初完胜60位顶级围棋高手之后,人类对战胜智能机器的一次彻底绝望。阿尔法狗用实力证明,人工智能可以达到甚至超越人类智能,哪怕是在人类最引以为傲的智慧博弈领域。这一特性对军队指挥决策将产生深远影响。

长久以来,依靠人脑——主要是指挥官及参谋人员的大脑进行指挥决策,是不言自明、不受怀疑的常识。20世纪70年代,随着信息革命爆发,军队指挥

---

① 蒲垚磊:《柯洁赛后发布会哽咽:我不值得赞美,这是场比赛,输了很抱歉》,2017年5月27日澎湃新闻网。http://www.thepaper.cn/newsDetail_forward_1695140

领域兴起发展指挥自动化系统、辅助决策系统的热潮。但受技术条件约束,这些系统只能在信息能力提升、指挥流程优化、可量化处理问题或程式化问题自动化等方面发挥作用,难以在更高的思维层面,如分析、判断、归纳、筹划、评估等方面有所成就,指挥决策仍依靠人脑。而人工智能的快速发展和应用,正日益打破这一格局,促使单一的人脑思维决策方式向"人脑—机器智能协作"方式转变,传统指挥决策模式在这一过程中酝酿改变。

李世石与阿尔法狗的对局是这一进程开启的前奏。是役,阿尔法狗不但以 4∶1 的大比分击败韩国名将李世石九段,而且几次突破常规,走出了前所未有的新棋步,其超越人类的新下法令人震惊。解说室中的聂卫平九段甚至表示,想要对阿尔法狗的"惊人一手"(第二局第 37 手)脱帽致敬,因为它"用不可思议的下法辟立了围棋常识之外的新天地"。[①] 在 2016 年底以来的两次大对局中,阿尔法狗更是走出大量新棋步,将"兵无常势、水无常形"发挥到人类无法企及的新高度,以至于颠覆了人们对围棋的基本认知。柯洁在 2017 年初负于阿尔法狗升级版"Master"后写道:"人类数千年的实战演练进化,计算机却告诉我们,人类全都是错的。我觉得,甚至没有一个人沾到围棋真理的边。"[②]这一新局面意味着,人工智能至少在一些领域已经成为可与人类大脑相匹敌的新思维工具,具备在思维对抗方面辅助甚至是提升人类思维的巨大潜力。具体到军事指挥决策领域,综合阿尔法狗、"沃森"等系统所表现出的认知、思维能力,以及人工智能、大数据在社会经济、军事领域的运用成果等情况可以认为,人工智能可能在以下方面彰显作用:

——根据大数据分析,对局势及冲突(战争)爆发、走向提出判断意见;

——根据侦察和情报,自动生成敌方可能的作战部署图;

——根据以往及当前战场大数据,形成反映敌方行动规律的相关关系结论;

[①] 孙冰:《"阿尔法狗"留下的兴奋与忧伤》,《中国经济周刊》2016 年第 12 期。
[②] 申钉钉:《阿尔法狗的出世,围棋的末日来了吗?》,新华网北京 2017 年 1 月 13 日电。http://news.xinhuanet.com/sports/2017-01/13/c_1120301470.htm。

第七章 重构军队

——经大量战例和演训活动训练过的智能指挥决策系统,为指挥官提供类似于阿尔法狗的局势判断意见、决策思路和实现步骤;

——智能评估系统对作战决心、方案进行反复推演完善等。

2007年,美国防部高级研究项目局(DARPA)启动旨在利用仿真支持指挥决策的辅助决策系统"深绿"(Deep Green),目标就是将人工智能引入陆军战术级作战辅助决策,预测战场上的瞬息万变,帮助指挥官提前进行思考,判断是否需要调整计划,并协助指挥官生成新的替代方案。系统拟实现功能包括:自动将指挥官手绘草图或意图语言转换为行动方案,并向指挥官呈现各种可能的行动方案结果;定性推理与定量仿真相结合,对指挥官提出的各种决策计划进行模拟,快速生成可能的未来态势(结果);识别决策分支点,预测可能结果的范围及概率,并沿各可能路径继续模拟;辨识未来态势发展的潜在关键临界点;对未来作战方案选项进行排序,实现对未来可能态势的生成、评估和监视;基于搜集到的最新信息,在未来态势图中跟踪评估当前作战的总体状态;根据战场形势变化,调整、推演、修正方案计划等。[①] 这些功能的实现,将使指挥官得以从繁重的情况设想、方案制订、推演中解放出来,把注意力集中在设计用谋、战法创新、决策选择等更具智慧和创造性的事务上。从进展看,"深绿"计划实施得并不顺利。在2014年验收时,只有部分内容得到保留。但类似探索不会因此而终止,特别是以深度学习为代表的人工智能的发展应用,为智能化指挥决策系统发展提供了契机。

以阿尔法狗为例。通过综合运用策略网络、估值网络两个深度学习模型和蒙特卡洛搜索树,阿尔法狗具有了实现全局综合与局部优化之间平衡、理解围棋博弈规律及从大量不确定性中寻求可行解的强大智能。这些能力在解决"深绿"等辅助决策系统的先天不足,如无法应对战场不确定性过多所引起的预测分支组合"爆炸",只适用于易量化评估、时间较短、规模较小的战术级行

---

① 参见胡晓峰、荣明:《作战决策辅助向何处去——"深绿"计划的启示与思考》,《指挥与控制学报》第2卷第1期,2016年3月;周云等:《美国"深绿"计划对指挥控制的影响》,《火力与指挥控制》第38卷第6期,2013年6月。

动等方面显然可起到关键性作用。可以肯定,一旦阿尔法狗使用的深度学习技术及其他快速发展的人工智能技术克服实战应用难题,如战场抽象建模、非轮次博弈、非单一目标、不完全信息、不完备规则、缺少训练样式等,[①]在指挥领域实现创新应用,势将推动指挥决策辅助系统加速实用化。依靠其提供的局势判断、胜率估计、态势预测及"奇思妙想"不断优化指挥决策,将成为指挥官实施作战指挥的基本方式。军队指挥决策方式由此转向人—机协作模式,决策组成也随之转变为"指挥官—智能化指挥决策系统—高级参谋小组"三位一体新结构。

三位一体结构形成的直接原因有两个:其一,智能化指挥系统,包括通用作战图、智能化指挥自动化系统、大数据情报分析系统等的发展应用,使大量原来由参谋人员承担的业务工作转移至智能系统,指挥官因此有条件只选取少量高级参谋人员,包括大数据情报官、专家型作战参谋等,专注于最核心的作战筹划工作,由此组成的指挥决策小组成为指挥官的袖珍型智囊团;其二,与此前基于信息技术的决策辅助系统仅能充当演示或演训工具不同,智能化指挥决策辅助系统是用于动态实战环境下的指挥决策工具,不但能为指挥决策提供参谋般的常规支持,更能提供快速决策、优化决策质量及突破性思路,是夺取并保持指挥对抗优势不可或缺的特殊力量,其功用超越一般意义上的工具,是指挥官、高级参谋小组之外不折不扣的"第三势力"。受这两大因素驱动,传统的由指挥官带主要职能部门参谋人员组成的指挥决策中枢,逐渐向三位一体新结构过渡。

总之,在智能化浪潮冲击下,智能化指挥决策系统和大数据分析日益成为指挥活动的基本支柱,指挥决策及司令部工作的方式面临日益增大的调整压力,参谋人员的削减或转型已不可避免,由大数据中心提供综合性指挥决策保障,以"指挥官—智能化指挥决策系统—高级参谋小组"为指挥决策中枢,辅之以其他必要参谋人员的智能型司令部的轮廓将日益形成。

---

① 金欣:《"深绿"及 AlphaGo 对指挥与控制智能化的启示》,《指挥与控制学报》第 2 卷第 3 期,2016 年 9 月。

第七章 重构军队

现代协同学理论指出，系统在发生结构变化的临界点上，往往有多种可能性分支——"系统好像在各种可能的进化方向之间'犹豫不决'"，最终进入哪种状态完全取决于涨落力的推动，表现出纯粹的偶然性。在汹涌的智能化浪潮中，尽管难以确定军队的具体组织样式，但军事组织体系向扁平、按作战职能横向一体方向过渡的趋势已日益明显，一场超越技术革新的组织革命风暴正积聚形成。

▶ 第八章

智慧后勤[①]

后勤终点决定战略终点。

数千年来,尽管历经多次变革转型,军事后勤却从未因此能摆脱混沌粗放的保障困境,各类后勤活动犹如在微光中前行。进入 21 世纪,以人工智能为核心的高新技术群在后勤领域的应用,前所未有地刺穿了后勤"迷雾",引领后勤保障从物力型、信息型加速向智慧型过渡。

智能冲击波

人工智能、物联网、云计算、三维打印、大数据等技术在军事领域的运用,不但开启了以智能机器为作战主体力量的机器战争纪元,还为军事后勤打破持续数千年的保障困境提供了前所未有的机遇。

物联网使后勤全资源可视成为可能

长期以来,受信息数据匮乏、信息交流不便等因素制约,保障需求信息提供不及时,保障资源数量、位置、状态难掌握,保障不到位或过度保障等问题不同程度存在,保障效益低下问题突出,后勤保障基本处于混沌粗放状态。物联

---

① 后勤一词在此处为后勤保障与装备技术保障的统称。

网的发展应用,为从根本上改观这一局面提供了有效手段。

物联网(The Internet of Things)是把电子标签、传感器、二维码等植入物品,并借助射频识别(RFID)等信息传感设备,写入必要信息,或读取其存储、采集的信息,特别是物品的说明信息、状态、位置等内容,经由无线网络、移动通信网、互联网等通信网络传递至数据信息中心,进行智能化处理,进而实现对物品智能化识别和管理的网络体系。从架构看,物联网最底层是由传感器网络组成的感知层,中间层是由移动通信网和互联网组成的传输层,最上层是以智能运算与智能处理为主的应用层。[1] 这一结构打通了虚拟网络世界与现实物理世界之间直接交流的通道,使人与物体之间、物物之间的对话交流成为可能,人类对所关注物品的感知掌控由此进入新阶段。

在军事领域,物联网的创新应用,不但使战场态势实时感知成为可能,更为后勤物资保障动态可视提供了有效手段。主要体现在:通过给进入补给链的后勤物资加装电子标签,在野战仓库、机场、码头、集散点等物资中转站装配扫描器、询问机等自动识别装置,全面掌握每一物资从工厂到战场至消耗完全寿命过程中的所有信息;通过为运输车辆加装卫星通信和定位跟踪系统,在货运集装箱内设置安全报警系统等,实时掌握后勤物资的在运和安全情况;通过智能化单兵作战系统,实时获取单兵保障需求;通过给各类装备嵌入智能化故障诊断装置和传感器,使装备具有自动诊断故障功能及预知预报物资、油料、器材消耗能力,实时准确掌握装备状况及保障需求等。在物联网支持下,军事后勤能不间断地掌握后勤资源的动态情况,全程跟踪物资流、装备流、人员流,在透明可见的环境中组织后勤活动,军事后勤的科学性、准确性、及时性由此得到根本性提升。

三维打印对装备物资供应链造成冲击

三维打印是按照计算机设计的几何模型,运用粉末状可黏合材料,如金属

---

[1] 参见赵永新:《中国工程院院士刘韵洁——物联网:少烧虚火,多炼真功》,2010 年 7 月 19 日《人民日报》。

粉、塑料粉等,通过逐层打印添加材料制成三维物体的技术。

与传统制造需要铸模、镗铣、锻造和组装等工艺流程不同,三维打印主要是将三维数字设计图分解成一系列二维"截面",再将截面数据传送至打印机自动执行,层层打印叠加,一次成型。整个过程既无须制造各种零部件,也无须接合组装。所以从理论上讲,一台三维打印机可以制造其限定尺寸和材料以内任何形状和结构的物体,拥有与诸制造要素(如模具、各类机床、组装平台等)齐全的工厂相当的制造能力。这一优势意味着三维打印可以摆脱传统规模化生产所必需的生产体系和供应链,在任何地方制造物品或零部件。只要三个基本生产要素,即三维打印机、粉末原料和设计图具备,即可在产生需求的地点直接进行生产。一切任务均是按需量身定做,只有少量供应商,没有中间商,不需要存货和仓库,不需要运输车船队,无须长途跋涉和大量时间耗费,就可以直接、快速地满足消费(使用)需求。

高度灵活是三维打印的另一优势。传统上,制造品的修改或定制,不但需要调整设计图,还要局部甚至全面调整更新生产设备或生产线,实施起来成本高、难度大、周期长,而三维打印只需更改设计图并执行打印即可。用户还可以使用标准软件包,自行设计想要的物品,包括传统制造工艺无法实现的几何形状。三维打印因此在产品修改和创新上具有前所未有的灵活性,对于小批量、定制或急需物品生产具有独特优势。

这些优势非常适用于后勤保障。试想一下,如果配备了三维打印机,前线士兵还有必要因为步枪撞针损坏而层层上报请领需求,再千里迢迢运送过来吗?在配备高质量三维打印机的情况下,士兵只需从后勤保障网上下载一个撞针设计图,在部队甚至分队的三维打印机上打印出来即可。撞针如此,其他装备、物品也是一样。包括战机起落架、导弹发动机、榴弹发射器、机枪、无人机,甚至食品、人体替代组织和器官,近年来均已实现三维打印。这意味着在不久的将来,随着三维打印技术的快速发展,许多武器装备零部件、补给品和一些急需装备将可在战场或者靠近最终用户的前线地域生产,军事后勤由此可大幅减少零部件及其他一切可用三维打印机制造物资的采购、运输和储存,在许多方面缩短甚至减省供应链,降低保障成本和时间。可见,三维打印不仅会使后勤保障更加便捷快速,更为改进供应链和保障方式提供了新可能,其创新应用已对军事后勤保障模式造成冲击。

大数据挑战保障指挥决策传统模式

军事后勤是大数据军事运用的又一重要领域。战场人员和武器装备实时的位置、状态、损耗数据,庞大后勤供应链的动态信息数据,以及国家战略层面提供的各类相关数据集经物联网或专用网络汇总成后勤大数据。后勤大数据的智能处理会在多个方面影响军事后勤活动,特别是,它可能导致传统保障指挥决策模式过时。

一般而言,准确预测保障需求及正确实施指挥决策的关键是把握后勤活动规律。但实际上,受信息数据缺乏、分析研究手段有限等因素制约,对许多保障问题,如人员、武器装备在不同作战环境下的物资、油料消耗量,武器装备维护修理时机,供应链的风险,很难分析提炼出规律性结论。通常只能依据以往战争经验,或通过保障实验、专家论证和数学建模等方法,构建概略的分析框架,以此为基础计算保障需求。其准确性不够理想,往往造成后勤保障效率不高、资源严重浪费等问题。

大数据的出现和应用为这些问题的解决提供了新工具。通过建立各种智能算法模型,对后勤大数据,包括搜集到的战争后勤保障数据、武器装备检测或工作大数据、部队实战演训保障大数据等进行挖掘分析,不仅可以研究特定群体物资、油料、弹药消耗(损耗)的特点和规律,而且可以对以前较少关注的问题,如作战胜负对后勤保障影响、国际形势对供应链的影响、弹药与各种油料之间的消耗量关系,分析探索出有价值的相关关系结论,为后勤指挥决策、保障计划制订等提供可靠依据。2005年,埃森哲咨询公司与美国密苏里州圣路易斯市合作开展了一项研究。它们给20辆公交车安装无线传感器,监测车辆引擎工作情况,并对传感器回传数据进行大数据分析,结果发现了公交车抛锚规律及维修的最佳时机。该研究成果促使圣路易斯市大胆地将车辆更换零件的周期从原来的 30 万或者 40 万千米上调为 50 万千米,仅此一项即为该市节省 60 万美元。①

除上述相对静态的运用外,战场动态环境下的大数据运用同样是后勤保障指挥决策的利器。在行动中,遍布战场空间的各类传感器、信息终端,源源不断地将作战人员、武器装备、供应链、敌情、天气等各类信息数据交互分享至后勤大数据中心。这些实时动态的大数据蕴含着可被挖掘发现的保障需求、趋势、机遇、风险等关键信息,其及时处理和运用将有效提升战场后勤指挥决策的预测能力和精准控制能力。

在智能时代,人工智能主导的高新技术群对军事后勤构成了整体性冲击。除物联网、三维打印、大数据外,云计算为军事后勤提供计算能力支持,人工智能推动后勤保障装备智能化,军事后勤的各个方面在革命浪潮中都不得不直面挑战和机遇,新的以智能化为核心的后勤保障模式在这一过程中孕育新生。

目标:恰到好处

战争之于后勤的要求无外乎两点:保障军事行动,确保后勤效益。在二者之间找到最佳平衡点,是军事后勤长期探索却不可得的难题。实践中,后勤保障对保障需求的达成,往往是不惜代价保障与一味讲求保障节约两个极端之间广泛分布的一系列点,很难实现理想结果。而随着以人工智能为核心的高新技术的应用,许多后勤保障问题,如无法及时掌握战场形势变化,无法准确掌握后勤资源、运输及保障实施情况,筹划组织只能依靠经验或理想化的数学模型,越来越多地被解决或改善,军事后勤日益具备向更高层次跃迁的基本条件。结束依靠物资大量供给的物力型后勤,超越信息后勤,以"恰到好处"为目标,力求以最合理后勤资源运用达成最优保障效果,成为适应智能化革命浪潮的时代呼唤。其基本含义包括:

---

① 参见[英]维克托·迈尔-舍恩伯格、肯尼思·库克耶:《大数据时代:生活、工作与思维的大变革》,盛杨燕、周涛译,杭州:浙江人民出版社 2013 年版,第 164 页。

第八章 智慧后勤

精确后勤

战略的灵活机动性取决于后勤,而战术的灵活性几乎全部依赖于后勤保障系统的灵活性。尽管这些后勤原理很早就被揭示,但由于缺乏有效的技术或手段,军事后勤很难实现其所需的灵活性。

事实上,在快速流动的战场,受"信息瓶颈"制约,军事后勤既难以准确掌握前方需求变化,也难以掌握后勤资源实时分布情况与状态,处于重重后勤"迷雾"当中。为应付各种意外,军事后勤不得不尽最大可能将各类保障物资和力量投送至战场,等候随时调配,以后勤资源超量预储形成保障弹性,弥补灵活性欠缺,保证作战活动顺利进行。这种以防万一式的"物力型"后勤可以满足作战需求,但却使后勤效益处于实际上被忽视的境地。其后果是,随着战争规模扩大,后勤逐渐发展成不计成本、无限制供应的高消耗军事活动。后勤系统不断膨胀,后勤资产庞杂并缺乏透明度,仓库储备严重过剩,运输保障力量过剩等问题突出,军事后勤也陷入了"高耗—浪费—更高耗"的"滚雪球"式的恶性循环当中。在海湾战争主要行动之前,美军后勤向战区运送了多达4.1万多个集装箱,但其中有2.8万多个集装箱由于不知内装何物,不得不打开手工清点,然后又重新封好,再次投入供应线。直至海湾战争结束时,仍有8 000个未开封的集装箱和25万个不知道内装何物的空运用集装架(货柜)。仅弹药一项,时任美军中央司令部后勤主管的帕格尼斯中将回忆道,"1991年海湾战争,我们运去了近40万吨的弹药,而运回来的就有37万吨"。战后,美军不得不展开一场持续时间长达一年,花费27亿美元,被称为"移山"的"沙漠告别行动",将剩余后勤物资运回。如此庞大的过量供给及相应的耗费,即使富甲天下的美国也难承其重。

海湾战争后,美军对战争中成功但耗费过大的后勤保障进行了认真反思,深刻认识到必须作出改变,特别是在信息技术发展提供可能条件的情况下实现后勤信息化。1996年,美军参谋长联席会议文件《2010年联合构想》首次提出"聚焦后勤"理论,指导美军后勤信息化建设。其基本含义是通过融合信息、后勤与运输技术,实现对后勤的精确应用,"在适当的时间、适当的地点,用最少的劳力、手续和费用向作战人员提供正确保障的艺术与科学"。该理论借鉴了世界一流企业的通行做法,即通过融合信息技术提高后勤运行速度,以保证在不降低保障水平的同时大幅减少物资储备,实质是"以速度换数量"。其发展实践从根本上改变了后勤保障模式和效益。

2003年伊拉克战争爆发前,帕格尼斯在接受媒体采访时谈到,"按照惯例,美军后勤通常要提供足够的补给,以便能至少维持60天的作战需求,因此预计此次对伊作战也将会是这样"。然而实际上,运用全资产可见性系统、后勤信息网、全球作战保障系统,贯彻精确保障思想的美军采用了使成本最小化的"即时后勤补给"战略,只储备了5~7天的后勤物资,主要是依靠适时、适地、适量的配送实现补给。保障结果表明,这一新模式保证了作战活动需要,大幅提高了军事经济效益,军事后勤在接近理想保障点的更高层面达成平衡。

精确保障在伊拉克战争中的成功显示出其强大优势和发展潜力,为军事后勤发展指出了努力方向,其理念日益成为各国军队共识。从发展角度看,精确保障已初步成型但仍存在不少问题,人工智能、大数据等技术的应用将不断改进完善其运用方式和内容,精确仍将是智能时代军事后勤的基本指标和基石。

主动后勤

先秦道家著作《鹖冠子·世贤第十六》中讲到这样一个故事:[①]

魏文王问名医扁鹊:"你们家兄弟三人,都精于医术,到底哪一个医术最好呢?"

扁鹊回答说:"大哥最好,二哥次之,我最差。"

魏文王再问:"那为什么你最出名呢?"

扁鹊说:"我大哥治病,是治病于病情发作之前。由于一般人不知道

[①] 参见黄怀信:《鹖冠子汇校集注》,北京:中华书局2004年版,第336—337页。

第八章 智慧后勤

他事先能铲除病因,所以他的名气无法传出去,只有我们家里的人才知道。我二哥治病,是治病于病情刚刚发作之时。一般人以为他只能治轻微的小病,所以他只在我们村子里才小有名气。而我治病,是治病于病情严重之时。一般人看见的都是我在经脉上穿针管来放血、在皮肤上敷药等大手术,所以认为我医术最高明,因此名气响遍全国。"

这则小故事谈的是医术,讽喻的是国政,却指明了应对一切动态演变事物的境界。其中的关键是洞察力。扁鹊大哥能医病于未病,是因为洞察力。二哥能医病于小病,还是因为洞察力。洞察力的高下,直接决定着医治的时机、方式和效果。洞察力的提高,将颠覆性地改变医病的效果和效益。医病如此,治国如此,军事后勤也是如此。

在智能化浪潮中,全资产可视、战场通用态势图、智能化后勤指挥辅助决策系统、大数据等高新技术的运用,从根本上提升了军事后勤的感知和认知能力。依靠这些先进系统和手段,军事后勤不但能在战前和作战过程中全面把握战场态势和后勤活动动态,而且能准确预测作战部队后勤需求,军事后勤由此获得了前所未有的预见性和洞察力,具备了提升后勤保障层次的前提。军事后勤再也不用像过去那样只能被动等待保障指令或申请,尔后再做出反应。预见性和洞察力赋予了军事后勤主动作为的新空间。通过准确预测后勤需求并掌握其动态变化,军事后勤可预先调配保障资源,在作战部队提出需求之前,将保障资源和力量在恰当的时间投送至恰当的地点,实施物资补给、装备维修、医疗救护及其他后勤专业保障,以主动的后勤行动,缩短甚至消除保障需求提出与后勤响应及需求得到满足之间的时间差,从此前对后勤需求大开大合的"反应式"保障,上升至"医小病医未病"的主动后勤的新境界。

主动后勤是技术进步的产物,它突破了把军事后勤看作"从属性"、"被动性"活动的传统观念,其理念形成和实践活动提升了后勤保障的效益和层次,拓展了后勤活动的思路和空间,军事后勤由此进入主动后勤时代,主动成为后勤指挥筹划及实施的基本理念。在美军2004年5月发布的《适于作战的感知与反应后勤》构想中,通过运用先进的信息化手段,实时感知部队后勤需求,主动对部队进行保障,已成为一个基本思想。后勤用户因此将获得一种免请领式、所需即所得的后勤服务。近年来,随着人工智能、大数据等技术在后勤领域的创新应用,主动后勤理念和方式正不断得到加强和完善。

积极后勤

后勤是什么?后勤就是保障。这是数千年来对军事后勤的基本看法,但也是一个认识误区。

在战争历史长河中,"军无辎重则亡,无粮食则亡,无委积则亡""供给是军队的生命"等阐述后勤重要性的名言几乎在各个时期被阐发。为完成后勤任务,各国不惜动员大量社会资源,包括各种物资、运输力量、技术人员等,或事先投送至交战地区附近,或随军队一起行动,竭力保障好作战力量。即便如此,在诸多战争中,特别是在一些离大后方较远地区交战时,或因为天气恶劣,或受地形限制,或由于运输能力不足等因素影响,仍常常难以完成后勤保障任务。一般而言,能基本满足前方作战所需,就是成功的后勤。也因此,军事后勤把能供得上、能满足前方生活和作战所需当作孜孜以求的目标。久而久之,类似"后勤就是保障"的观念得以形成,军事后勤的本来面目则日渐模糊。

事实上,军事后勤的内涵不止于保障。通过后勤保障解决军事行动中遇到的问题,如人员饥饿、口渴、受伤,武器装备缺乏弹药、燃料或受损,当然是军事后勤的重要方面。但从深层次看,是因为作战力量受一些问题制约难以正常施行军事行动,所以才需要军事后勤。也就是说,军事后勤的根本目标是通过后勤活动确保军事行动顺利进行。达成这一具有弹性空间的目标,可以是一般性的反应式保障,可以是主动后勤,也可以是最高标准——积极后勤。

积极后勤的要义是超越保障,以后勤活动促进军事行动。军事后勤提供给作战力量的,既要满足军事行动所需,更要有利于下一步行动,后勤活动的着眼点从"满足"需求跃迁转变为"促进"军事行动。如在不同作战环境、不同作战时节、针对不同分工军事人员和武器装备,提供功能各异的食品饮品和燃料,并针对战场需求变化,迅即修改供应物资的成分、结构和功能,使各类人员、武器装备系统始终处于最佳作战状态。再如，根据对手作战强弱点、作战环境改变或武器装备显露出的问题，迅即调整改进武器装备软硬件或者创造新武器，使武器装备具有相对优势，包括使智能化无人系统具有更强的环境适应能力和"免疫力"，"不在一个地方跌倒两次"，举一反三地与敌进行良好的技术战术对抗等。这些在以往不敢想象的后勤创举，是三维打印、大规模定制、智能制造等为军事后勤提供的时代"礼物"。在此基础上孕育的积极后勤，投送的是物资，更是战斗力，每一次保障都是一次战斗力的提升，军事后勤在这一过程中与作战日益融为一体。

精确、主动、积极反映了"恰到好处"的不同侧面。在以人工智能为核心的高新技术群的支撑和推动下，军事后勤正加速向"恰到好处"的新高度迈进。以精确、主动、积极为遵循，不断提高后勤活动效益，推进军事后勤向智慧后勤转型，已成为军事后勤转型的基本方向。

保障实施重心向两端迁移

技术革命是方式演变的前奏。在智能化浪潮中，新技术应用在提升后勤效益的同时，推动后勤保障实施的重心不断向前线和后方两端迁移。前方自给保障端倪初现，后方对前方直接保障日益加强，中间层级与两端间的保障互动渐趋弱化，新后勤保障方式在这一过程中孕育形成。

前方自给式保障

技术创造自由。这一点对三维打印而言尤为突出。

三维打印对军事后勤有广泛影响，如：缩短装备设计与实物模型制造之间的工艺与流程，降低复杂零部件的成本，节省原材料，降低后勤专业化生产门槛等，而最重要的是，它为后勤保障提供了前所未有的自由度。

一方面，三维打印使前沿生产成为可能。即需即补是后勤保障一直以来的理想，但受技术条件制约，军事后勤只能采取"后方生产、成品储备、物流投送"的方式,以大规模、全种类投送和储备,实现战场快速保障,经常出现送非所需、浪费严重等问题。三维打印的出现打破了这一被动局面。对于"一台机器就是一个工厂"的三维打印设备而言,只需事先部署到位,作战部队就可以在战地的三维打印"工厂"——可能是一台桌面三维打印机,也可能是多台小中型三维打印机组成的小型兵工厂——直接生产各种急需物资与零部件,包括创制后方补给系统中没有的新部件和已停止生产的老部件等。需要什么就生产什么,需要多少就生产多少,前沿生产成为重要甚至核心的保障要素。成品物流被原材料粉末物流所替代,大规模全种类成品仓储被适量、有限种类的原材料粉末仓储和技术数据储备所取代,军事物流仓储、配送及物资品类管理因此大为简化,后勤保障工作的重心逐渐向作战一线转移。2012 年 7 月,美军向阿富汗战场部署了首个移动远征实验室。该实验室由一个 6 米集装箱制成,配备实验室设备、成型机、三维打印机和其他制造工具,为部队提供战场零部件快速保障,其部署标志着三维打印在战场后勤保障中的应用正式拉开帷幕。

另一方面,三维打印成就机动随伴制造。三维打印"在任意地点生产任何物品"的独特能力,为其在后勤保障方面赋予了高度灵活性。它意味着,各型三维打印机可安装在任何具有足够空间和抗颠簸能力的运载工具上,包括卡车、装甲车辆、舰船,也包括运输机和太空船,与其他军事力量同步机动,并提供随时保障。

2014 年 11 月,美国太空制造公司(Made in Space)的首台试验性太空三维打印机在国际空间站完成首次打印。

2016 年 3 月,美国航天局(NASA)又将该公司改进后的最新型三维打印机运送至国际空间站,用于打印航天级物品。该打印机使国际空间站在飞行过程中能够自行制造物品,从而减少保障费用,并降低对地球的依赖。

与此同时,美海军也加紧发展舰载三维打印技术。2014 年,在美海军资助下,有多达 25 个小组研究测试适用于船只、潜艇和空中的三维打印技术。2015 年,美海军分别在"杜鲁门"号航空母舰和"基萨奇"号两栖攻击舰建立了以 2 台三维打印机为主要设备的"微型制造实验室"。

除美国外,2016 年,英国皇家海军更是在巡逻舰上借助三维打印技术制造出无人机。该无人机通过巡逻舰上的笔记本电脑进行远程控制,飞行时速可达 100 千米。

从发展看,随着技术的不断成熟,三维打印机加装在各类机动平台,或建造专门化的三维打印机动"工厂"(平台),对作战力量实施随伴保障,已是大势所趋。

总体来看,三维打印使前沿部队前所未有地拥有了直接生产保障能力,保障性生产制造的重心因此加速向前方转移。依托战地固定式或机动式三维打印平台进行自给保障,以提高保障效益、削减创新技术的部署时间和降低供应链损耗,正日益成为后勤保障的重要选择。

直达配送式保障

在变革年代,后勤优势总属于那些善于运用新技术重新组织后勤保障的军队。在伊拉克战争中,尽管是"客场"保障,美军后勤仍取得了巨大成功,一个关键原因就在于美军将物联网、后勤配送和运输完美结合在一起,实现了"补给品从卸载港到作战部队的直达输送"。

在以往,由于信息匮乏,为减少浪费和盲目性,军事后勤一般采取由上而下、按级实施的保障方式。即使是在已步入信息时代的海湾战争中,也基本如此。是役,美军为保障地面行动,采用蛙跳方式,在敌后纵深开辟实施油料、弹药、给养补给的主基地,随战线向前推进后,再建立一个个补给站,"一步一个脚印"地为作战部队提供阶梯式补给。补给环节多、速度慢、时效性差且程序繁琐、实施复杂,保障成功主要得益于其庞大的后勤力量。战后,美军通过总结经验教训,并结合新技术发展,提出配送式后勤概念,其核心就是利用物联网等信息网络技术和装备,精确掌握后勤资源,准确预测部队需求,在此基础上,将物资从库存起点径直运送到一线作战部队,实现跨层级的直达保障。

这一新概念在 2003 年伊拉克战争中首次付诸实践。战争中,美英联军在科威特南部的舒艾拜港建立阿里法贾恩后勤补给前沿保障基地。进入基地的物资不再像以前一样逐级分发，而是根据一线作战部队需求装车，在穿越长达近 500 千米的补给线后，直接将作战物资前送给部队。运送过程中，司机通过全球定位接收仪和卫星通信系统报告所在位置和状况，基地利用运输车辆上装载的运输跟踪系统掌握物流动态，并根据前方部队的需求变化，随时向车辆发出调整指令。深入几百千米向前线作战部队直接提供补给，这在世界军事后勤史上还是第一次。美军这一创举不仅形成了战场保障优势，更为军事后勤提供了新型保障方式。伊拉克战争后，为优化从本土到海外战区的联合后勤保障链条，美军对运输司令部和国防后勤局职能进行了调整。其中，运输司令部在 2003 年 9 月被指定为配送进程管理者，负责协调各军种部、战区和国防后勤局等单位，从原来的只负责"港到港"运输，拓展到协调和监督"端到端"配送。这一改变标志着直达配送式保障在体制机制上得到认可和保证。

可以肯定，随着物联网的发展完善、智能化后勤设备的大量装备，以及大数据预测的发展应用，直达配送的范围和空间将得到不断拓展。在全球信息化、智能化后勤指挥控制系统的支持下，从工厂、战略战役后方补给点，运用包括地面、空中、海上等输送手段，越过中间库存及中转环节，将保障物资直接供应到需求者手中，将越来越成为军事后勤倚重的基本保障方式。大至战役作战，小至班组或特种分队行动，在需要的时候，战略后勤均可实施跨越指挥保障层级的直达配送保障。军事后勤各级在这一过程中交汇融合。

远程智能化保障

变化急剧是现代战争的一个基本特征。它使后勤力量部署处于"两难"困境：按需求高限部署，容易造成后勤力量在大多数时间闲置，后勤"尾巴"大效益低；按需求低限部署，一遇到严重战损和伤亡，又会出现修不及、救不及等问题，不但造成人员和武器损失，甚至可能因此贻误战机或陷入被动。

进入 21 世纪，信息网络技术的运用为打破这一困境提供了条件。在伊拉克战争中，美军使用远程电视医疗系统对战场伤员进行遥控救治。该系统依托计算机、卫星通信、遥控、全息摄影及其他高新技术，对陆战场、海战场的伤病员进行远距离诊断、治疗或提供医疗咨询。在处理伤情时，伤员手腕上手表式人体监视器显示伤员的受伤时间、所处地理位置及生理参数（如血压、脉搏等）。战地军医手持袖珍式计算机，头戴盔式摄像机，对伤员进行录像，并通过卫星通信系统将文字和图像信息发往后方医院。后方医生据此诊断并提出治疗方案，再通过卫星将治疗方案发回战场，指导战地军医对伤员进行迅捷治疗。在装备维修方面，当遇到难以诊断或修复的故障装备时，作战部队可借助数字化通信网络向远在千里之外的专家请教，通过专家指导实现远程维修。

这种以计算机互联网络为依托，通过远程信息交流实现装备、卫勤保障的远程保障方式，超越了距离和空间，它使战地军医、技术保障人员能够与位于战场远方的专家沟通交流，既提高了保障质量、减小了后勤"尾巴"，又有效发挥出位于不同方位的各专业力量的作用，使装备技术保障与卫勤力量部署困境得到舒缓。

而近年来，随着物联网、智能化系统的应用，远程保障正酝酿向更高的智能化阶段过渡。智能化武器装备一般具有自检测、自监控能力，医疗机器人、维修机器人等都具有一定智能，这些新能力使后方专业保障人员可以实施远程操作。通过先进的传感、通信和操控系统，千里之外的专家身临其境般地对伤病员、受损装备"看""听""闻""尝""摸"，获取各种状态信息，并遥控使用各类保障机器人，为前线伤病员做手术或修理受损武器装备。保障方式从原来只能进行远程指导的"知识介入"，提升至依靠智能化系统的远程"行动介入"，前线部队接受的保障已与专家亲赴一线保障相差无几。

除此之外，智能化无人系统、三维打印的运用，正强力推动远程智能化保障的发展。无论是智能化无人系统还是三维打印，其一切功能的实现都必须依靠智能软件，包括算法、程序、应用、设计图等。智能软件是系统真正的"灵魂"。通过修改、完善或者创新设计智能软件，智能化无人系统就能改进功能，甚至实现新的作战功能，三维打印则可制造出各种新物品，满足各种保障需要。在作战中，快节奏地升级智能软件，无疑对于迅速适应情况、形势变化和提升战斗力非常重要。问题在于,智能软件创新往往需要专业团队和适于专注研发的环境,战火纷飞的战场显然难以提供足够的条件。鉴于此,前方提出需求,由后方专业团队研发智能软件,并通过信息互联网络传送给前方用户,就成为改进升级智能化无人系统和为三维打印提供新产品设计图可行且效益较高的一种方式。

在未来,通过远程互联网络,后方专业保障人员、智能软件设计团队与前线部队紧密互动,为前线部队提供高质量的远程修救服务,改进拓展智能化无人系统功能,以及满足物品设计创新需求,将成为一种常态。后勤力量部署"两难"困境在这一过程中日益消解,军事后勤效益得到不断提升。

新型后勤保障方式的出现,是军事后勤顺应智能化革命大势做出的方向性调整,是运用新技术对传统保障方式的扬弃,其主导地位将随着革命浪潮的推进而确立,但这并不意味着传统保障方式将被淘汰。事实上,在高强度、瞬息万变的现代战场,通信、信息网络出现故障、受损或中断,保障设备、前方后勤中心被摧毁等情况均有可能发生,只有综合运用各种保障方式,包括作用弱化的传统保障方式,才能从根本上确保后勤活动的持续、稳定和可靠进行。

峰值保障能力

信息化、智能化在军事领域的创新应用,推动军事后勤从物力型的"储备式后勤"向智慧型的"配送式后勤"加速过渡。军事后勤无须再像以前那样,时时、处处、物物都留出过量的保障冗余度,保障的精确性、灵活性以及效益都将得到空前提高,"以防万一"后勤理念下的大规模、全品种物资仓储因此逐渐失去其重要性。那么,这是否意味着"以防万一"已全然没有必要?战争实践显然不支持这一结论。

信息化浪潮制造的最大神话是战场"透明",但实际上,信息技术只是淡化了战场"迷雾",战场态势判断、作战指挥与行动及军事后勤活动的不确定性因此减少,但战争盲区依然存在,战争意外仍在所难免。必须看到,战争从来都是人类最为激烈、最为残酷的"铁血"对抗。战争中,敌对双方针锋相对,都想将对方除之而后快。这种你死我活的对抗性迫使双方竭力消灭和阻遏对方,并想方设法隐藏己方意图和行动,再加上信息能力有限等因素影响,战争活动因此充满了变数和"迷雾",以至于战争在一定程度上就像是"赌博"。信息技术、人工智能等技术的应用,使战场日趋透明,但这种透明只限于物质层面、感知层面,战场认知层面仍"迷雾"重重,敌方意图和下一步行动究竟为何仍是战场"迷题"。面对这些难解"迷题",作战指挥官在形势判断和应对时很难不出差错,受军事行动左右的军事后勤更容易因任务传导时间差出现偏离保障目标、跟不上作战节奏等问题。保留必要的后勤冗余度,以应对紧急情况或意外,就成为智能时代军事后勤需要考虑的重要问题。

更严重的是,战争局势急剧变化可能导致"暴增式"保障需求,致使军事后勤无法完成保障任务而失败。在现代战争中,后勤资源消耗不平衡是一个显著特点:时而消耗很少,处于"波谷";时而消耗直线增加,直击"波峰",包括物资、弹药的消耗量和军民伤亡数量等在短时间内急剧上升等。1991年海湾战争中,多国部队战略空袭第一天的投弹量达1.8万吨,弹药消耗为朝鲜战争日平均消耗量的20倍。1998年"沙漠之狐"行动第一天,美军向伊拉克中部和南部发射了约200枚巡航导弹,超过海湾战争42天巡航导弹的发射总量。2003年伊拉克战争主要行动中,美军在短短21天里发射了近800枚"战斧"式巡航导弹和1.5万枚精确制导炸弹。这种"波谷"骤去、"波峰"骤来的大幅度变化,导致后勤保障重点急剧变动,保障节奏被打乱,保障压力起伏不定,对军事后勤造成严重挑战。

很明显,在智能时代,军事后勤仍不得不面对不确定性、意外和需求"暴增"等风险,保持一定后勤"弹性"仍是保障成功的必要条件。但在资产可见、战场态势共享、智能化后勤指挥决策及大数据支持的新技术环境下,军事后勤显然没有必要像以往那样,通过物资超量储备增加保障冗余度,而应在精确后勤基础上,以更灵活的技术能力储备实现后勤弹性。这主要是根据战争规模和强度,对后勤需求进行全面评估,得出需求"峰值",对应计算出军事后勤应拥有的最高保障能力,即"峰值保障能力",并以此为基准,规划储备各分支领域的技术能力,包括生产制造、运输、技术保障等。拥有"峰值保障能力",即意味着具备应对战争中保障需求最高、难度最大时的后勤保障潜力——可根据需要随时转化成后勤实力,智慧后勤实施因此拥有了保底的"压舱石"。苏联红军第一位后勤部长赫鲁廖夫大将曾说过,"一个国家的国防能力并不在于仓库里放着大量的各种技术物资,通常它们会一年比一年陈旧,而在于能使国家工业迅速转产军用品。"① "峰值保障能力"就是将"弹性"置于技术能力储备而非实物储备当中,其优势在于可以达成按需保障,也就是根据后勤需求变化确定技术能力投入量,需求与效益矛盾在技术能力储备中得到优化,军事后勤因此获得空前的自由度。

后勤力量转型

革命总是从边缘突破。在信息化、智能化浪潮中,相对边缘的后勤力量在变革压力下更早拉开转型帷幕。按专业分立、层次繁多的金字塔型后勤保障结构日益解体,适应新军事革命需求的新型后勤力量结构加速形成。

后勤军(部队)

1999 年 4 月,英国国防后勤部宣布成立,并在一年过渡期之后正式运行。这意味着英国三军后勤部门各自为政的局面自此成为历史,标志着英军打破军种限制的一体化后勤保障体系正式形成。英军之所以要克服困难,把向来对改变很不积极的三个后勤机构整合起来,主要还是因为时势所迫。

长期以来,英军后勤采取军种分供体制,各军种后勤自成体系,自我保障。这一结构在过去曾发挥重要作用,但随着时间推移和技术进步,其问题也日益凸显。一方面,随着各军兵种技术装备增多,自成体系、各自为政的三军后勤

---

① 参见[俄] 弗拉基米尔·伊萨科夫:《俄军后勤建设的几个问题》,俄罗斯《独立军事评论》周报 2001 年第 28 期。

系统不断膨胀,各军种为便于保障,都将其后勤建得"大而全""小而全",造成大量后勤机构、设施重复建设和保障职能重叠,后勤资源浪费严重;另一方面,三军分立、条块分割、自我保护,分散了有限的后勤资源,而且使各军种后勤在需要时无法互助,导致后勤效益大打折扣。特别是,随着人类步入信息网络社会,军事信息能力的提高在为后勤保障方式改进提供可能的同时,使英军军种分供的传统体制和后勤力量结构越来越失去合理性。正是在这一背景下,英军以快速反应部队建设为契机,成立国防后勤部,统一全军后勤领导与组织,既保证了国防后勤的整体需要,也满足个别军种的特殊需求,以此适应快速部署和作战,提高后勤效益。

英军后勤一体化是军事后勤信息化革命的又一重要进程。一直走在前列的美军在海湾战争后就成立了国防给养局、国防财会局、国防合同管理局、战略运输司令部等全军性后勤保障机构,统一领导全军的给养、日用品采购及给养供应站的管理,集中统管全军财务工作,对全军所有军品采购合同实行一体化管理,统一指挥陆、海、空军的战略运输力量。2003年,运输司令部更是被指定为后勤配送进程管理者,负责协调各军种部、战区和国防后勤局等单位。与此同时,俄军提出统一后勤保障系统概念,德军则直接取消军种后勤,由国防部所属后勤系统独立组织实施后勤保障等。

很明显,尽管各国军队在后勤改革内容、程度、方式等方面不尽相同,但打破军兵种后勤藩篱,实行全军后勤横向一体化已成为共识。这一进程的深入推进,再加上接踵而来的智能化浪潮的叠加共振,使军事后勤从一体化向一体编制、一体运用演进,与智能化作战力量相适应的独立后勤保障力量——后勤军(部队)在这一过程中日趋形成。

后勤军的形成与军兵种的消亡直接相关。在智能时代,随着智能化无人系统智能程度、自主能力提高及大量使用,根据作战需要,调配各种智能化无人系统和复合型操控员进行作战编组,日益成为作战组织的基本方式。这一方式使按专业区分军兵种,并在统一指挥下协同各军兵种参战力量的组织方式过时,军兵种编制结构因此失去存在必要性,为军兵种作战部队提供保障的后勤力量也随之失去存在的前提。全面整合各军种后勤力量,建立专事后勤工作的后勤军,统一体制编制、统一领导指挥、整体运用力量,就成为智能时代军事后勤发展的必然选择。

后勤军的建立,是军事后勤在高度一体化基础上的自然递进,是信息化后勤向智慧后勤转型的一次质变。它不仅意味着力量整合和效益提高,更反映出后勤保障从原来的人—机并重向以武器装备保障为重心转移。确保智能化无人系统战斗力充分发挥的油料保障、电能保障及装备维修等逐渐成为后勤保障的主要内容。

三级保障结构

从本质上讲,后勤就是信息流支配物质流满足作战需求。信息能力强弱直接影响后勤保障方式与力量编成。弱时,保障时机、地点、需求变化等情况难以及时掌握,军事后勤只能依靠多设保障层级,由各级向下逐层保障,保障层级多、流程长、效益低,保障力量结构呈两头小中间长大的"橄榄形";强时,信息流横向通达各军兵种,纵向贯穿战略、战役、战术各层级,军事后勤不但实时掌握后勤资源动态,而且可准确预测部队需求,后勤资源能按需随信息流直达任何需求点,甚至单兵、单件武器装备,保障中转明显多余,无中间保障层的"哑铃式"结构优势凸显。在强信息环境的今天,"哑铃式"结构已日趋探索成型。

美军仍是这场革命的"先锋"。通过对近几次战争后勤保障经验教训的总结,美军已将直达配送保障作为军事后勤建设发展的目标和理念,并初步构建起与之相适应的保障力量结构。在战略层,美国防部整合各军种保障职能和力量,推动后勤资源统管统送,大力优化从本土到海外战区的联合后勤保障链条;在战役战术层,大幅削减后勤保障层次,将原来战区、军、师保障部和地区保障大队,改造组建成战区持续保障部、模块化的持续保障旅和旅战斗队保障营,战区旅以上部队保障层次从原来的四级减少至两级,保障效率得到大幅提高。与此同时,美军将原来"前方小修、后方大中修的多级装备维修体制"调整改革为"前方换件、后方修理、联合组织、直保维修",使传统的三级装备维修体制转变为野战级和支援级两级维修体制,维修保障时效性大大提高。

美军后勤体制编制调整是对军事信息能力急剧增长的适应,也是利用信息技术提升后勤保障能力的组织革新,代表了军事后勤发展的方向。人工智能等高新技术的运用将继续深化这一趋势。

人工智能与信息技术有本质不同,但它以信息技术为基础,模拟、拓展人类智能、思维等高层次信息活动,其发展应用在信息层面仍将遵循后勤信息化路径,如强化直达配送保障。不过,智能化的推进,将导致保障力量结构的彻底改变。

与以往通过整合各军种后勤实现一体化不同,智能化的充分发展将削弱甚至消亡军种,军事后勤在这一进程中逐渐独立成军。在全球性的作战保障系统支持下,军事后勤有能力对部署在任何地方的军事力量进行直达保障。这也意味着在后勤军中,只需设立10多个至数十个可对作战部队实施"端到端"保障的力量实体(如保障旅)即可,由它们直接为需求方提供后勤资源,而无须再设立其他中间层级。无中间层并不是直接向每一作战人员或武器装备提供保障,军事后勤当然可以建立这样的能力,但成本过高,实施起来过于繁杂琐细,在力量配置高度分散的现代战场反而效益不高。保留熟悉作战力量人装情况、了解作战方式与特点、熟悉战场环境的队属后勤,由其使用更符合智能化战场力量部署的战术级投送工具进行保障,就成为军事后勤达成高效益末端保障的更优选择。

在后勤保障指挥层面,后勤军指挥机构在负责全军日常保障的情况下,很难再承担高强度的战区(方向)作战保障任务,设立或根据需求临时组建战区(方向)后勤司令部,进行专门化的后勤指挥筹划与组织实施,对于高效完成保障任务无疑非常必要。其设置可如后勤军机关,打破原来按后勤专业条块划分的业务部门,按职能编设信息与大数据中心、后勤指挥中心、配送行动中心等。就职能作用而言,战区(方向)后勤司令部是战区(方向)唯一综合性后勤指挥机关,是国家与军事后勤资源、保障需求与后勤能力、信息数据与后勤行动、战略后勤与战术保障的交汇处和指挥枢纽,其设立将确保战区(方向)保障始终处于责任、权力、资源高度集中统一的后勤司令部的指挥组织之下,为作战部队提供专业、不间断的后勤服务。

由"战区(方向)后勤司令部—保障旅—队属保障分队"构成的三级保障力量结构,指挥决策仅一级,第二、三级为优势、层次各不相同的保障实体,保障层次压缩与效益提升在新技术环境下达成新的更高平衡,保障效益由此实现新的跃迁。

模块化组合

2009年,在正式启动模块化建设6年后,美国陆军开始对后勤力量进行模块化改编。基本编成模式有三种:具有后勤指挥控制功能的模块化机构——战区持续保障部,负责指挥控制支援战区陆军行动的后勤力量,也可派出远征持续保障部作为前方指挥所,对某一特定行动区域内后勤支援力量模块进行指挥控制;综合性多功能保障力量模块,即在建制内,混合编配供应、修理、运送、卫勤、防卫等力量;专业性的多功能保障力量模块,即根据专业,将各种能力层次不同的保障力量编配在一起,形成大跨度的专业性保障能力,如在模块化运输营内既编入运输大型装备的重型运输能力,也编入运输一般补给物资的轻型运输能力等。以此为基础,美陆军构建起以战区持续保障部、持续保障旅和旅战斗队保障营为骨干的模块化后勤体系。

美陆军后勤模块化建设是在陆军模块化建设背景下后勤领域的一次重大改革,其目标是建立小型、精干、多能的模块化后勤力量,具备迅捷的远征机动能力、应急与持续保障能力、灵活高效的分散保障能力,以更好地适应冷战后复杂的作战环境,适应各种传统与非传统行动任务。在设计上,模块化编成尤为突出灵活性,强调根据任务和能力需要,对各种保障职能模块像拼积木那样快速灵活地组合或拆分。它意味着可根据战场需要适时、分阶段地投入保障能力,如在战前根据预测投送部分保障模块到战区,并随战情发展进行增减,也可以根据需要将保障单位中的不同模块分派至不同任务区。后勤力量运用的可选择性和灵活性因此得到空前提高,军事后勤可以"恰到好处"地向作战地域部署合用的保障能力,而不是像以往一样部署整个保障单位,后勤摊子小,保障效益高。

美陆军后勤模块化建设是美军后勤改革的一个缩影。与美军整体转型相伴随,其他军种也对后勤力量进行了模块化改造,如空军、海军将作战与保障力量混编为航空航天远征部队、航母打击大队、远征打击大队等。目前,模块化已成为世界各大国军队转型所遵循的一个基本理念和路径。

从发展趋势看,在智能时代,技术进步并不会消除各类层出不穷的新型威胁或挑战,如恐怖主义、武装叛乱、社会动荡、边境或海上冲突等,相反,智能化工具的运用很可能降低暴力运用的门槛,军事力量因此不得不在对手、作战方式、行动区域、作战环境等方面面临更多的不确定性。深化后勤力量模块化建设,不断增强军事后勤的灵活性和保障效能,仍将是智能化军队的一项重要任务。

在后勤力量转型的过程中,体制编制调整改革并不是全部。依托以人工智能为核心的高新技术群,强化完善跨军地、跨国家的需求与保障网络,形成泛一体化后勤保障力量格局,以充分发挥社会和国际资源、力量在非核心后勤职能之外的保障作用,对于满足体系对抗需求、缩小后勤摊子、降低后勤成本、提高后勤效益,以及应对复杂多变和具有全球性的配送环境具有不可或缺的重要意义。

结束语

在新技术浪潮中,军事智能化革命已拉开帷幕。面对这一新局面,军队必须对未来战争及威胁重新评估,深刻认识军事智能化革命的机遇和挑战,加紧更新观念,大力营造军事创新氛围,争取和培养人工智能人才,发展智能化武器装备,加大重点领域投入,开展智能化军事理论探讨,创建智能化作战试验部队,以推动军事智能化加速进行,占领世界新军事革命制高点,为中华民族伟大复兴提供坚强支撑。

就本书而言,尽管对智能化战争的主要方面进行了勾画,但这仅仅是一个开始。日新月异的技术进步、复杂曲折的变革进程,决定了智能化战争巨轮的主要构成和航向不可能一下子显露出来,也决定了当前研究只能是预测性分析。真正把握这一新战争形态,仍需要持续不断的探索、探索、再探索,所以当前只是书稿的完成,而非研究的结束。对于本书中研究不够和未及研究的问题,将在未来以适当方式予以分析探讨。

后 记

如果说2004年撰写出版《智能化战争》更多是出于兴趣的话，那么本书更多的是出于责任，是使命感驱使。

中华民族伟大复兴需要一支强大军队，而军队强大必须有先进理论引领支撑。尤其在变革年代，理论发展优劣直接关系军事变革成败，影响国家崛起前途。哪怕是普通教研工作者，也有责任为此提供一砖一石。

2006年，辛顿等人提出深度学习算法。2011年，国际商业机器公司的机器人"沃森"在"危险边缘"节目中战胜人类选手。2012年，"谷歌大脑"实现"猫识别"。2013年，具有较高智能的美国X-47B无人作战飞机原型机在航空母舰上实现弹射起飞、触舰复飞和降落；与此同时，美德等国将智能制造上升为国家战略。人工智能发展如此迅猛超出一般预期。而当时国内人工智能对战争影响的严肃研究却少得可怜。作为一名国家安全战略从教者，作为在军事智能化研究方面有点积累并对未来战争探索存有执念者，我深感有责任呐喊发声和前行探索，为军事观念更新贡献些许力量。这也是撰写本书的初衷。

尽管研究撰写工作从2013年就已开始，但其间因工作原因，研究全靠挤时间进行。长期牺牲业余时间，长期竭力维持做好本职教研工作、智能化研究与家庭之间平衡，令人身心疲惫，甚至几度想要放弃研究。好在还有一腔未凉报国热血，好在还有崔文杰、舒健等好友兄长般的关心鼓励，才有今天的书稿。

初稿完成后，我的博士生导师、军事科学院张世平研究员，国防大学范承斌教授、崔文杰教授、舒健教授，以及在校深造的高鹏旅长等对全书进行了审读并提出了许多建设性意见。

国防大学肖天亮副校长对研究非常关心,审阅书稿并撰写了序言。军事科学院贺福初院士和张世平、陈舟将军,国防大学郑云华、董连山、郭若冰、唐永胜、楼耀亮将军等为本书题写了封底推荐语。

在本书付梓之际,对以上领导、专家的关心和帮助表示衷心感谢!

最后需要说明的是,尽管撰写力求精益求精,有时为一个有力的思路、准确的表述或恰当的例子甚至不惜糜费数日,但受学识、信息获取等因素制约,书中观点、文字仍有不少失当之处,恳请读者以各种方式批评指正。

未来战争是一个不断发展的开放事物,需要不间断的思考与研究,希望有兴趣的读者能够一起探讨。请通过电子邮件:AI_NDU@126.com,或微信号:AI_NDU 与我联系。

作　者

2017 年 10 月 18 日于北京西山

图书在版编目(CIP)数据

21世纪战争演变与构想：智能化战争 / 庞宏亮著. — 上海：上海社会科学院出版社，2018
ISBN 978 - 7 - 5520 - 2387 - 9

Ⅰ.①2… Ⅱ.①庞… Ⅲ.①未来战争—研究 Ⅳ.①E81

中国版本图书馆CIP数据核字(2018)第166164号

21世纪战争演变与构想：智能化战争

著　　者：庞宏亮
责任编辑：路征远
封面设计：梁业礼
出版发行：上海社会科学院出版社
　　　　　上海顺昌路622号　邮编200025
　　　　　电话总机021-63315947　销售热线021-53063735
　　　　　https://cbs.sass.org.cn　E-mail:sassp@sassp.cn
排　　版：南京展望文化发展有限公司
印　　刷：上海龙腾印务有限公司
开　　本：710毫米×1010毫米　1/16
印　　张：14.75
插　　页：2
字　　数：208千
版　　次：2018年8月第1版　2024年12月第14次印刷

ISBN 978 - 7 - 5520 - 2387 - 9/E·020　　　　　定价：48.00元

版权所有　翻印必究